AF136783

Jan Aust & Marte Lautenschläger

DIE RETTUNG DER LIEBE

novum pro

Dieses Buch ist auch als
e-book
erhältlich.

w w w . n o v u m v e r l a g . c o m

© 2021 novum Verlag

ISBN 978-3-99107-995-8
Lektorat: Tobias Keil
Umschlagabbildung:
„Seelenbild Adam"
Melanie Ria Robin,
www.melanie-ria.de
Anna-Lena Hermann,
www.goldstaub.pic-time.com
Umschlaggestaltung, Layout & Satz:
novum Verlag
Autorenfoto: Marit Lautenschläger

Gedruckt in der Europäischen Union
auf umweltfreundlichem, chlor- und
säurefrei gebleichtem Papier.

www.novumverlag.com

Bibliografische Information
der Deutschen Nationalbibliothek:

Die Deutsche Nationalbibliothek
verzeichnet diese Publikation in
der Deutschen Nationalbibliografie.
Detaillierte bibliografische Daten
sind im Internet über
http://www.d-nb.de abrufbar.

Inhaltsverzeichnis

Zum Autor

Jan Aust hat nach dem Buch „Die Rettung der Menschheit" (nachfolgend Buch 1 genannt) von Marte Lautenschläger mit ihr gemeinsam alle nur erdenklichen Fragen **zu Liebesdingen** in die Aufklärung gebracht, damit *auch dort* jegliche Konfliktgeschehen von Dir erkannt werden! Jede Eventualität, die Du Dir auch nur im Geringsten vorstellen kannst, wurde dabei bedacht und jede Konstellation bis ins letzte Detail aufgedeckt. **Sei gespannt auf dieses Buch – es wird Dir ein Wunder vermitteln.**

Vorwort des Autors

Falls Du Informationen aus dem Buch für Dich anwendest, behandelst Du Dich selbst, was Dein freies Menschenrecht ist. Autor + Verleger dieses Buches übernehmen keinerlei Verantwortung oder Haftung für Dein Tun und dessen etwaige Folgen.
Dein Leben & Deine Gesundheit liegen in **Deiner** ureigenen Selbstverantwortung.

Das Buch „**Die Rettung der Menschheit**" konnte **unmöglich fehlerfrei** entstehen und gedruckt werden (so sehr Marte das auch kränkte), denn bei jedem Lesen wäre eine weitere Perfektionierung möglich gewesen (Der Teufel sitzt im Detail!) und auch die Verlags-Mitarbeiter waren am absoluten Rand ihrer Kräfte angekommen.

Das Buch wird vielleicht *für immer* fehlerhaft bleiben (Rechtschreibung, Satzzeichen, teils grammatikalische Formulierung innerhalb von Absätzen, wo Marte *besonders befangen* war) – es wird <u>keine 2. Auflage</u> geben, denn die Wahrheit und diese wahnsinnige Anstrengung unter den Umständen, dass in *dieser* Zeit (2020/2021) kaum noch ein Mensch **einen klaren Kopf** behalten hat, werden mit denen, welche die ersten fehlerhaften Bücher ergattert haben, beweis- und **mahnhaft** bestehen bleiben! *Die Wahrheit kann man nicht 2 x auflegen!*
Gekränkte Eitelkeit haben sich Marte und auch der Verlag *nicht* geleistet, so dass sie den **allerersten** Probedruck SOFORT freigab, ohne noch Änderungen/Korrekturen vom Verlag zu verlangen. <u>Nicht einen einzigen Tag</u> Verzögerung haben sie und Frau Grandits **für Dich** mehr zugelassen. Die Nerven waren angespannt wie Drahtseile, die Geduld am Ende ...
Beachtlich ist, dass der Erscheinungstag 26. April 2021 (mit Vollmond) der Geburtstag einer extrem wichtigen am Buch beteiligten Person war, wovon wir nichts wussten.

JEDER, der dieses **Buch**, welches Du **jetzt** in Deinen Händen hältst, gelesen hat, ist fähig, sein **LIEBES-LEID zu minimieren**, auf sein **HERZ zu hören** sowie alle dazu in seinem Körper bestehenden Konflikte optimal zu lösen. Nun bekommst Du nicht „nur" die körperliche Gesundheit wie durch Buch **1**, sondern **die wahrhaftige Leuchtkraft Deiner Seele entflammt,** ohne dass Du etwas anderes tun musst, als es zu lesen! Ja, es ist **vor 2022** druckfertig, denn wir haben unsere Kräfte nicht geschont und sind für Dich durch die **2.** Hölle gegangen.

Jeder Mann, der es schafft, sich durch dieses Buch zu „ackern", wird der Größte (ein Held) sein. Frauen werden es so oder so schaffen!

Auch hier gilt, wie für Buch 1: In *jedem noch so kleinen Absatz* kann etwas Wichtiges **genau FÜR DICH** versteckt sein!
Liebst Du Deine Arbeit und kannst ihr aufgrund von *Herzproblemen* nicht mehr nachgehen, dann freue Dich. Nach diesem Buch bist Du wieder zu 100 % einsatzfähig!
Liedtipp: **The Black Eyed Peas „Don't Stop The Party"**
https://www.youtube.com/watch?v=u9LH_y159sg

Was ist die URSACHE für Krieg?

Funktioniert die *kleinste Zelle* nicht – die Partnerschaft/die Ehe/die Familie –, KANN es auf der Welt keinen Frieden geben! Die **Ursache** für Krieg ist, **dass** im kleinsten Rahmen schlecht kommuniziert, gestritten und gehasst wird. *Es entsteht ein Teufelskreis:* Ich räche mich, ich zahle es jemandem heim, ich muss meinen Frust ablassen, ich töte, weil ich selber (seelisch) bereits getötet worden bin: VON meinen *eigenen* Eltern, von *meinem* Bruder/*meiner* Schwester, von oder durch meine(r) 1. große(n) Liebe … Du warst schlecht zu mir, *also* bin ich schlecht zu Dir, zum nächsten Schwächeren oder meinetwegen auch zu tausenden anderen Menschen!! Das ist mir doch vollkommen EGAL!

Genau das IST Krieg!

„Die Ärzte" singen es für DICH **seit 2004** mit dem Lied **„DEINE SCHULD":** … „Es ist nicht Deine Schuld, dass die Welt ist wie sie ist, **es wär' nur Deine Schuld, wenn sie so bleibt!"**

In der Friedensforschung gab es **bereits einmal** die überragende These, dass man Kinder zu **friedfertigem und konfliktfähigem** Leben erziehen müsse, um die großen Kriege zu **verhindern.**

EXTREM WICHTIG ist mir im Vorfeld:
Für dieses Buch MUSST Du zwangsläufig STARK sein!
Aus diesem Grund **rate ich Dir dringend vom Lesestoff ab, wenn Du nicht** ca. **3 Monate vorher** das Buch **„Die Rettung der Menschheit"** von Marte Lautenschläger **gelesen hast.**

NUR Buch 1 macht Dich gesund + stark genug, um Buch 2 **aushalten** zu KÖNNEN!
Erst NACH Buch 1 bist Du praktisch in der Lage und so gesehen auch WÜRDIG, die *unbarmherzigen* Themen der Liebe durchzuarbeiten.
Meine klare Altersempfehlung lautet: **ab 12 Jahre!**
Dieses 2. Buch soll zudem **eine Belohnung** sein für alles, was Du mit Martes Buch aushalten und überstehen **musstest,** um heute in Körper & Geist GESUND zu sein.
Jetzt heilen wir Deine **SEELE!**

„Du und ich: Wir sind eins. Ich kann Dir nicht wehtun, ohne **mich** zu verletzen." (Mahatma Gandhi)
Liedtipp: **The Black Eyed Peas „RING THE ALARM pt.1 pt.2 pt.3"**
Schaut euch die deutsche Übersetzung an!

DANK ist der Welten Lohn → Jeder bekommt das, was er verdient!
Verdienst Du Dir *durch Buch 1 + Buch 2* Deinen optimalen Körper mit der optimalen Gesundheit und Deiner optimalen Schönheit wie durch ein WUNDER, dann habe RESPEKT, insbesondere vor Marte & mir!
Wir stehen im Schutz, so wie unsere gesamte Familie, die **für DICH** und **jeden** Einzelnen da draußen **gelitten** hat (wie ein ausgesetz-

ter Hund!) und <u>bis auf ein</u> Familienmitglied fast daran gestorben wäre – im **Eigenexperiment**, um ALLES herausfinden zu können, was für die Menschen auch nur im Geringsten wichtig sein könnte, um zu überleben.

Wir haben keine Lust, *uns zu verstecken* oder am Unglück *anderer als schuldig befunden* zu werden. Diesen Teil hat **jeder mit sich selbst** auszutragen!!
Wir brauchen keinen Dank in Form von Blumen, Geschenken oder sonstigen Zuwendungen. Lasst uns einfach *so normal wie möglich* nebeneinander frei leben. Das ist alles, was wir uns wünschen.

Nun komme ich zu meinem eigentlichen Thema: DER LIEBE ... 💙

<u>**Was ist verliebt sein?**</u> <u>Wie fühlt sich das an? Was passiert dabei mit Dir?</u> Du kennst den anderen Menschen kaum oder gar nicht. So ist es zumindest meistens. Du siehst ihm in die Augen, die Fenster der Seele, und binnen Millisekunden war es das. Du bist wie blockiert, weißt nicht mehr, was Du sagen wolltest, errötest vielleicht sogar, vor allem, wenn Du noch jung bist, und musst einfach nur schnell weg. Sonst kann es passieren, dass Du dem anderen Menschen um den Hals fällst und ihn küsst. Das wäre nämlich normal. Klug ist nur, vor dem Kuss zu fragen: „Darf ich Dich küssen?" Fühlt sich komisch an, was? Wäre aber himmlisch! Hast Du immer einen Kaugummi oder ein „tic tac" dabei? ;) Ja, es *ist* Schleichwerbung, denn tic tac schmeckt herrlich.

Was jedoch **tun** wir? Wir hauen ab und warten. Wir denken, oh Gott, wäre das peinlich. Hoffentlich passiert mir so etwas nicht. Wenn der andere mich nicht will, was mache ich dann? Ich kann mich doch nicht so bloßstellen/blamieren ... Schreibst Du im Affekt einen Zettel, auf dem nur Stuss draufsteht, Wortwiederholungen oder einige klägliche Worte, die Du in der Lage bist, in Deinem Geist zusammenzuklauben? <u>Dann ist es</u> **ernst**!
Du verliebst Dich vielleicht in jemanden, der *einen anderen* liebt. Was dann? Bringt es etwas, jemandem hinterherzulaufen (hartnäckig zu sein)? Wo ist die Grenze zum Stalking? Ab wann ödest Du den anderen an? Wie lange kannst Du warten? Bis zum Sankt Nimmerleinstag?

Fragen über Fragen und natürlich das Schlimmste: Du **hast** Dich verliebt, **obwohl** Du vergeben/verheiratet bist, Familie hast. Was nun? Begegnest Du demjenigen im Alltag <u>oft</u>, bekommst Du ein Riesenproblem (mit Deinem Herzen, mit Deiner Konzentrationsfähigkeit, Deiner Laune, die davon abhängig wird, ob der andere da ist oder nicht und später *Melancholie,* welche ein *Dauerliebeskummer* IST!), wenn Du nichts sagst und nichts fragst. Bist Du über lange Zeit stark verliebt, sorgst Du Dich um das Wohl eines „Unbekannten" und bist verzweifelt, wenn er aus Deinem Leben, z. B. durch den Wechsel der Arbeitsstelle, verschwindet. Die Gedanken an den anderen sind <u>konfliktaktiv</u>, weil Du bisher zu FEIGE warst, Dir Klarheit zu verschaffen! Vielleicht bekommst Du ja eine ganz andere Antwort, als Du es Dir denkst!?

Eine Frage, die manchmal thematisiert wird: Kann man sich „wirklich" nur in jemanden verlieben, der auch ähnlich empfindet? Also dass Liebe **immer** auf Gegenseitigkeit beruht?
<u>Meine Antwort lautet:</u> NEIN!!
Bist Du in Konfliktgeschehen geraten oder in die Thematik „Ursache-Wirkung", geht alles nach hinten los. Das kann ich Dir versprechen. **Stalking** ist Verliebtheit und zwar dann, wenn <u>Dich jemand in Deiner Authentizität ausbremst</u>, den **Respekt** zu haben, Dich dort <u>nie wieder</u> zu melden. Das **ist** Liebe.

Stellt sich Dir jemand vor und Du denkst „Wow!" und **siehst** ihn *in seiner besten Form*, kann es passieren, dass Du ihn beim 2. Mal *vollkommen anders* wahrnimmst. Die Seele wollte den **1.** Eindruck *so optimal wie möglich* darstellen und hier ist es so, dass Du den total **gesunden** Menschen sahst (nämlich den, der Buch 1 + Buch **2** gelesen **hat** und dadurch **frei** von Beschädigungen **ist**). Kennst Du einen solchen Sachverhalt, kannst Du davon ausgehen, dass dieser Mensch Dich *möglichst näher* kennenlernen möchte und sich im **1.** Augenblick, als er Dich sah, verliebt hat. Das erklärt Deine nächste Begegnung mit demselben Menschen, der sich nun beschädigt zeigen <u>muss</u>, denn der 1. Zauber funktioniert *nicht* noch einmal. Nimmst Du sein Potential wahr und gibst demjenigen eine Chance, kommt es nun darauf an, dass er mit Buch 1 + 2 arbeitet, falls noch nicht geschehen. Dann bekommt er als Perspektive ein Leben mit Dir (im Falle, dass **Du** für diese Seele *bestimmt* bist) **und** sein *optimales* Aussehen, welches Du bei eurer **1.** Begegnung wahrnahmst. Das sind krasse Aussichten, wenn die Jugendliebe nicht geklappt hat, in den Sand gefahren wurde. Es ist etwas ganz Großartiges! Mache etwas draus!

„Du kannst Deine Augen verschließen, wenn Du etwas nicht sehen willst, aber Du kannst nicht Dein Herz verschließen, wenn Du etwas nicht fühlen willst." (Johnny Depp)

Belebt *Konkurrenz* das Geschäft? Nützt es etwas, sich zu *zieren*? Darfst Du *gleich* „zur Sache" kommen? Muss man sich in der Körperlichkeit an … zig Partnern *ausprobieren*? Musst Du den Partner *eifersüchtig* machen, um etwas zu beweisen? Musst Du Dir den besten Freund, die beste Freundin Deines auserwählten Menschen schnappen, um ihm zu zeigen, wie toll und begehrenswert **Du** bist? Musst Du das tun, damit er Dich SIEHT? Großer Fehler!
Alle diese Fragen sind hinfällig, wenn Du beim <u>richtigen</u> Partner BIST: Zwei Herzen gehören dann zu **einer** Seele! Bleibt eure Kinder-/Jugendliebe **frei** von <u>äußeren Intrigen</u>, ist zwischen euch kein noch so schmales Blatt mehr zu kriegen! Es ist auf ewig, was auch immer passiert. Was das Herz *einmal* berührt hat, wirst Du nie wieder los. Und ich meine: **NIE!**

Merkmal Augenbraue: **Verkürzt** sich im Laufe *einer* Beziehung Deine **rechte, innere** Augenbraue, schmälert der Partner, den Du hast, Deine Ausstrahlung. Er ist vermeintlich *nicht schön genug* für Dich – heißt: Du könntest einen optisch (sehr viel) schöneren Partner haben. Verschönert sich Dein *nicht so gut aussehender* Partner während eurer Beziehung **nicht**, dann ist er **nicht** der zur Dir Gehörende!

Packt Dich der Übermut?
Könntest Du die Wolken streicheln, Luftsprünge machen, in den höchsten Wipfel eines Baumes klettern, egal ob Frühling, Sommer, Herbst oder Winter ist, und in die ganze Welt hinausschreien, dass Du Dich **verliebt** hast und in WEN??? Na, wenn das kein Beweis ist!

Was kann wichtiger sein, als sich mit einem Jungen zu treffen?

Nicht viel, und wenn es etwas Wichtigeres gibt, dann sage ihm die Wahrheit.
Ebenso gebe ihm *klar und freundlich* eine Absage, falls er bei Dir definitiv keine Chance hat. Ihn warmzuhalten für den Fall der Fälle, ist unfair. Musst Du darüber *nachdenken*, solltest Du das ebenfalls *äußern*. Am nächsten Tag solltest Du jedoch Deine Entscheidung *wissen* und auch *kundtun*. Lässt Du jemanden gern zappeln? Drehe den Spieß um: Wie fühlst Du Dich, wenn Dich jemand zappeln lässt? Quält Dich das (unnötig)?

Veränderungen

Lässt Dich Dein Freund im Stich, weil Du *neuerdings* eine Zahnspange tragen „musst", eine unreine Haut bekommen hast oder er Dein Muttermal entdeckt hat, war er leider nicht so viel wert, wie Du glaubtest. Er wollte Dich nur „haben", weil Du *subjektiv* für ihn die Schönste *warst*. Mit Liebe hat solch ein Verhalten nämlich nichts zu tun, denn da geht man gemeinsam durch dick & dünn. Mit Buch 1 hast Du sowieso das Heilmittel an der Hand.

Kleiner Tipp: Rede möglichst nie abfällig über einen Menschen, mit dem Du einmal zusammen warst, insbesondere nicht über Intimitäten. Tust Du dies, wirst Du an *eigener Schönheit und Jugendlichkeit* einbüßen. Verzeih', Du warst ja **selbst schuld**, dass Du mit *so einem Partner* gegangen bist. Das ist die traurige Wahrheit.
Versuche, *das Level der Werte* einer Beziehung & auch einer Freundschaft für Dich stets **zu halten**, egal, ob sie beendet ist oder nicht: Achtung *des Menschen* im Allgemeinen, Respekt und Vertrauenswürdigkeit. Denke auch daran: Jeder macht Fehler und am Scheitern einer Bindung sind in den meisten Fällen zwei *oder* (z. B. bei Intrigen) *noch mehr* Personen beteiligt.

Im Übrigen: Hast Du Haarkonflikte beim Lesen dieses Buches, löse sie zwischendurch immer mal auf. Es ist einiges **haarsträubend**, was hier drin steht. Leider!

Was sich neckt, das liebt sich

Meine Güte, denke ich, wenn die „Rosenheim Cops" laufen: WANN endlich küsst der Leichtmatrose Kommissar Sven Hansen endlich die Finanzcontrollerin Patricia Ortmann? Es knistert bis raus auf die Couch, aber nix! Ist vielleicht auch besser so gewesen – weil – das hält nämlich **keiner** neidlos aus! ;))

Ja, es ist live: Wer andauernd miteinander stichelt, sich reizt, provoziert usw., der ist wohl ganz schön stark getroffen vom Gegenüber. Es lässt sich nicht verbergen.

Insbesondere findet *solch* ein Benehmen dann statt, wenn der andere erreichbar und *gleichwertig scheint.* Es ist ein „Battle" (eine Schlacht, die Spaß machen und Reiz schaffen soll).

Liebe OHNE Gegenliebe

1. Willst Du nur den Körper des anderen, nicht mehr?
2. Macht es Dich wahnsinnig, wenn eine Frau *nicht anderweitig* auf Dich eingehen *will oder kann*?

Beide *Sorten* Mensch sind **konfliktaktiv** in der Liebe und werden durch Buch 1 + 2 gesund.

Erst wenn Dein Körper frei von Konflikten IST, **kann** Deine **Authentizität** erblühen!

Du wirst danach einen (völlig) *anderen* Blick auf die Dinge erhalten, Dich ohne Anstrengung in Deinen Ansichten und im Gefühlsleben verändern. Erst DANN kannst Du wahrhaft neu beginnen!

Es erfordert **Mut** für dieses Buch. Willst Du belohnt werden? **Dann lies! … und halte durch.**

Mut wird immer belohnt (dies war **bis** Buch 2 *sehr* fragwürdig!)
Martes Erfahrungen waren grausam, bevor Buch 1 auf den Markt geschmissen wurde (nach einer gefühlten Ewigkeit!). KEINE EINZIGE – ja, **nicht eine** – ihrer kolossal **mutigen** Handlungen wurde belohnt. Es war zum Schreien + Weinen *und zum Sterben* schlimm!
Nach Buch 1 dürfte sich diese Sachlage **FÜR DICH** grundlegend geändert haben, wenn so viele Menschen wie nur möglich nun wissen, **was** *sie anrichten*, wenn sie einen anderen **feige** in seinem Leid **sitzen lassen** … Marte hat sie alle beschämt.
Davon abgesehen, wurden alle von der Thematik **„Ursache-Wirkung"** hart getroffen, die Marte keine Antwort/keine Hilfe gegeben und keinen Respekt erwiesen haben.

Verkennung statt Erkennung

Ist jemand (sehr) freundlich zu Dir und Du magst denjenigen nicht? Dieser Mensch nervt, er ist einfach zu nett – das ist doch nicht normal!? Dann gehe jetzt in Dich, denn *manchmal* ist es so, dass Du <u>von genau dieser</u> Person *besonders gemocht* werden willst.
Deine Seele schützt Dich vor Unglück, <u>denn</u>: Es kann auch sein, dass Du *bis zur Kotzgrenze* verliebt bist!

<u>Liedtipp:</u> **Die Ärzte „Zu spät"** – die Herzen aller Mädchen *oder* die aller Männer …

OPTIK

Wer **schön** ist, für den ist alles leicht(er). Das ist die Wahrheit. Wer um seine Optik *kämpfen* muss: hart, härter, am härtesten, der wird einmal mit Stolz darauf *UND* Bescheidenheit sowie Demut gesegnet sein. *Denn:* wie gewonnen, so zerronnen, wenn Du aus Buch 1 + 2 nichts lernst. Weniger schöne Menschen können dennoch eine **herrliche** Seele in sich haben, die es zu lieben **lohnt**. Und: Ja, derjenige ist möglicherweise ausgewählt, genau DURCH die Liebe *erst* **schön** *zu werden.* Objektive Schönheit in dem Sinne gibt es nicht. Es war unheimlich, als Marte und ich feststellen mussten, von jedem Menschen **anders** gesehen und **optisch wahrgenommen** zu werden. Je nachdem, was ein Mensch von Dir hält, wie er zu Dir steht, so schön oder weniger schön wird er Dich optisch wahrnehmen. Es ist Seelenkommunikation und hat etwas mit Energien zu tun.

Benutzung

Findet ein Mensch heraus, **benutzt** (und damit belogen/betrogen) worden zu sein, ist es **vorbei** mit den Liebesgefühlen. Hier kommt es *von einer zur anderen* **Sekunde** zum Hass, oft gepaart mit tiefer Verachtung. Ursache-Wirkung wird in Deinem Leben, *wenn* Du jemanden **benutzt** (hast), nicht lange auf sich warten lassen … *Dann lehrt Dich jemand anderer das Fürchten (oder Hassen).*

Zweikampf

Hast Du einen, vielleicht *unfairen,* Zweikampf **verloren**, was kein echter Kampf per Körper ist, sondern in der Überzeugung, dass **DU** der richtige Partner wärst, kommt es zur *Verbitterung.* Entweder gabst Du Dir nicht ausreichend „Mühe" oder warst zu überzeugt, *so oder so* als

Sieger hervorzugehen oder Du hattest *nicht ausreichend Gelegenheit*, aufzuzeigen, WER Du wirklich bist. Schau, was passiert, denn auch hier wartet **Ursache-Wirkung**, wenn sich der **von Dir gewünschte** Partner **falsch** entscheidet (Reinfall!). Diese eingegangene Beziehung wird dann *scheitern* und DU erhältst eine NEUE Chance. Oh, schau – dies ist eine **Seelenprobe**!

Geduld wird hier *belohnt*, ebenso wie **TREUE** (**zu dem**, der sich vorerst *falsch* orientierte), bis es so weit ist, dass endlich DU zum Zuge kommst. Sonst beweist es dem anderen, dass Deine Liebe zu ihm **nicht so tief gewesen sein kann**, wenn DU *auch gleich* einen Neuen hast, nachdem **er** sich mangelhaft entschied und (vorerst) von Dir abwandte.

Zicken und Oberzicken

Musst Du Dich *präsentieren*, andere Frauen *brüskieren*, die vielleicht mit Deiner Figur (die Du Dir *nicht* erarbeitet hast) nicht mithalten können, mit Männern flirten, wenn die eigene Frau dabeisteht, um zu zeigen, dass DU die Hübschere bist? Bist Du verwöhnt aufgewachsen und nur mäßig erzogen (Ausbildung guter Charaktereigenschaften)? Hast Du schon Kinder geboren? Nein? Aha – also ein Leichtes, gut auszusehen. → Solche Frauen verursachen möglicherweise einen **unfairen** Zweikampf und befinden sich oft im Bereich der „falschen Schlangen".
Ein Erkennungszeichen ist häufig: Gehst Du mit so einer Frau in ein Lokal, wird sie aller Voraussicht nach das Teuerste an Essen und Trinken auswählen. *Bescheidenheit* ist nämlich **nicht** ihre Tugend ...

Ist Schlangengift wirklich giftig (tödlich) oder ist es nur ein Glaubenssatz?

Münchener Freiheit: „Herz aus Glas"
(immer zugleich Liedtipp)

Wer hilft Dir? Wer ist wirklich für Dich da, versteht Dich aufrichtig? Wer tröstet Dich? Wer baut Dich auf, motiviert neu? Wer hält zu Dir, egal was passiert? Wer interessiert sich für **Deine** Interessen, Dein Inner(st)es, Dein Leben? Wer hinterfragt auch **unbequem**, damit **Du** *zum richtigen* Schluss kommst? Sogar so unbequem, dass Du den anderen dafür hassen und ihn verlassen könntest? Ja, sogar diese Gefahr geht der andere ein, um **Dir** zu **HELFEN**! Wer stellt sich fast mit einem Fuß in den Knast für Dich oder vermittelt Dir Informationen, die Du eigentlich *nicht wissen* darfst, riskiert, dafür gekündigt (oder gar getötet) zu werden? → Hier kannst Du davon ausgehen, dass dieser Mensch Dich **sehr** liebt. [Hast Du heute schon geküsst? ;)]
UND: Das gilt *nicht nur* für Partnerschaften, sondern auch für Freundschaften! Ob Du so jemanden noch einmal wiederfindest?

Auseinandersetzungen

Sagst Du Deiner Freundin, wenn sie *aus Deiner Sicht* einen (großen) Fehler begangen hat? Hilfst Du ihr, auf etwas Kniffliges einen objektiven Blick zu erhalten, wenn sie selber nicht mehr klar denken kann? Gibst Du ihr einen Rat, auch wenn Du Dir damit selber schaden könntest? Sagst Du Deinem Mann, wenn er in Deinem Beisein einen Ausspruch gemacht hat, der Dich (stark) verletzte/kränkte? Hakst Du nach? Wie offen und direkt bist Du?
Ein kleiner Streit reinigt die Atmosphäre, manchmal muss es auch ein Gewitter sein – die **Hauptsache** dabei: **Die Wahrheit** kommt ans Licht, **bevor** sie in euren Körpern und euren zwischenmenschlichen Beziehungen *großen* Schaden anrichten kann (Ursache-Wirkung)!

Hast Du das Gefühl, dass Du *etwas Bestimmtes* tun **musst**, dann tu es! Es handelt sich hier um eine stimmige **Intuition** aufgrund von Seelenkommunikation!

Wenn Du spürst, dass ein Mann **hilflos** ist oder während des Gespräches wird, helfe ihm auf die Sprünge (z. B. mit einem Stichwort: „War da nicht das und das?"/Wahrheit!!). (Ehe-)Männer kennen das zum Teil: Wer holt **Dich Mann** aus der Patsche, verteidigt oder stellt sich beschützend vor Dich? Die (mutige) Frau! Vorausgesetzt, sie **liebt** Dich oder hat Dich zumindest sehr gern! So eine Frau würde sich sogar *bei einem Schusswechsel* vor Dich stellen!

Streit in Partnerschaften ist nur dann die Regel, wenn die Liebe mangelhaft oder beschädigt ist! Sonst gibt es *konstruktive* Auseinandersetzungen mit *anständigem* Wortlaut, ohne Kränkungen oder das Herausholen längst vergangener Taten, die immer wieder (als aufgewärmte Suppe) neu aufgetischt werden! Diese Dinge sind konfliktaktiv und müssen **endgültig** gelöst werden, damit Du Dich davon auf „Nimmerwiederhören" *verabschieden* kannst.

Sie liebt IHN – er liebt eine ANDERE – ... und diese liebt WIEDERUM einen anderen

Warum ist das so? Wenn Du denkst, denjenigen, den **Du willst**, bekommst Du **nicht** und den Du bekommen **kannst**, **willst** Du **nicht**, bist Du in ein „Wechselspiel" geraten. Auch hier geht es um Konfliktlösung!

Wenn Du Deine **Kinder-** und **Jugendliebe** verfehlst, dann wird genau der oben genannte Satz zu Deinem Spiel! Du brauchst Dich nicht zu wundern, wenn Dein „Kumpel" *nicht* erfährt, dass **Du** in IHN **verliebt** bist, dass er sich dann für ein anderes Mädchen interessiert. Woher soll er über Deine Gefühle Bescheid wissen? Wenn Du herumeierst, in Rätseln sprichst, Zeichen setzt, von denen Du *denkst*, er müsse sie verstehen ... Im Alter *unter* **16** Jahren → Vergiss es!

Toller **DEFA**-Filmtipp (1987): „**Vorspiel**" von Peter Kahane mit einem schönen Spiel entwickelter JungschauspielerInnen.

Hier merke Dir: Nur wer UNBEHOLFEN ist, IST verliebt. Demjenigen fällt das COOL-bleiben schwer, auch wenn er es *vorher gewesen* ist! Es ist ein naturgegebenes Zeichen. Wem es die Sprache verschlägt oder wer plappert wie ein Wasserfall (Überspielen von Nervosität), den hat es wahrhaftig getroffen! In **Buch 1** hast Du gelernt, wie wichtig es ist, **aufrichtig** zu seinen Gefühlen zu **stehen**, egal, was dabei herauskommt. Falls es im 1. Moment „ein Korb" sein sollte, schau in den nächsten Tagen, was geschieht. Orientiere Dich bitte *nicht gleich* neu, sei nicht gekränkt oder beleidigt. Warte ab, was passiert, *wenn* Du Dich fair + anständig verhältst! Manchmal braucht derjenige etwas Bedenkzeit oder muss eine Nacht darüber schlafen, bevor er versteht/realisiert, was ihm *jetzt* geschieht! Wenn Du spürst, da geht noch etwas in Richtung Deinem Ziel: **KÄMPFE**! Verdammt nochmal!

Der 1. Kuss schlägt ein wie ein Hammer, und meine Empfehlung: Fasst euch stets an den Händen, wenn ihr unterwegs seid. Die Handflächen nach innen zueinander zeigend machen die **Liebesenergie** erlebbar. Sie fließt unglaublich bei der 1. großen Liebe. Halleluja! Und ich verspreche: Das bleibt euch für immer erhalten – ihr dürft nur nie aufhören, euch bei der Hand zu nehmen.

Ein zauberhafter **Film** über die 1. Liebe ist: „**Die Farbe der Milch**" („Ikke naken"/Torun Lian, 2004).

Die **Intensität** der Hauptdarsteller (Selma & Andy, der die Probe besteht) ♥ sowie „des geheimnisvollen Schweden" und die realen Geschehen in der Liebe sind typisch für das bekanntermaßen **menschliche** Skandinavien! DANKE!!

Liebe von Muttis Seele

Verstarb Deine Mutti während Deiner Geburt, ist das ein tiefer Konflikt – in jedem Fall *behindert* es stark den Wunsch, selbst Kinder zu bekommen, wenn Du ein Mädchen bist (siehe „Die Farbe der Milch" –

Selma ist so ein Mädchen). Wenn Dir **bewusst** wird, dass Deine Seele
genau mit dieser Erfahrung aufwachsen **soll**, wird der Konflikt gelöst
und Du kannst Dich Deinem weiteren Leben widmen, so wie es sich
schön anfühlt. Der tolle o. g. Film wird Dir dabei helfen.
Die Liebe Deiner Mutti endet nie, denn sie ist bei Dir.

Münchener Freiheit: „Es gibt kein nächstes Mal"

Wo bist du, wenn ich träume? (Wo bist du?)
Wo bist du, wenn ich all meine Fehler bereue?
Es gibt kein nächstes Mal.
Wo bist Du ganz alleine? (Wo bist du?)
Wo bist du?
Komm, verlieb' Dich noch einmal aufs Neue!
Es gibt kein nächstes Mal …
Die Zeit heilt meine Wunden **nicht**, der Traum hält nicht, was er verspricht.
Wo bist du, wo bist du?
Ist es so schwer mir zu verzeihen, wird es nie mehr wie früher sein?

Viele Menschen haben **Angst vor der Liebe. Sie bringt NUR Unglück.** Ja, da ist etwas Wahres dran, **sobald** Du die **Jugendliebe**, mit
der Du das 1. Mal in beiderseitigem, zauberhaftem Einvernehmen
intim warst, **kampflos gehen lässt.** Denn sehr oft wurde sie Dir <u>intrigant*</u> abgezogen, aus Neid und Eifersucht, vielleicht gerade, *weil*
ihr ein **Traumpaar** gewesen seid, auch optisch!?
<u>„Jung gefreit hat nie gereut!"</u>
Intrige: Reihe von hinterhältigen, heimtückischen Machenschaften,
mit denen jemand gegen einen anderen arbeitet, seine Pläne o. Ä.
zu durchkreuzen, ihm zu schaden sucht. (Internet)

Starb Deine Jugendliebe bereits und Du hast es überlebt, dann
warst Du mit diesem Menschen *nicht* intim. Ohne sie lohnt es sich
nämlich *sonst* nicht mehr, zu leben. Und ja: **Dass** Deine Jugendlie-

be **starb** kann unter Umständen damit zusammenhängen, dass IHR euch **nicht** hattet!

Wenn Du jetzt denkst: „Um Gottes Willen, dann halte ich mich lieber ganz von der Liebe fern", dann sage ich Dir: Ohne Liebe stirbst Du *so oder so* (unter 50, ohne medizinische Hilfe) und dann hast Du sie *nicht einmal* erlebt. Kein Mensch kann ohne Liebe leben und nur wenige Menschen sind vollkommen einsam glücklich.

Ein *perfektes* Lied dafür singt **Jan Perdu: „Ich kann es nicht allein".**

Prüfe, welche Jahreszeit Du am liebsten magst und ob Dir dieser Satz vertraut ist: „Wäre nur alles bald zu Ende/vorbei." In diesem Fall ist Dir der **Herbst** lieb und Du magst es sogar, wenn im Winter die Bäume **kahl** stehen. Du bist zwar mit Deiner Jugendliebe *zusammen*, aber sie ist *eingefroren*. Dies ist **nur dann** möglich, wenn intrigant eingewirkt wurde.

Hattest Du eine Jugendliebe und warst NICHT intim, hast Du die nächste Chance, einen neuen, entsprechenden Partner zu finden. Lebt Deine Jugendliebe noch und ihr habt euch intim nicht zusammengeführt, bleibt diese fehlende Erfahrung bis *zu Deinem möglichen Lebensende offen* und kann *sehr quälend* sein.

Liedtipp: **Clowns & Helden: „Ich liebe Dich"**

Kommst Du bei Liebesliedern schnell ins Weinen, fühlst Dich bei manchen Filmszenen einfach jämmerlich (z. B. **DEFA** „Die Alleinseglerin"), **löst** Du bereits Konflikte in Dir **auf**, ohne es genau zu wissen. Schaust Du gern **Märchen**, fast wie abhängig, dann hast Du *mindestens einen* Konflikt in der Liebe und *sehnst Dich* nach **Deinem** „Happy End" …

Prüfe die Symbolik Deines Lieblingsmärchens und Du wirst Deinen Konflikt erkennen.

Hier gebe ich Dir Anhaltspunkte:
Aschenputtel – Jenes Mädchen, das schuftet und geschunden wird, führt sich später durch großen Mut und Hilfe ihrer (nicht mehr lebenden) Vorfahren in das eigene Liebesglück.
Neben **Libuše** hat **Aylin Tezel** diese Filmrolle am authentischsten verkörpert.

Die kleine Meerjungfrau – Mädchen in der Pubertät, die vom Fisch zum Fleisch sich wandeln, sollen hier lernen, anderen Mädchen *nicht* zu vertrauen, wenn es um *ein und denselben* Jungen geht. Es geschah eine Intrige, weil die kleine Meerjungfrau symbolisch nicht wagte, aufzuzeigen, dass die Prinzessin den Prinzen **nicht** gerettet hat und dass **SIE** ihn liebt. Durch diese Kampflosigkeit verlor sie den Prinzen an „die andere" und musste sterben (Symbolik für den zu erwartenden Herzinfarkt im Alter bis 50). Die Meerjungfrau ist, *auch* in Verfilmungen, *noch nicht* **Frau** genug, um mit der (etwas) älteren Prinzessin auf Augenhöhe standzuhalten und um den Mann zu **kämpfen**. Sie kennt die (intriganten) Mittel einer <u>Frau</u> noch nicht. Sie ist zu anständig, zu brav und zu schwach. Nur ihr Herz kann lieben wie das einer wahren Königin!

Die Schneekönigin – Der Kuss einer erwachsenen Frau <u>auf den MUND eines Jungen</u> kann fatale Folgen haben. Da Gerda ihren Stiefbruder Kai sehr liebte, kämpfte sie und begab sich in große Gefahren, um ihn wiederzufinden. Ihre heißen Tränen (Wasser des Lebens) und ihre Küsse voller Liebe erweckten ihn aus der inzwischen frostigen Kälte seines Herzens.
Beobachte in Filmen, wo ein Junge (ab 12) von einer *erwachsenen* Frau geküsst wird, wie sich dieser verändert und männlich(er) wird! Es ist ein Zauber!
Liedtipp: Peter Maffay „**Und es war Sommer**"

Rapunzel *oder* **der Zauber der Tränen** – Schöne Töchter werden beneidet, intrigiert, erniedrigt und versteckt. Im wahren Leben *nicht nur* von Stiefmüttern, sondern auch von manch einer leiblichen Mutter. Dieselbe Lehre ist aus dem Märchen **Schneewittchen** zu ziehen, wobei bei Rapunzel die Mutter *das Kind für sich* behalten wollte, was *wenigstens* noch irgendetwas mit Liebe zu tun hat …
Ebenso lehrt das Märchen, dass eine Frau, die nicht einmal Deine eigene Mutter ist, aber so sehr ein Kind haben wollte, Dir große Prüfungen auferlegt, damit Du mit einem Mann, der Dich <u>wahrhaft</u> liebt, Dein größtes Glück finden kannst und sie Dich nachfolgend in den allerbesten Händen weiß! Sie liebt Dich über alles auf der Welt, auch wenn sie Dich nicht selbst geboren hat!

Bist Du <u>aufrichtig STOLZ</u> auf Deine **schöne** Tochter und/oder Stief-/Schwiegertochter, wirst Du selbst so schön sein als wärst Du ihre Schwester.

Der Zauber der Tränen zeigt: Kämpft ein Mann um Dich – so sehr, dass er fast daran stirbt –, bist Du mit Deiner liebenden Wärme und Deinen Tränen **immer** in der Lage, ihn zu heilen oder schlimmstenfalls wieder zum Leben zu erwecken.

Diesen wahnsinnig langen Zopf bekommt Rapunzel zur Hilfe. Jeglicher Stress (Haar-Konflikt) wird damit ausgehalten und er dient dem Heranziehen zweier wichtiger Menschen: der liebenden Stiefmutter und des Liebsten (Auserwählten).

Schneewittchen – Die Königin will heiraten, lädt sich den König aus dem Nachbarreich ein und dieser sieht das *bezaubernde* Schneewittchen (**Best of: DEFA** – die leider zutiefst neidkonfliktbehaftete **Doris Weikow**). Er bedenkt sie mit einem Kompliment und bittet die Königin, ihre Tochter heiraten zu dürfen. Fataler Fehler! **Mann:** Hüte Dich davor, einer anderen Frau **Komplimente** zu machen, wenn (D)eine (eigene) Frau mit **dabei** steht. Das kann einen **Rachekonflikt** nach sich ziehen, der sich gewaschen hat. Vielleicht bis zum Ende Deiner Tage. Auch die mit dem Kompliment bedachte Frau hat nichts zu lachen – es sein denn, ihr seid allein! Sie kann durch ein einziges, aufrechtes Kompliment von Dir ihre beste Freundin verlieren, zu der <u>Du</u> gehörst. (Ein Kompliment **vor anderen** erzeugt *so gut wie immer* bis stärkste <u>Neidkonflikte</u>!)

„Das tapfere Schneiderlein" – Wer über die <u>Moral</u> dieses Märchens nachdenkt, sollte zum folgenden Schluss kommen: Ein junger, armer Schneider belügt sich selbst mit „Sieben auf einen Streich", denn es waren nur **Fliegen**. Hier liegt im 1. Moment ein klassischer Fall von Selbstüberschätzung vor, sich daraufhin mit Riesen und gefährlichen Tieren anzulegen. Des Schneiders <u>naiver</u> Glaube, stark genug zu sein, lässt ihn jedoch alles meistern und *tatsächlich* MUTIG gegen Stärkere sein. Dass er sich in die schöne Prinzessin verliebt, ist die endgültige <u>Motivation</u> für ihn. Dieses Märchen soll jungen Männern zeigen, dass es sich immer lohnt, mutig zu <u>werden</u> und vor allem, um die Liebe eines Mädchens <u>zu kämpfen</u> (auch gegen ältere +

stärkere Jungs)! Der **Sieg** ist entscheidend, um sich von anderen Deines Geschlechts abzuheben.

„Hänsel und Gretel" zeigen Dir auf, dass Du durch starkes Leiden in der Kindheit dennoch zu großem Reichtum & Glück im späteren Leben finden wirst. Es bedarf der Liebe zueinander, des Zusammenhalts, insbesondere *auch* unter Geschwistern (egal was geschieht!), und des großen Mutes, allen Prüfungen im Leben standzuhalten.

Den **„Schneeweißchen & Rosenrot"**-Effekt gibt es, wenn zwei *sich liebende* Brüder zwei *sich liebende* Schwestern heiraten und jeder dem anderen sein Glück aufrichtig gönnt. Das Verschwinden der Prinzen und die Verwandlung in Tiergestalten stehen symbolhaft für Prüfungen, das Böse (den gierigen Zwerg) zu überwinden, Geduld zu zeigen und klar **dem einen** Ziel zu folgen: GENAU dieser Mann soll es sein und kein anderer. Die Schwester darf *nicht* plötzlich den Mann der Schwester, den *anderen* Bruder, **begehren** ... Auch in der Verwandlung müssen die Tiere zu den Schwestern so stehen wie in der Menschengestalt. Ohne diese Prüfung kann es starke Komplikationen geben.

„Däumelinchen" zeigt: Mit **Geduld** kommst Du an das *richtige* Ziel → den für Dich passenden Partner. Vergebe Dich nie an einen Menschen, der Deiner unwürdig ist.

„Vom Fischer und seiner Frau" symbolisiert sehr schmerzhaft: Wer das Glück gefunden hat und immer mehr (haben) **will**, wird durch seine eigene GIER in tiefstes Unglück geraten und möglicherweise ALLES verlieren. Gier verdirbt Deinen Charakter und verhässlicht Dein Gesicht.

„Der Wolf und die sieben Geißlein" zeigt auf, wie vorsichtig kleine(re) Kinder *gegenüber* intriganten Älteren und/oder Erwachsenen sein müssen. Alle Tricks sollen durchschaut werden, sonst kann es ein schlimmes Ende geben. Insbesondere zeigt das Märchen auf, der eigenen **MUTTER** absolut vertrauen zu können, was im wahren Leben (bisher) nicht möglich ist.
Ebenso gilt die Lehre: Der Mann (Wolf) nimmt diese Frau (Geiß) **nur dann**, wenn sie sich ihrer sieben Kinder (Geißlein) entledigt. Auf die-

sem Weg ist jedoch *kein Glück* zu erwarten! **Liebst** Du **eine Frau**, die bereits **Kinder hat →** dann **ganz** *oder* **gar nicht!**

„**Rotkäppchen**" erzählt, dass Enkelkind & Großmutter am liebsten in einen Topf (Bauch des Wolfes) geworfen werden. Sie halten zusammen, was auch immer passiert! Großeltern decken Dinge auf, die das Elternhaus lieber im Verborgenen hält, und können Ärger machen. Sie würden das Enkelkind auch jederzeit zu sich nehmen und einziehen lassen. Der Wolf zielt auf die Mutter hinaus, welche das *kleine* Mädchen *allein* auf den *gefahrenreichen* Weg schickt und der Jäger steht für den Vater, der seine geliebte Tochter *retten möchte*.

„**Der gestiefelte Kater**" zeigt, dass es hilfreiche, Dir Dein Glück wünschende/gönnende Freunde sehr wohl im Leben gibt. Du musst sie nur erkennen. (Dafür ist das Thema „**Fotos**" weiter hinten sehr nützlich.) Natürlich kann das *auch* ein treues Haustier sein, das manchmal wünschte, es könnte Dir anderweitig helfen, als Deine Tränen aufzufangen und Dich abzuschlecken.

Altes deutsches Sprichwort: „Für **Freunde** ist **das BESTE** gerade GUT genug!"

MARTES Best of – ihr wisst es: JULIAN REICHELT („Puss in Boots") :D

„**Die sechs Schwäne**" oder „**Die sieben Raben**" – Diese beiden Märchen zeigen Geschwisterliebe und Blutzugehörigkeit auf. Geschwister, die *wirklich* zusammengehören, werden immer um- oder füreinander kämpfen und können sich nicht im Stich lassen, egal welche Fallstricke von außen geflochten werden. Jeder wünscht sich ein liebendes Geschwisterkind, sobald er eines hat. Schließlich soll der andere ja durch sein Erscheinen nicht *das eigene Leben* zerstören oder schwer machen (wie es *manchmal* durch intrigantes Verhalten im Elternhaus geschieht). Auch der *spezielle* Kinderwunsch „Junge **oder** Mädchen" *kann* sich teils einschneidend oder sogar fatal auf die Entwicklung eines Kindes und ggf. das Verhältnis der Geschwister zueinander auswirken.

„Die zertanzten Schuhe" – Der Vater (König) versteckt seine Töchter, die er nicht verlieren möchte, und *dennoch* finden sie einen Weg, ihre Liebsten zu treffen und mit der Einsicht des Vaters heiraten zu können. Wer seine Tochter versteckt oder vom Leben fernhält, wird sie nicht nur an einen (jungen) Mann verlieren, sondern möglicherweise ganz und für immer. Jeder muss seine eigenen Erfahrungen sammeln …

„Von einem, der auszog, das Fürchten zu lernen" – Lange Rede, kurzer Sinn: Das Fürchten lernen viele junge, *bereits mutige* Männer *erst dann*, wenn die **Liebe** über sie gekommen ist: DANN haben sie Angst **um** ihr Mädchen!

„Das Wasser des Lebens" – Es sind ausschließlich **Tränen** von **liebenden** Menschen, die Dir Dein Leben zurückgeben können. Eine Träne eines Menschen, geweint <u>UM</u> Dich, auf Deinen Lippen bewirkt mehr als jede „Medizin" und birgt die <u>**Überlebens**-Kraft der LIEBE</u>.

„Des Kaisers neue Kleider" – Kindermund tut Wahrheit kund. Nur ein furchtloser, vielleicht naiver Mensch kann den *gesunden* Menschenverstand <u>neu erwecken</u> und **alle** dazu *zwingen*, die WAHRHEIT deutlich und **unwiderlegbar** zu SEHEN.

„Gevatter Tod" – Spielst Du *respektlos* mit dem Tod, wird Dir das größtmögliche Unglück in Deinem eigenen Leben widerfahren. **Best of:** DEFA – unser *herrlicher* Dieter Franke!

„Der falsche Prinz" – Kommst Du durch Betrug an eine Stelle, die Dir nicht bestimmt ist, richtest Unheil für andere an und bringst Menschenleben in Gefahr, kann es passieren, dass Du Dein eigenes Leben verwirkst. Märchenhaftes Glück, vor Strafe verschont zu bleiben, geschieht (wenn überhaupt) nur einmal, damit Du von vorn beginnen und es besser machen kannst, aufgrund <u>aufrichtiger</u> **Reue**. Gelingt Dir das?

„Sterntaler" – Mut, Klugheit, Kraft/Ausdauer und Güte verhelfen <u>einem ganzen Volk</u> zum Glück. Ein kleines Mädchen wird es richten!

„Der Schweinehirt" + **„König Drosselbart"** – Clever ist die Variante, Deine Liebste zu testen, im Falle, dass Du wohl situiert/reich und vielleicht (sehr) berühmt bist. Zeige Dich als einer, der zwar sehr wohl etwas **kann**, aber **nicht viel** hat. Will sie Dich *wirklich*, so wie Du bist – um Deiner selbst Willen – oder begehrt sie *vorrangig* den materiellen Besitz und die öffentliche Anerkennung?
*Mit dem **richtigen** Partner lebst Du auch gern in der kleinsten Hütte. Hauptsache, sie ist mit Liebe gefüllt.*

„Wie heiratet man einen König" – Die Frau, die sich ihren König verdient, ist klug, gewitzt, stark und setzt ihren Mann **vor** alles Hab & Gut der Welt.

„Die Prinzessin auf der Erbse" – Wie sensibel muss ein Mädchen für Dich sein, damit Du mit ihr leben kannst? Dies zielt auf gute Charaktereigenschaften, wie Bescheidenheit, Gerechtigkeit, Geduld und Güte hin.

„Die Salzprinzessin" – Worauf kommt es an im Leben? Kannst Du Gold essen? Kann Gold **Dich** lieben? Kannst Du ohne Liebe, egal ob die Liebe Deiner Tochter oder die Liebe eines für Dich bestimmten Menschen, (über)leben? Was würde Dich ins Grab bringen? Schütte LIEBE in einen Brunnen, der kein Wasser hält.

„Jorinde & Joringel" – Wie **stark** liebst Du? Dieses Märchen birgt eine fast *unmenschliche* Prüfung mit dem *beschützerischen* Effekt der Mädchenseele. **Beweise** als Mann, dass EINE Frau die **Einzige** für Dich ist und alles wird **gut** werden. Sie wird Dich lieben und auch küssen, egal, wie alt und hässlich Du geworden bist, durch den Verlust Deiner Schönheit und Jugend durch die Prüfungen, welche Du *ihretwegen* bestehen musstest. Sie wird Dich zu neuem Leben erwecken, Dich verjüngen und unglaublich verschönern, *wenn* ihr zusammengehört! Denn GENAU DAS schafft NUR die wahre Liebe, **nichts sonst**!

„Der dritte Prinz", von denen *zwei* den materiellen Gütern noch mehr gesonnen sind als der wunderschönen Prinzessin, weil sie die „Edelstein-Probe" nicht bestehen, zeigt: Erst der **3.** Prinz, dem Dinge und Reichtum zweitrangig, ja fast gleichgültig sind, wird mit seinem warmen Herzen **alle** erretten.

Küsse

Ich schicke Dich nun in die richtige Spur, damit Du hinter die <u>Sinn-haftigkeit</u> *des Küssens* kommst.

1. Kuss in der Beziehung:

Küsst ein Mann eine Frau, kann sie *jederzeit* von ihm gehen, er je-doch nicht.

Küsst eine Frau einen Mann, kann er *jederzeit* von ihr gehen, sie je-doch nicht.

Ist Dein Partner, der anfangs so herrlich war, boshaft zu Dir geworden, erkaltet, obwohl Du ihm nichts getan hast? Dann ist es sehr wahr-scheinlich, dass er Dich durch intrigantes Verhalten einer anderen Frau, die ihn (energetisch) lockt, loswerden will, WEIL er selbst durch seinen Erstkuss (an Dich!) nicht in der Lage **ist**, von Dir zu gehen.

<u>Faktisch:</u> Er will DICH *eigentlich* behalten, weil DU im Außen (Optik) UND im Inneren (Charakter) die Schönste für ihn bist! Er kann Dich „nur" nicht mehr lieben. Was ist geschehen?

Zungenküsse sind die intensivste Variante der Mundküsse. Die Zun-gen legen sich wie zwei Kabel-Enden an- und umeinander, elektri-sieren den ganzen Körper, wenn sich die beiden Küssenden stark lie-ben. Es ist der **Seelenstrom,** der durch das Tor (den Mund) über die Zunge miteinander **verbunden** wird.

Es passiert *nicht viel* bis **nichts**? <u>Die Logik:</u> Die Küsser (Seelen) gehö-ren NICHT zusammen!

An dieser Stelle bitte ich Dich sehr, in Dir zu prüfen, ob Du Buch 1 auch GRÜNDLICH GENUG gelesen hast und Dich STARK GENUG fühlst, in *diesem* Buch weiterzulesen. Vielleicht legst Du es erst einmal einige Tage weg und sammelst neue Kräfte.

Zu Konfliktlösungen in der Liebe (was *nicht nur mit Deiner aktuellen* Liebe zusammenhängt, sondern mit Deinem **gesamten** *bisherigen* Liebesleben) musst Du **tief in die Materie** einsteigen, in den **dun-kelsten Keller** Deiner **Seele**. Erst dann setzt Du <u>allen Altkot</u> dazu **FREI**! Jede Angst sitzt in Deinem Darm, jeder Schreck/Schock, jede

Gefahr, jedes klare Erkennen, dass Du falsch bist, wo Du bist, dass Du unterwandert, betrogen wurdest, dass Du Dich verzettelt hast, dass Du hereingefallen bist …

Sei tapfer – es macht sich bezahlt, *denn wenn* Du Dich hier <u>durcharbeitest</u>, erhältst Du **Deine größte Strahlkraft**. Das ist der LOHN!

WARNUNG: Jede Konfliktlösung birgt Veränderungen (optisch/körperlich/psychisch), es gibt aggressive Gefühlsschwankungen, auch Ausbrüche durch das Bewusstwerden von starken Kränkungen. Du erlebst Selbstwerteinbrüche durch das Zerfallen von Freundschaften, durch das Absterben von Träumen in Dir zu Dingen, bei denen Du Dir (teils über Jahrzehnte) **etwas vorgemacht** hast. <u>Alles kommt heraus!</u> Es gibt ein Durcheinander von Gedanken, um die Wahrheit zu finden, Frustration beim Erkennen der tatsächlichen, bislang vertuschten/verschleierten Zusammenhänge und Wahrheiten. Manchmal brichst Du zusammen, ABER: **Mit jeder Lösung wirst Du stärker**!!! → „Was Dich nicht umbringt, macht Dich stark!"

Die **AKTIVE** Lösung von Liebeskonflikten (heißt anhand von **Taten**, wie Brief, E-Mail, Anruf …) ist die einschneidendste und schwerste. Du schreibst, wie Du sprichst? Gut so, Du bist **authentisch**!

Alle Menschen, die **Dich** *jemals* <u>geliebt haben,</u> **löst** Du damit von Dir & Deiner Seele **ab**. Alles, was an Dir, auch liebevoll, geklebt hat, verschwindet. Jeder weiß nun Bescheid, weil Du es **zugegeben** hast, **dass Du** verliebt warst. Keiner muss sich mehr Gedanken darum machen: „War es so oder nicht?". Durch diesen Prozess **verlierst** Du im **1. Schritt** stark an Schönheit + Spannkraft. Die Haut wird (wieder) unreiner, da durch die Lösungen auch Beschmutzungen **frei** werden (z. B. durch Küsse, die **ohne** Liebe geschahen). Das alles ist *sehr unschön* – ABER, wenn Du all diese ganzen Phasen **überstehst**, wirst Du in der Tat so hübsch, wie Du noch nie in Deinem ganzen Leben gewesen bist. <u>Du bist danach **FREI** (unabhängig + ohne jegliche Anhaftungen)</u> + einfach **DU selbst**!

Auch wirst Du *möglicherweise* bereits in dieser Phase hier durchschauen, dass KEINER etwas dafür kann, **wie** er gehandelt <u>hat</u>. Das ist ein Satz zum Nachdenken!

Wahre Begebenheiten zum Daraus-lernen:

Lässt sich Dein Freund/Mann von einer **anderen** Frau **küssen**, tut nichts (Ohrfeige, was auch immer), erzählt Dir nichts und bekommt ca. ein Jahr später **keinen** Heuschnupfen, dann hat sie ihn Dir weg**gefangen**. Er liebt nun diese andere, *zu dem Zeitpunkt* subjektiv *schönere* Frau, aufgrund ihres einzigen Kusses (der auch nur ganz zart gewesen sein kann, **Hauptsache** er trifft seinen Mund, das Tor zur Seele) und bleibt *dennoch* bei Dir! **Er wird erkalten** und versuchen, **Dich loszuwerden**, damit die ANDERE ihn haben kann. Das verursachen Seelen!

Selbst verlassen kann er Dich nicht, *falls* ER *Dich* vormals gefangen hatte (mit **seinem** Kuss). Bleibst Du dennoch bei ihm und er sagt Dir immer noch nicht, was passiert ist, wirst **Du** zur Strafe für diesen einen kleinen Kuss, den er sich GEFALLEN ließ, **viele** Männer küssen. Dein **neuer Glaube** lautet unterbewusst: „Küssen ist ja kein Fremdgehen – ich weiß Bescheid!"

Die Moral: Du heimlich mit EINEM Kuss betrogene „Meerjungfrau" (die immer nur den EINEN Mann lieben und auf ewig TREU sein wollte) wirst alle Männer ringsum betören, ob Du diese küsst, Dich selbst küssen lässt oder nicht. Kein Kuss kann Dir etwas anhaben – Du liebst ausschließlich Deinen Mann –, aber alle anderen Männer werden bestraft, denen Du vor die Augen kommst.

Es ist die Rache Deiner Seele an die Männerwelt und Du weißt es nicht einmal. Für **einen einzigen** zarten Kuss der Rivalin, die Deinen Mann feige und hinterhältig abzog, **obwohl sie wusste**, dass ER **zu DIR** gehört.

Ja, das IST Ursache-Wirkung, **mit einer Lüge**, wenn Du dann alt bist, gefühlt **ohne Liebe** gelebt zu haben, *obwohl* die Liebe da war. Dein Mann war konfliktaktiv (vergiftet) und konnte sich durch die seelische Anhaftung der anderen Frau nie mehr *richtig liebevoll* Dir gegenüber verhalten.

Es ist ein **Dornröschen-Effekt:** „Du hast Dir in den Finger gestochen" – durch eine Andere! Die betroffene „Meerjungfrau" schläft so lange (gefühlte 100 Jahre), bis sie (durch Konfliktlösung) klar sieht!

<u>Das bedeutet für die Meisten:</u> Du **schläfst so lange**, <u>BIS Du</u> **dieses Buch** <u>hast</u>!

Hier erkennt jeder, WER begonnen hat, eine schöne Beziehung zu zermürben, wenn es *Jahrzehnte später* darum geht, **wer** denn *angefangen* hat – mit *tausendfachen* Auswirkungen **durch** das <u>Verschweigen</u> **eines** Kusses der „bösen Fee".

So etwas kann z. B. bei einem **Klassentreffen** geschehen. Klebst Du an einer Schulfreundin fest, obwohl der Kontakt immer wieder abreißt und manchmal sogar für Jahre verstummt, sie jedoch immer wieder in Dein Leben tritt oder zwingend treten soll, was Du mitunter selbst nicht verstehen kannst, dann hast Du Deinen **Staatsfeind Nr. 1** gefunden! Wie alt bist Du? Hast Du 20 oder 30 Jahre mit so einer Lüge gelebt, immer in dem Glauben, Dein Partner liebt (nur) Dich? Wie fühlt sich das jetzt an? Bleibt Dir die Luft weg, wird Dir mulmig, fängt Dein Herz zu rasen an, wie *früher* nach einem starken Kaffee, musst Du zur Toilette, weil Dein Darm ganz plötzlich verrücktspielt? Sitzen Dir die Angst und das Entsetzen im Nacken, musst Du niesen? Ja, *genau dann* ist alles wahr, was Du soeben gelesen hast!
→ Gefühlsausbrüche + Körperreaktionen sind die **ultimativen Beweise** der **Wahrheit**, insbesondere dann, wenn Du Dich *überhaupt nicht mehr* erinnern kannst (oder WILLST!).

Versuche, Zeugen zu finden – das ist oft möglich. Vielleicht hat einer Deiner anderen, ehemaligen Klassenkameraden diesen Zwischenfall beobachtet und nichts gesagt? Vielleicht gibt es Fotos, die Dir etwas anzeigen können? Bist Du in Zukunft *jemals Zeuge* eines solchen Vorfalls, dass eine Frau einen *vergebenen* Mann küsst (oder andersherum), dann <u>bitte</u> mische Dich ein, so gut Du es vermagst. Du ersparst dem intrigierten Paar eine Menge Unannehmlichkeiten in der Zukunft. **Dein Wort** kann die <u>Starre</u> des Betroffenen lösen, der durch den Kuss geschockt ist und **ohne** <u>jegliche</u> **Reaktion** bleibt. Du brauchst nur zu äußern: „Was soll das denn?" … das reicht. Ganz *besonders* wichtig wäre es, wenn der Partner des Geküssten an der Tafel sitzt und mitfeiert. Stelle eine Überlegung zu einem der *nachfolgenden* Klassentreffen an: WEN hast Du dort beim Küssen ertappt, obwohl beide vergeben waren? Hier gibt es den *nicht zufälligen* Hinweis auf **die** Person, die damals <u>Deinen</u> Partner (vor Jahren) mit der intriganten Frau gesehen und Dir leider nichts gesagt hat. Einmischen ist immer schwer und unangenehm, das versteht sich …

Möglich, dass es zwischen Dir und einer besonders guten Freundin Kosenamen gibt oder gab, die auf etwas hinweisen? Denke nach. Deine Seele wird Dir Bilder schicken.

Nahm Dein Partner über die Jahre mit Dir Charaktereigenschaften, Eigenarten, politische Gesinnungen/Überzeugungen von jemandem an, den Du gut kennst, gibt es hier einen nächsten Schlüssel. Du sollst <u>endlich drauf kommen</u>, von WEM er das hat (Seelenkommunikation). Wem will er damit gefallen? Bei wem wäre es (früher) möglich gewesen, damit zu landen? Sei wachsam!

Sobald Du den **passenden** Vorfall <u>aufgedeckt</u> hast, wirst Du zum körperlichen **Beweis** eine **Grippe** bekommen. Diese kannst Du anhand Deiner Kenntnisse von Buch 1 vereiteln! Trifft es Dich **sehr hart**, wird jedoch eine kleine Verschnupfung trotz sämtlicher Lösungen kaum ausbleiben.

„Wenn Träume sterben, dann wird es kalt!"
<u>Liedtipp:</u> **Puhdys „Wenn Träume sterben"**

War Dein Mann mehrfach *verliebt*, wenn auch heimlich + ohne Taten, und sagte es Dir **nicht**, erzeugt er Ursache-Wirkung!! **<u>Alles, was</u> fremd gefühlt wird, beweist:** Du bist nicht beim richtigen Partner! Spare Dir den Ausspruch <u>„für immer"</u>, wenn Du nicht ganz genau weißt, dass es stimmen kann.

Sei Dir bewusst, dass sich ein Mensch *deinetwegen* <u>das Leben nehmen</u> kann, falls Du bis zum 50. Lebensjahr **seine** unerfüllte, große Jugendliebe gewesen bist (und er nicht vorher schon einen Herzinfarkt erlitten). Du musst es nie erfahren und dennoch weiß Deine Seele Bescheid, wenn so etwas Furchtbares passiert. <u>Lieder</u> wie **„Jugendliebe"** von **Ute Freudenberg & Elefant** (1980) sind nicht ohne Grund so beliebt und eindringlich.

Hast Du jemandem Hoffnungen gemacht (z. B. *während oder nach* einem Klassentreffen) und dann <u>gekniffen</u>? Hast Du mit einem *intensi-*

ven Kuss vermittelt: „Jetzt klappt es, jetzt kommen wir (endlich) zusammen und können unser gemeinsames Leben kosten/probieren"? Dies passiert nur, wenn Du selbst *nie so richtig* in der Liebe angekommen bist …

In brenzligen Lebenssituationen kommt es zum *unabsichtlichen* Zerschlagen von Gläsern oder Geschirr, mit der Botschaft: „Glück & Glas, wie leicht **bricht** das."

Erkenntnisse

Das Gesicht „fällt" Dir regelrecht faltig ein, vom ERKENNEN einer <u>falschen Schlange</u>. Du machst Dir Selbstvorwürfe, warum Du eher nichts gemerkt hast, einfach nicht darauf gekommen bist. Du bist frustriert über die Beschädigung Deiner Jugendliebe von außen. Deine Schilddrüse wird es beweishaft anzeigen, **wenn** es Dich betrifft: „Mir stockt der Atem." Löse das auf und es hält nicht besonders lange an (ca. 3 Stunden). Was allerdings eventuell sogar eines Einlaufes bedarf, ist Dein Darm. Je nachdem, wie lange der Zustand mit dieser Freundin bereits anhält, wird sich einiges an Altkot in Dir angesammelt haben. Raus damit! Der Einlauf beschleunigt Deine Heilung … Vertraue – es ist leicht. (Es ist nur ein *kleiner* Selbsterniedrigungskonflikt, der hiermit gleich gelöst ist.) Das Leid sitzt im **Bauch** und es ist <u>erst dann</u> VORBEI, <u>wenn</u> Du **schlank** bist!

Hast Du noch Kontakt zu dieser Freundin, stelle sie zur Rede und schau, was passiert.
Kommt Deine Frau/Dein Mann *von einem Klassentreffen* (völlig) verändert zurück, kannst Du leider davon ausgehen, dass es ein Zusammentreffen mit der Jugendliebe gab, welches sie/ihn mindestens zum Nachdenken *über eine Trennung von Dir* bewegte. Schlimmstenfalls kam es bereits zu einem Kuss oder mehr.
Hast Du Fotos aus der Schulzeit, können diese beweishaft Zusammenhänge aufzeigen („Schlüssel").

Intrigen lauern überall, wenn **die 1. (große) Liebe** durch Beschädigung zerstört/vereitelt wurde!
Eine intrigierte Jugendliebe kann sich **bis zur** Konfliktlösung nie so herrlich entwickeln wie ohne Intrige – egal, was vorgefallen ist.

Der KUSS der SCHLANGE

ER will **mich** (Schlange) nicht, dann soll **er** auch die Andere (bereits *bestehende* Freundin) NICHT (mehr) haben/lieben!
Hier passiert ein Kuss mitunter an (D)einen Mann, *auch* wenn er <u>nicht mehr ganz nüchtern ist</u> (auf einer Party/Disco oder einem Treffen). Anstelle des Kusses kann es ebenso eine ungebührliche Berührung wie „aus Versehen" an den *Geschlechtsorganen oder dem Busen* geben! Leider wirkt das sehr gut, wenn es <u>*keine Gegenreaktion*</u> der **Abwehr** seitens des Berührten gibt! Es wird zur **Strafe**, Mann, wenn Du Dir das durchgehen lässt, <u>falls</u> Du **vergeben** bist!!

Bleibe unbeirrt, Mädchen

Wenn Du eine langjährige, „gute" Freundin hast, der **Dein** Geburtstag <u>völlig egal</u> ist, sie Dir so gut wie **nie** gratuliert (Du ihr aber sehr wohl *jedes* Jahr!), dann stimmt etwas nicht. Es kränkt Dich und dennoch kannst Du nichts dazu sagen und bleibst ihr treu – ja, Du magst sie *ganz besonders* gern. Warum? Das sage ich Dir gleich, wenn der Abschnitt beendet ist! Wenn Deinem Mann *diese Freundin* <u>vollkommen gleichgültig</u> ist (ja, das *versucht er* Dir **standfest** zu vermitteln!) und er auch <u>nie nach ihr</u> fragt oder sogar abgenervt ist (tut!), wenn Du ihm etwas von ihr berichtest, ja, dann stimmt etwas nicht! Hier ist entweder in der (manchmal weiten) Vergangenheit eine intrigante Annäherung passiert ODER genau diese Freundin bleibt die ganzen Jahre, mehr oder weniger erfolgreich, in Deiner Nähe, weil sie Dei-

nen Mann **haben will** (nicht zwingend liebt)! Es wäre schon **ziemlich cool**, jaaa, wenn er auch mal, wenigstens **1 Mal**, <u>MIT IHR</u> ins Bett gegangen wäre! Das dürfte jetzt vorbei sein.
Bekommst Du eiskalte Hände?

Warum magst Du also ausgerechnet diese Freundin so besonders gern? Ihr habt eine Verbindung: **denselben** Mann! Du **hast** ihn und sie **will**, wenn auch nur ein einziges Mal, <u>an Deiner Stelle</u> sein!
Begehrt Dich ein schöner Mensch, von dem Du dachtest, er sei für Dich unerreichbar, dann schmeichelt es Deinem Ego, teils ungeheuerlich. Achtung jedoch, Schönheit bürgt nicht (immer) auch für eine Schönheit im **Charakter**.
Sagt Dein Mann: „Na ja, sie sieht gut aus, ist hübsch, aber: Der Charakter lässt zu wünschen übrig"?, *was heißt:* „<u>ICH</u> will sie <u>NICHT</u> haben!" → **Gut so!**
Hat Dir im Laufe des Lebens jemand gesagt: „Du kannst doch **jeden** Mann/jede Frau haben"? Derjenige sah die Wahrheit, derer DU Dir jedoch gar nicht bewusst bist. Da Dein Mann Dich seit dem damaligen Vorfall nur noch *unterdrückt* lieben kann (er kann es <u>nicht</u> frei entscheiden), sind Dir in den Folgejahren **Versuchungen** „geschickt" worden. Dies geschah in der Absicht, Dich mit der Nase auf den Sachverhalt zu tippen, der <u>Dein eigenes</u> Beziehungsleben betrifft! Aber, was hast Du getan? Hast Du je etwas zugeordnet und so richtig, richtig <u>nach</u>gedacht?

QUEEN, Billy Idol, Lee Marrow (insb. Shanghai), a-ha, Michael Jackson, George Michael/Wham!, Elton John, Genesis, Madonna, Depeche Mode, U2, Phil Collins, Kim Wilde, David Bowie, Bronski Beat, Modern Talking, Bryan Adams, Alphaville, Sandra, Peter Gabriel, The Alan Parsons Project, Spandau Ballet, Midnight Oil, Scotch, Feargal Sharkey, Neue Deutsche Welle, Rick Astley, Bangles, Culture Club, Boy George, Kate Bush, Duran Duran, Baltimora, Murray Head, Madness, Bruce & Bongo, Flash & The Pan, Moti Special, Limahl, Bon Jovi, Phil Collins, John Parr, Thompson Twins, The Twins, Starship, Dead or Alive, Paul Hardcastle, Rod Stewart, Dire Straits, Erasure, Climie Fisher, Eurythmics, Samantha Fox, Nik Kershaw, Living in a Box, Milli Vanilli,

Kylie Minogue, Poison, Prince, OFF, Wet Wet Wet, Pia Zadora und viele mehr ... ♥

So schöne **Musik**, wie in den **1980er Jahren** wurde **nie wieder komponiert und getextet**. Dort war der **rebellische Typ** (z. B. Billy Idol) besonders gefragt und die Liebe wurde in vielen Variationen besungen, im weichen wie im harten Beat. – **DANKE an euch ALLE**, auch die *nicht* namentlich benannten, <u>bitte verzeiht</u> – ich hätte sonst mindestens eine ganze Buchseite befüllt, bei über dreihundert Liedtiteln, die wir besonders gerne mögen! – Ihr lauft bei uns zu Hause rauf und runter, und auch im Autoradio! ;)

Klebst Du an einem **Lied** der Vergangenheit besonders fest? **Mit wem** hast Du dieses Lied (öfter) zusammen **gehört**? Welche Deiner Freundinnen/Deiner Kumpel stand am meisten auf diese Band oder den Interpreten? **Sieht** der Sänger/die Sängerin <u>Deinem Mann</u>/<u>Deiner Frau</u> irgendwie **ähnlich**, sind sie vom gleichen Typus?
Hast Du während des (auch weiteren) Lesens im Buch das Gefühl bekommen, dass in Deinem Liebes-Leben ganz klar etwas <u>nicht stimmt</u> und dass Deine Jugendliebe <u>intrigant unterwandert</u> wurde, **dann** erkennst Du möglicherweise anhand eines Lieblingsliedes den ÜBEL-TÄTER, der Dir ins Handwerk gepfuscht hat.

Schläft Dir während der Nachtruhe oft der Arm ein oder eine Hand? Wachst Du auf und denkst, was ist los? Rechter Arm (Partnerseite) wie taub und der kleine Finger (Familie) mit dem Ringfinger (Vereinigungen + Trauer) dazu? Das ist der <u>naturgegebene Beweis</u>, dass der **Partner** neben Dir durch **intrigante** Vorfälle in seinem Leben **taub** in den Gefühlen zu Dir geworden ist. Es bedeutet, dass er *definitiv* durch eine Intrige, die bisher noch im Dunkeln liegt, <u>manipuliert</u> **wurde**! Ist im Gegensatz <u>sein</u> *linker* Arm oft eingeschlafen, symbolisiert es: **Er** ist „**taub**" für Dich als Partner. Die Seitigkeit zum Erkennen ist identisch, wie im Buch 1, auch die Erklärung der Finger, die einschlafen (Ringfinger, falls Du verheiratet bist – kleiner Finger, falls ihr zusammen Kinder habt). Greife Dir das rosafarbene Buch von Louise L. Hay (siehe Buch 1/Marte) und schlage das nach!

Erzählst Du in größeren Abständen Anekdoten von einer Klassenfahrt, darunter, wenn jemand über Maß etwas genascht hat, wie z. B. die leckeren, mit weißem Schaum gefüllten „Negerküsse"? Es ist eine Symbolik, dass jemand *liebeshungrig* ist und der Hinweis auf die Person, die INTRIGANT (bis heute) Dein Glück auf dem Gewissen hat. Für gewöhnlich hast Du diese Person sehr gern, egal, was bisher vorgefallen ist, sie auch manchmal verletzend zu Dir war, Dich (mehrfach) enttäuschte oder sogar verlassen wollte. **Du bleibst ihr treu!!!** Wie lange? Bis jetzt! NUN, wo Du erkennst, wer Dich (noch immer) töten will! ABER Du hältst stand – **Du hast Buch 1 gelesen und bist stark genug, um alles zu verkraften!!!**

Hier gibt es **zwei** *Möglichkeiten:* Du schaffst einen Ausgleich für die mangelnden Gefühle Deines Partners, den die/der Andere vor gefühlt 100 Jahren **weggefangen** hat. Manipulation und Intrigen werden jedoch keinen einzigen Menschen in sein Herzensglück führen, **nicht einen.** Da kann derjenige warten UND leiden, bis er *schwarz* wird – was bedeutet, bis er *tot* ist!

Derjenige bringt sich selbst **ins Unglück**, wenn er um jemanden kämpft, der **nicht verfügbar** ist.

Dies am Beispiel einer Frau:
Die Intrigantin konnte zwar in der Folge *andere* Männer lieben, hat aber **den einen**, den sie wollte und nicht bekommen konnte, dazu gebracht (Kuss oder ungebührliche Berührung), so lange an ihr festzuhalten, so dass sie **niemals glücklich** werden kann und ihr einfach jede Beziehung scheitert, misslingt, schiefgeht. Das ist Ursache-Wirkung, anhand der **Wahrheit**!
Hier kommt es sogar vor, je nachdem, wie intrigant der Vorfall von den Seelen empfunden wurde, dass es als Folgepartnerschaft *eine besonders schlimme Erfahrung* für **die** Frau gibt, welche sich **in das Glück** zweier Menschen eingemischt hat! Denke nach und **sehe**, was Dir selbst widerfahren ist, da Du einer so guten Freundin den Mann abspenstig machen wolltest, wenn auch „nur" für eine Nacht – die Hauptsache ist: **Du zerstörst!**
„Sprich mal mit jemandem, der kein Herz hat, über Gefühle!"

Die zweite Möglichkeit ist die **gleichgeschlechtliche** Liebe, die einer einmal besten oder allerbesten Freundin nicht gestanden wird. Für die Liebende ist eines glasklar: Die begehrte Freundin liebt **ausschließlich** Männer und Männer lieben dieses Mädchen auch, manchmal *nicht nur* einer.

Ein Geständnis macht also überhaupt keinen Sinn und würde vielleicht die schöne Freundschaft zerstören. Aufgrund der Unerträglichkeit der Nähe in der Folgezeit wird diese Freundschaft dennoch zerbrechen oder nur auf (großer) Entfernung und ausgebremst gehalten werden. Sehe es dieser Freundin nach, wenn es Dich betrifft, denn sie liebt Dich. Das ist an sich doch wunderbar!

Der Mund – das Tor zur Seele

Es ist über den **Kuss** leider *immer* offen, vor allem dann, wenn Du einen *von Dir* **ungewollten Kuss** *nicht* verhinderst oder zumindest *abwehrst*.

Hat Dein Freund Dich zu Beginn eurer Beziehung zuerst geküsst, hat er Dich „eingefangen". Ist er mit Dir zusammen und **ihn** küsst *im Verlauf eurer Beziehung* eine andere Frau, **fängt sie** ihn **weg**, *wenn* er absolut NICHTS dagegen (bewusstes Abweisen dieser Frau) *oder* gegen diesen Vorfall tut. Er lässt es sich dann praktisch **gefallen**, weil er es schön findet. Die Strafe folgt auf dem Fuße, *wenn er* nichts sagt, nichts klärt, nicht Schluss macht – mit der einen *oder* mit der anderen. Hauptsache, es geschieht **irgendetwas**, damit kein (langwieriger + konsequenzenreicher) Konflikt für alle Beteiligten daraus entsteht.

Dieser Mann **muss** sich entscheiden, denn **ein** aktiv gegebener **Kuss** kommt **immer von einer liebenden Seele**. Ein Mensch, der Dich nur **haben** will, beginnt die Forderung auf dem Wege einer unsittlichen Berührung. IMMER!

Die beiden frisch geküssten Seelenenergien kämpfen nun darum (wenn es **beiden** gefallen hat), dass die *andere* Frau (Du!) endlich verschwindet (mit welcher der Mann vormals *nicht glücklich* war!), damit **sie** zusammen sein können! Hat es nicht geklappt? Ist die Andere (Du!) stärker gewesen und dort geblieben, wo sie war?
Aller Voraussicht nach wäre der Mann **mit der** Frau, die ihn (fremd) küsste, **glücklich** geworden, es hätte nur etwas **mehr** Kraft & MUT seitens der Frau erfordert, um diesen Kampf zu gewinnen. Ist es zu spät?

Niemand kann nun etwas dagegen tun – außer ENDLICH **die Wahrheit zu sagen** und weiteres Unheil zu vermeiden (Tod durch Herzinfarkt). Für die Intrigantin + den schwachen Mann (beide Seelen lieben sich **noch heute!**) folgt eine **Demenz**, wenn sie diesen tiefen Gefühlen von damals **nicht** nachgingen (aus welchen feigen Gründen auch immer) und sich vergessen MÜSSEN, damit sie weiterleben konnten. Begegnen sich die beiden Seelen später wieder, sieht man auf Fotos **exakt**, was zwischen ihnen **IST**! Dabei ist es vollkommen egal, ob andere Partner im Spiel sind. Fotos lügen NIE und es gibt Menschen, die sie lesen können. (Dazu wirst auch DU gehören!)

Umso mehr Jahre ins Land gehen, desto mehr ist die *unwissentlich* hinter das Licht geführte Frau in Lebensgefahr (sie **IST** ohne Liebe und denkt, ihr Mann **liebt** NUR SIE!), umso hässlicher und kränker wird die Rivalin (weil sie ihre große Liebe verlor) und auch der Mann fällt in sich zusammen. Irgendwann können alle drei nicht mehr und ich versichere euch, dass hier die bis heute normal bekannte Lebenserwartung ohne Konfliktlösung **nie** erreicht werden **kann**.

Die Schönsten

Ein nächster Sachverhalt ist, dass eine Frau, die **wahrhaft liebt**, einen Mann <u>behält</u>, der sie nur „**haben wollte**", weil sie in der Jugendzeit <u>subjektiv die Schönste</u> für ihn <u>war</u>. Sie **weiß**, *wenn* sie optisch <u>nach-lässt</u>, gibt es **Gefahr von außen**, weil sich dieser Mann mit seiner ei-genen Attraktivität stark von anderen abhebt (auch im Alter noch). Dass sie über die vielen Jahre mit ihm in ihrer Schönheit *zwangsläufig* nachlassen muss, weil er *keine Liebe empfinden* und sie damit <u>nicht</u> aus seiner Quelle speisen *kann*, weiß sie noch nicht.

Um zu überleben und wieder schöner zu werden, macht <u>ihre Seele</u> **taktisch** *andere* Männer *verliebt* und lässt sich *aus deren Bewunde-rung und Begierde* **speisen**. An sich heran lässt diese eher unnahbare Frau kaum einen! Sie liebt **nur den EINEN**, ihren Mann!

Spürt eine Frau, dass ihr (hübscher) Mann im Außen (stark) begehrt wird und will sie ihn <u>behalten</u>, wird sie im Laufe der Zeit zur **Kriege-rin**. Sie kämpft um ihre eigene Schönheit, nach dem Kindkriegen be-sonders unerbittlich, um *seinem Bedürfnis* gerecht zu werden. Auch er ist ein Mann, der nur <u>haben wollte</u>! Sie wird ihrem Mann „zum Lohn oder HOHN" seiner mangelnden Liebe (es ist ihr **nicht** verborgen ge-blieben!), vermutlich in der Hochphase ihres Kummers, ein einziges Mal untreu. Sie hat ihm oft genug um die Ohren gehauen (man be-achte die Flechten hinter den Ohren dieses Mannes), <u>was</u> ihr **fehlt**, was sie sich **wünscht**, sogar, dass sie denkt, *er liebe sie nicht*, aber er blieb ohne Einsicht oder Zugabe und *ohne* einschneidende Verände-rungen in seinem eher gefühllosen Verhalten. Hier muss **sie** so gut wie alle Zärtlichkeiten *einfordern*, auch <u>der Satz „Ich liebe Dich"</u> wird hart erkämpft und ist hier in der Regel eventuell **ein** Mal jährlich zu hören, wenn überhaupt. Dieser Satz ist prinzipiell irrelevant für *solch einen* Mann, Hauptsache, er **hat** diese Frau! Das Fremdgehen ihrer-seits haut ihn um (ER **ist** schließlich der Beste, Größte & Schönste – aus *seiner* Sicht), aber NUN <u>endlich hat er die Schuldige für die Bezie-hung, welche im Mangel steht</u>. SIE ist es ja … NICHT ER!!!

Dabei wir erinnern uns alle an die URSACHE, nämlich dass er NICHT liebt, weil er es nicht kann und die Frau ohne *andere Lieben* vermutlich *schon längst* tot wäre (mit ca. 30 Jahren). Ein Glück, dass es Konfliktlösungen gibt, denn diese beiden Menschen haben im Alter zwischen 12 und 15 Jahren ihre Jugendlieben *verpasst* oder *intrigant eingebüßt*. Du (Frau) bist für diesen Mann **so schön wie nie**, hast alles überlebt? Nun schau, ob Du ihn behalten willst. Du hast für Dich **JEDE Chance**, **NEU** zu starten!

Hast Du den Eindruck, dass Du die *neu gewonnene + hart erkämpfte* **Schönheit** nun verstecken musst, weil alle *einen Bogen um Dich* machen (aus der <u>Unerträglichkeit</u> heraus und je nachdem, **was** die Seelen für Energien aussenden)? Musst Du Dich bis zum Halskragen verschließen, die wallenden Haare zusammennehmen und unter einem Basecap verbergen oder sogar Dich selbst verstecken? Darfst Du nun keinen (auffälligen) Schmuck (mehr), keine schicken Sachen tragen?

<u>Ich sage Dir:</u> **Du stehst im Schutz**, Du hast Dir alles (hart) **erarbeitet**, vielleicht sogar *im Angesicht* Deines *eigenen* Todes. Also mache, **was Du** willst, und habe keine Ängste! Neidkonflikte können solchen Menschen wie DIR faktisch **nichts mehr** anhaben: Du BIST heil + **bleibst** es!

Halte durch!

Zu beobachten gibt es OFT, dass in Beziehungen ein Part **gut** + ein Part **schlecht** ist. <u>Grob gesagt:</u> So wie es unser Gott & unser Teufel wollen! Ob sie es zusammen schaffen? Falls es Jugendlieben sind, stehen die Chancen des Durchhaltens gut und dennoch gibt es oft *mindestens eine harte Nuss* zu knacken!
Mit diesem Buch **findest Du in Dein Glück**, egal wie viel Unglück noch über Dich herüberrollen *sollte*. **Halte durch!** <u>Am Ende WIRD hier alles gut, denn dann bist Du **frei** von allen Konflikten in der Liebe.</u> Sie sind die schlimmsten!
Haben Du & Dein Partner eines baldigen Tages alle diesbezüglichen gelöst, werdet ihr im Intimleben *zu neuen Dimensionen* aufsteigen, denn die Lösung bewirkt *die* Freiheit, **einzig** für den anderen da sein

zu können, auch seelisch! Alle andere Anhaftungen <u>verschwinden</u>. Es gibt also eine unglaubliche Belohnung aufgrund dieser **Befreiung**: *Umso freier die Seelen werden, desto besser und stärker* **fließt** *die Liebesenergie.*

Meinst Du, Du bist krank, weil Du (zu) oft **große Lust** in Dir verspürst? Ich sage Dir: Vermutlich bist Du **viel zu gesund** für die meisten Menschen. Bist Du konfliktfrei, fließen die Energien sehr stark. Besitz, Essen, Hobbys, <u>öder</u> Alltag, Arbeit. Das alles ist zweitrangig. **Zuvorderst** kommt die Liebe mit allem Abenteuer, was dazu gehört und dann „schauen wir mal" … Hast Du keine Partnerin gefunden, die Dir ebenbürtig ist, dann waren <u>alle</u> *teils bis stark* beschädigt.

Mönch

Hat Dein Mann *während* eurer Beziehung oder Ehe die „Mönch-Symbolik" (siehe Buch 1 unter Haare) bekommen und **Du** hast ihn nie verlassen, dann wurde er *verführt*, vielleicht mit nur *einem* **Kuss**. Hier gibt es eine Konfliktaktivität – Dein Mann ist zwischendurch seiner Jugendliebe begegnet und mit ihr intim geworden (was in der Vergangenheit *nicht* der Fall war). Sie hat ihn jedoch direkt wieder verlassen und ihm vermutlich nicht einmal eine Chance eingeräumt. Es war <u>zu spät</u>, diese Liebe zu beginnen, zumindest von ihrer Seite. Hinzu kommt, dass **er** aller Voraussicht nach **nicht ihre** Jugendliebe war. Das war *wiederum* ein <u>anderer</u>! Hätte er diesen Sachverhalt mit Dir kommuniziert, wäre ihm das Loch im Haarwuchs auf seinem Hinterkopf erspart geblieben. Jetzt verschwindet es sowieso, *wenn* **er** diesen Abschnitt liest.

Versuchte sich jemand intrigant in Dein Liebes-Leben einzumischen und Deinen Mann in die Versuchung zu bringen? Hielt er stand, indem er *trotz eines Kusses* der anderen bei DIR blieb, habt ihr *dennoch* einen Konflikt davongetragen. Zum Ersten weiß er *nicht*, für **wen** er sich entscheiden soll, und wählt den <u>leichteren</u> Weg: zu bleiben, **da**

wo er ist. Zum Zweiten hängt er an dieser 2. Frau fest, *wenn* <u>sie</u> **ihn** küsste und er es Dir, Deiner Frau, <u>nicht berichtet</u>.

Diese Konstellation ist besonders in der Jugend einschneidend, wo sich genau **die** Liebe zur **1. großen** entwickelt, die <u>Intimitäten</u> hervorbringt. Hat er die Mönch-Symbolik <u>**NICHT**</u>, dann war NICHT die Nebenbuhlerin seine große Liebe! Das geht nämlich nicht, falls er **VOR ihr** bereits **sein Mädchen** (DICH!) geküsst und damit „eingefangen" hat. Verlässt Du ihn jetzt, wird ihn sehr wahrscheinlich dieses Loch oben im Haarwuchs *erwarten*. Teste es ruhig, Du bist ja in der Lage, ihn zu heilen!

Zugkraft

Es gibt Fälle, da blieben Gelegenheiten *erfolglos*, weil einer jungen Frau der Mut fehlte, ihrer Jugendliebe ihre Liebe zu <u>gestehen</u>. Erst, als es praktisch zu spät und derjenige in **festen** Händen war, wollte sie *wenigstens einen* Kuss von ihm abverlangen oder stehlen. Dies geschieht oft intrigant und bringt Unglück, wenn es *nicht* erzählt oder geklärt wird. Genau das ist das Ziel solcher Küsse, sie richten sich **zerstörerisch** *gegen* die Nebenbuhlerin. Ist oder war diese eine <u>Freundin</u>, ist es doppelt so schlimm. Ehrliche, aus Liebe entstandene Küsse sind es dann, wenn keine widrigen Zustände, wie Betrunkenheit oder plötzlich verursachte Dunkelheit (Licht im Zimmer löschen, wo sich mehrere Partygäste befinden), ausgenutzt werden. Unter Seelen jedoch, die **SICH** küssen *wollen* und <u>voneinander angezogen</u> werden, lässt sich *nichts* vermeiden, was auch immer Du anstellst.

Hat ein Mann seine Jugendliebe bereits fest und eine andere (z. B. eine, die ihn früher bereits einmal haben wollte oder sehr verliebt, jedoch zu feige war, es ihm einzugestehen) versucht, diese Liebe im Nachgang zu manipulieren, kann sie sich <u>in jedem Fall sicher sein</u>: **Bei ihr** wäre er **niemals glücklich** geworden. **NIEMALS!!!** Ist so eine Intrigantin *im 1. Schritt* erfolgreich, tritt recht schnell das Gesetz der <u>Ursache-Wirkung</u> in Kraft und bringt sehr viel Unglück ins Leben hinein.

Daraus folgt noch eine Moral, meine Lieben: Die große Liebe kann ein MANN sich NUR dann einfangen, *indem* **ER** die Frau, **die** <u>sich</u> **mit ihm küsst**, sein Leben lang glücklich macht. **Keine** einzige Frau wird mit **IHREM** <u>Kuss als Start</u> einen Mann, der bei diesem Kuss <u>starr</u> bleibt, für sich vereinnahmen oder an sich BINDEN. Es funktioniert einfach nicht und ist im 1. Moment die reinste Einbildung.

Gibt jemand offen zu, dass *oder* wie sehr er Dich beneidet, ist das sicher im 1. Moment ein feiner Zug, ABER hüte Dich! Eine der Feen bei „Dornröschen" ist nämlich zu VIEL! Dein Mann wurde intrigant und unterbewusst in die Versuchung gebracht, durch eine andere Frau (möglicherweise eine „gute" Freundin), anhand einer *ungebührlichen* <u>Berührung</u>. So eine Frau **will haben** und <u>liebt</u> selbst <u>nicht</u>! Die **Richtige** wird sozusagen (anhand der <u>Berührung</u> *ihres* Mannes; Symbol der Spindel) gestochen oder angepikst …

Findest Du so ein Erlebnis, was bei einem Party-Spiel passiert sein *kann*, wobei eine „willkürliche" Paar-Bildung nötig war und vielleicht noch Fotos von dieser Party existieren, Glückwunsch! Dann hättest Du hier einen passenden Konflikt in Deinem Liebesleben gefunden. Löse das gemeinsam mit Deinem Partner auf, auch wenn es viele Jahre her ist. Es ist wichtig! Denn er hatte aller Voraussicht nach erotische Phantasien mit dieser Frau, aufgrund der Berührung und ihrer *damaligen* Schönheit.
Falls dem so ist und der Knoten platzt, kann Dein Mann **ab sofort nicht mehr** an diese **Person denken**! Das will er <u>sowieso</u> **nicht** – es war ja <u>konfliktaktiv</u>!
Die **Ursache** für *jahre- oder gar jahrzehntelange* Auswirkungen ist das **Verschweigen** solcher Vorfälle gegenüber dem aktuellen Partner!

<u>Reden ist **Silber** – Schweigen ist **Gold** – Verschweigen ist **Schrott**</u>: Wenn Du so einen Mann hast, der Dich <u>vor der Wahrheit</u> **schützen** wollte, indem er Dir den verletzenden Vorfall <u>verschwiegen</u> hat, dass Deine eigene Freundin ihn hinterlistig küsste oder ungebührlich berührte, HALTE IHN FEST! Er liebt Dich wie verrückt und will **keine** <u>Andere</u>. Er wird immer bei Dir bleiben, was auch geschieht. Das, was sehr schade ist: Die *durch* die intrigante (und zum Schutz verschwiegene)

Handlung „betrogene" Frau wird eine Sehschwäche bekommen, auf Grundlage der **damals SOFORT geschehenen** <u>Seelenkommunikation</u>: „Es **IST** etwas <u>passiert</u>!"

Sie kann nicht sehen, dass ihr Freund/Mann von einer anderen (schlimmstenfalls Freundin/Schwester) geküsst oder berührt wurde. Das dürften die Restkandidaten sein, die nach Buch 1 ihre Brille *nicht* losgeworden sind … Die Lösung dieses Augenkonfliktes ist faktisch unmöglich, weil <u>nichts davon</u> jemals in Dein <u>Bewusstsein</u> eingedrungen ist, **bis heute** – durch das Schweigen des Mannes sowie Deiner Freundin/Schwester und ggf. die spätere Demenz (Erinnerungskonflikt). Achte auf Deine Augen und lasse Deine Brille weg!

Suche nach alten **Fotos** – hier gilt die Schwertsymbolik mit der **weißen** Klinge, welche später noch im Sonderthema „Fotos" erklärt wird! *Dann* **ist** *alles wahr!*

<u>Für diese andere, **intrigante** Frau (URSACHE) GILT:</u>
Boshaft ist nur derjenige Mensch, dem die Liebe **fehlt**. Der Ursprung, **die Quelle**, kommt aus der **eigenen Mutter** und *danach* aus **allen** Lieben, die Dir im Leben begegnen, angefangen beim **Vater**!
Dabei ist es egal, ob Deine Mutter noch am Leben ist, tot oder ihr zerstritten seid. Es spielt keine Rolle. Hat sie Dich **bei der Empfängnis geliebt**, bleibt die Quelle **für immer offen**. Fehlt sie Dir, kannst Du faktisch nur überleben, **wenn andere** Menschen **Dich lieben**.
Ist dies nicht der Fall – Du findest niemanden, der Dich liebt –, wird es kritisch. Vielleicht musst Du deshalb auch bis ins Alter Kinder bekommen, damit Du in deren Liebe bleibst.
Ich hoffe sehr für Dich, dass Deine Mutter einen Wandel innerhalb ihres Lebens erfuhr und den Konflikt mit Dir lösen kann, damit sie die Quelle **unverzüglich öffnet**.

Hat Deine Mutti Dir als Mädchen zum Fasching *Mädchenkostüme* genäht oder gekauft wie ein Prinzessinnenkleid? Oder warst Du ein Fliegenpilz oder eine (graue) Maus?

Hat Dich (Junge) Deine Mutti in einen Piraten verwandelt, in Zorro, in einen coolen Cowboy, Indianer usw. oder hat sie Dich in ein „Mädchenkostüm" gesteckt?

Das alles hat starken Einfluss und ist beweishaft, wie Deine Mutti über Dich dachte/denkt und was sie förderte …

Was man liebt, soll man **frei**lassen. Hast Du davon schon einmal gehört? Sagst Du: „Das kann ich nicht, weil ich dann sterbe." Wer *so* denkt, dem fehlt die Quelle!

Kannst Du Dir kein Haustier halten, weil Du genau spürst, wenn dieses Tier, das Dir **seine** Liebe schenkt, eines Tages stirbt oder fortläuft, dass Du dann leiden wirst wie ein Hund? Wer *so* denkt, dem fehlt die Quelle!

Kannst Du nur schwer alleine sein und wenn, musst Du Dich oft beschäftigen, ablenken oder Dich verabreden? Wer *so* lebt, dem fehlt die Quelle!

Bis Du **10** Jahre alt bist, brauchst Du **EINE liebende** QUELLE, sonst geht *in Dir* alles kaputt.

Hast Du einen Partner und denkst, Du liebst ihn **so sehr**, wirst Du es spüren, wenn er im Begriff ist, Dich zu verlassen: **Nicht DU** liebst, sondern **nur ER** (liebte, bis ein(e) Neue(r) kam, der/die ihn **zurücklieben** konnte)! Geht die Liebe fort, bist Du ein kläglicher Haufen NICHTS und stirbst (ohne medizinische Eingriffe – bisher!). Löst Du einen Konflikt in Dir, dass Dein Partner seit sehr vielen Jahren <u>von anderen Menschen</u> **geliebt wird**, **jedoch bei Dir blieb**, weil er spürte, dass sonst etwas Schreckliches geschehen würde, wirst Du jammervoll zusammenbrechen. Du erkennst, dass Du in einem Lügengeflecht lebst, weil **Du** nicht in der Lage bist, der Dich liebenden Seele **auch nur ein Minimum** an Liebe zurückzugeben. Es geht nicht. Du wirst klagen und weinen, aber die Quelle öffnet sich dennoch nicht – **bis** Deine Mutter davon erfährt.

OHNE LIEBE KANN KEIN MENSCH LEBEN

… und wenn es im Anschluss nur die Zuwendung einer **Kranken-schwester** ist, die Dich am Leben hält, **weil** sie Dir hilft.

„Zu oft unterschätzen wir die Macht einer Berührung, eines Lächelns, eines freundlichen Wortes, eines offenen Ohrs, eines ehrlichen Kompliments oder des kleinsten Aktes der Zuwendung, die alle das Potenzial haben, ein Leben zu verändern."(Leo Buscaglia, 1924–1998)
… und **ich** füge hinzu: … sowie ein Leben zu **verlängern**!

Egal, wo Du stehst und gehst: **Kalte Füße** sind Dein „Markenzeichen"!
Durch die Konfliktlösung kannst Du plötzlich Deinen Partner LIEBEN, wie aus dem nichts, der IMMER zu Dir **gehalten** hat, OHNE dass Du Deine Mutter einbinden musst oder dazu brauchst.
Ja, das war auch für Marte eine *großartige* Überraschung! Plötzlich kommt ein Schwall und erst wenn Dein Partner bei Dir ist, werden Deine Emotionen durchbrechen. Du spürst das 1. Mal, dass DU liebst und es ihm aufrichtig unter Zittern/Beben, Tränen und Schluchzen sagen kannst („Der Zauber der Tränen"). Hast Du ihm früher gesagt, dass Du ihn liebst, war das nur der Widerhall seiner Gefühle zu Dir, aber es konnten nie Deine eigenen Gefühle sein – bis HEUTE!
ER ist nun der ERSTE, den Du liebst, egal wie alt Du schon bist!
Dein Herz heilt und wird gesund (es wird noch ein wenig schmerzen, aber das vergeht). Lasse Deinen Partner, wenn ihr euch ein wenig Zeit nehmt, seine rechte Hand auf Deine linke, nackte Brust legen und eine Weile so verharren. Es hilft Deinem Herzen, Du wirst gesund. Küsst euch dann, als läge das ganze Leben nun **vor euch**:
So soll es auch sein, denn DAS ist die WAHRHEIT!
Wer *keinen* Partner hat, ist mit der Lösung des Mutterkonfliktes AB SOFORT in der Lage, OHNE DIE QUELLE zu LIEBEN und zu LEBEN!

Ist Deinem Partner in den vielen Jahren mit Dir das Gesicht wie eingesackt, mit Tränensäcken und war er manchmal verzweifelt (**ohne** es *sich anmerken* zu lassen), wusste nicht, wie es mit Dir zusammen weitergehen soll (**trotz** aller **Versuchungen** von außen)? Ab jetzt wird er durch Deine in tiefer Dankbarkeit sprudelnde Liebe **wunderschön** werden und **unerreichbar** für andere.

Eure Liebe ist <u>unzerstörbar</u>. Ihr wärt füreinander gestorben und habt eine große, ja märchenhafte Prüfung bestanden! **Neid- und Eifersuchtskonflikte können euch nichts mehr anhaben**, *denn ihr besitzt beide Bücher.*

Beweishaft geschehen solchen Paaren seltsame Dinge: Z. B. geht der Haustürschlüssel des (über die Zeit *liebenden*) Partners kaputt oder verschwindet: <u>Er IST am Ende seiner Kraft angekommen</u> und **muss** Dich verlassen, um selbst eine **Liebesquelle** zu finden, damit *er* weiterleben kann!
<u>Filmtipp:</u> „Über sieben Brücken musst Du gehn" (**DEFA**) – Du musst **fast** sterben, um **neu** beginnen zu können.
Hast Du FreundInnen gebeten, Dir bei Konfliktlösungen, <u>die Dein Leben betreffen</u>, behilflich zu sein – mit aufrichtigen Antworten auf Deine Fragen in Bezug auf Deinen Mann/Deine Frau? Lass' Dich überraschen, wer antwortet und wenn, *auf welche* Weise.

Hat **ein** Partner *wahr* gesprochen (egal, wie schlimm alles war, was herauskam), *der* **andere** jedoch <u>NICHT</u> (aus Feigheit oder was auch immer), hat der „Verschweiger" in der Zukunft ein Riesenproblem! Er WIRD den ehrlichen Partner <u>verlieren</u>. Es ist zwangsläufig so. Die Seele hat es satt, **verkohlt** (getötet!) zu werden! Es gab **alle** Chancen, die Wahrheit auf den Tisch zu legen.
Leider macht Verschweigen KEINE lange Nase.

Es gibt Menschen, die können *nicht* lieben und wollen auch *nicht* haben. Diese Sorte hat die schlimmsten Erfahrungen im Alter unter 7 Jahren gesammelt. Sie wollen im Grunde ihrer Seele **tot** sein bzw. wieder *nach Hause*, in die **geistige** Welt. Sie halten nur durch. Hat so ein Mensch eine *besondere* Lebensaufgabe, kann ihm nichts entgegengehalten werden. Warum? Es ist ihm egal, ob er lebt oder stirbt, nach allen Konfliktlösungen sogar, ob ihn jemand liebt oder nicht, ob jemand für ihn da ist oder nicht. Schlimmstenfalls geht er mit diesen Themen so offen um, dass er **unantastbar** wird. Bist Du so ein Mensch? Du bekommst **mit Buch 3** Deinen *endgültigen* LOHN!

Wie wird man zur „Schlange"?

Ursächlich fehlt Dir die Liebe und Du neidest anderen ihr Glück bereits *als kleiner Mensch* im Elternhaus. Du bist ein Kind, welches aus diversen Gründen mit **nur** einem Elternteil aufwuchs, wirst in jungen Jahren einen (sehr viel) älteren Partner gehabt haben (als Elternteil-Ersatz) und Dich mit engen Freundschaften schwertun, weil das Neidgefühl in Dir **immer** präsent ist.

Du entwickelst mit der Pubertät zerstörerische Energien, die auch vor bestehenden, festen Partnerschaften nicht Halt machen, wenn Dir ein *vergebener* Mensch gefällt. Es mangelt an Respekt und Dein unterbewusster Leitsatz ist: „Warum soll es anderen besser gehen als mir?"

Vermeintliche Jugendliebe – Konflikt der wahren Liebe

Verliebst Du Dich unter 14 Jahren in einen *älteren* Mann, kann es zu Trugschlüssen und Beschmutzung kommen, wenn Du noch zu leichtgläubig/naiv bist. Die Ernüchterung kann sogar erst viele Jahre später über Dich hereinbrechen, wenn sich die **Wahrheit** *ganz anders* darstellt als Deine eigene (beschönigte) Erinnerung. Dennoch muss dieser Konflikt der Liebe zwingend für Dein weiteres Heil gelöst werden!

Fordert Dich ein (älterer) Junge, den Du toll findest und ihn vielleicht schon geküsst hast, auf, in ein anderes Zimmer mitzukommen, und sagt „Zieh Dich aus", sollten alle Alarmglocken schellen. Mach, dass Du aus diesem Zimmer herauskommst, *falls* Du eine **wahre** Liebe erfahren willst, insbesondere bei **Deinem** 1. MAL! Kommst Du auf einer Party in die Verlegenheit, Dir Brandwunden zuzufügen (z. B. durch Zigaretten), oder passiert Dir ein Schaden (Brandfleck) auf Deiner Kleidung, will Dich Deine Seele damit **warnen**: „Hier verbrennst Du Dir die Finger!" Schilddrüsenerkrankungen gehen oft damit einher: „**Mir stockt der Atem!**" Wer Dich auf einer Party kränkt, meint es **nie** gut mit Dir!

Einen Orgasmus (also nicht nur den Samenerguss) gibt es im Übrigen nur bei **wahrhaft** empfundener Liebe. Dies gilt für Männer + Frauen gleichermaßen. Nichtsdestotrotz spielen *Benehmen und Körperpflege* hierbei oft eine große Rolle.

Benimmst und pflegst Du Dich nur, *wenn* Du jemanden einfangen/ verführen willst?

Überlege Dir, dass es für die Menschen in Deinem Umfeld praktisch immer wichtig ist, dass Du ansprechend aussiehst und gute Verhaltensweisen an den Tag legst. Speziell dann, wenn Du einen Menschen *in Deiner nächsten Nähe* BEHALTEN willst! Das macht genau DEINEN **Reiz** aus!

YES, halt die Wand fest! ;)

<u>Zudem ist es immer wieder **klar**:</u> Authentisches Verhalten zieht die **für Dich richtigen** Menschen in Dein Leben.

Einklang

Erleben zwei Menschen ihren Höhepunkt **gemeinsam**, wären sie verrückt, sich *jemals* zu trennen.

Das so herrlich besungene „**Eine Frau wird erst schön durch die Liebe**" ist bei Frau und **auch** dem Mann stimmig, *wenn* es sich um **wahre** Liebe handelt. Schaue Dir eigene Fotografien in ca. 2-Jahres-Abständen an … Wirst Du älter/verlierst an Schönheit *oder* schöner/ charismatischer, die jugendliche Ausstrahlung **haltend**, mit Deinem *bestehenden* Liebesleben?

Schau Dir alte Bilder an, von **Romy Schneider & Alain Delon**, damit Du **sehen kannst, wie** die LIEBE **aussieht**!!!

Zur nachträglichen *(nach sehr vielen Jahren)* Konfliktlösung der „falschen Liebe" gibt es sehr oft Erinnerungslücken oder -schwächen, so dass die *echte* Wahrheit nur *über Umwege* ans Licht kommt, nämlich über Filme oder Fotos.

Fazit: <u>Du hast Dir all die Jahre etwas vorgemacht!</u>

Wenn Du Dir beispielsweise den **DEFA**-Film **„Plantagenstraße 19"** (1979) ansiehst und Dich von Filmszenen sehr *getroffen* fühlst, könnte Dich das etwas angehen. Ordnest Du die bei der Lösung einsetzenden **Gefühle** zu, wie Angst, Unsicherheit, Abscheu, Bedrohlichkeit, Unaufrichtigkeit, dann findest Du die Wahrheit in DIR.

Stefan Naujokat hat bereits als Junge wunderbar charismatisch seine Rollen gespielt (DEFA „Geschwister", „Der Meisterdieb") und Marte hätte nur Dich gewollt, in der *Plantagenstraße.* ;)

Liebes-Konflikte tun in der Lösung **sehr, sehr weh** – egal, wie lange sie her sind. Es kommt zu Herzschmerzen, Druck, schwerem Durchatmen (Schilddrüse), Nackenbeschwerden (Du könntest Dir nun selbst den Hals dafür umdrehen, dass Du darauf *reingefallen* bist), weil Du nun endlich über die Situationen von damals **KLAR siehst**.

Eunuch oder Casanova?

Bei den Jungs gibt es zwei Sorten, die entstehen, *wenn sie* Liebeskonflikte bei Mädchen **mutwillig** *oder* auch aus der eigenen **Feigheit** heraus **verursacht** haben:
Der eine, dem **ein** Mädchen die Liebeslust versagte, obwohl er *sonst* JEDE bekam, wird faktisch fast zum Eunuchen. Der andere, der eventuell ein „Retter in der Not" war, im Nachgang zu sanft mit diesem Mädchen umging und es dadurch verlor, wird zum Casanova und *niemals* mehr glücklich. Diese Folgen zählen unter **Ursache-Wirkung** und der **Missachtung** von **wahrer** Liebe.

Um jemanden **zu wetten**, ist im Übrigen **würdelos**!

Gibt es für das Mädchen im *vermeintlichen* Retter eine „Ersatz-Große-Liebe" (Buch 1), kann diese Beziehung **extrem erfüllend** werden, denn sie hat den **Stärkeren** der *beiden Kontrahenten* bekommen! Ist sie vom **1.** Jungen, den **sie** sich aussuchte, jedoch intrigant getrennt worden und gesteht der **2.** Junge, bei dem sie gelandet ist und in den

sie sich im Nachgang schwer verliebte, es ihr nicht, heißt: „Ich konnte Dich nur gewinnen, weil ich den anderen erpresst habe, dass er
sonst eins drauf kriegt, wenn er Dich **MIR** nicht überlässt.", dann hat
diese Beziehung von Anbeginn einen **tiefen** Konflikt.

Hier zeigt sich wieder, dass eine große Liebe **vor allem durch die
Wahrheit** (**einen** Satz!) hätte GERETTET werden können. Das Mädchen
wäre sicher nicht zurückgegangen zu diesem Feigling, der sich **das**
gefallen ließ und damit **auf SIE** verzichtete! Sie wäre vielleicht sogar
stolz darauf gewesen, dass in einer gewissen Weise um SIE *gekämpft*
wurde! Ist es hier so, dass das Mädchen *nur ab und an* in diesem Ort
zu Besuch ist und der Junge hält es *nicht* durch, ohne sich eine andere Freundin im Ort zu nehmen, gibt es die nächste Schwierigkeit.
Das Mädchen denkt, er hat dort *eine* **fest** zu Hause, aber wenn ich
da bin, dann *geht er* **immer** mit mir, sogar öffentlich. Das macht sie
wiederum stolz und sie versteht es sogar, dass ein Junge nicht durch-
hält, nur mit Briefkontakt, *ohne körperliche* Nähe, mit dieser weiteren Entfernung und vielleicht *drei Mal Sehen* im Jahr … (beide sind
unter 18 Jahre alt).

Besucht er sie (siehe Vorwand) und sie hat *inzwischen* auch einen **festen** Freund daheim und nun in der Tat einen, für den sie mit den alten
Ritualen bricht, wobei sie sich mit ihrer „Ersatz-Großen-Liebe" eben
nicht mehr *öffentlich händchenhaltend* zeigt, ist es schon **fast zu spät**.
Hier ist die **allerletzte Chance** das Geständnis, wie *unheimlich groß*
die Gefühle zu ihr sind! Geschieht es nicht, war es wohl das *letzte* Mal,
dass sie sich sahen. **Er HAT aufgegeben!!**

Haben zwei Menschen so ein Erlebnis und zudem wenige, jedoch
wunderbare, zarte gemeinsame Stunden (ohne „bis zum Ende" intim gewesen zu sein), wird es in der Zukunft dazu kommen, dass sie
sich **idealisieren**: „Hätte, wäre, wenn" und falls sie mit Freunden auf
solch ein Thema kommen, verlauten lassen: „Ja, mit IHR/IHM (Name)
wäre ich wahrhaft glücklich geworden, da bin ich mir ganz sicher." Die
beiden wären in der Tat **ein tolles Traumpaar** geworden, so gut wie
unzertrennlich, **WENN** die **Wahrheit gesagt**, aufeinander **gewartet**
und für diese unglaublich starke Jugendliebe **gekämpft** worden *wäre*.

Aufrichtigkeit

Gibt Dir jemand *aus Fairness* oder *freundschaftlichen Hintergründen* (mehrfach) die Chance, ihm **die Wahrheit** zu sagen, über Deine Gefühle oder das, was Du getan hast, solltest Du sie nutzen.

Das machen nur Menschen, die Dich <u>wahrhaft</u> lieb haben/schätzen/mögen/Dich behalten wollen.

Nutzt Du diese Gelegenheit(en) <u>nicht</u>, musst Du damit rechnen, diesen Menschen, der für Dein Leben noch wichtig gewesen sein *könnte*, **für immer** zu verlieren (Ursache-Wirkung).

Er weiß vermutlich *längst*, dass Du ihn in mindestens einer Angelegenheit seit Jahren *hinter das Licht* führst oder ausgenutzt/betrogen hast. Antwortest Du <u>nicht</u> oder <u>nicht wahrheitsgetreu</u>, **verlierst** Du **den Respekt** dieses Menschen **komplett** und seine Freundschaft in *jedem* Fall.

Sagt Dir jemand „Ich liebe Dich" oder „Ich hab' Dich lieb" und <u>es gibt</u> **keine** <u>Antwort</u> darauf, ist die Seele *des Aussprechenden* <u>gekränkt</u>. IMMER! Das gilt *ebenso*, wenn dieser Satz zu einer **Floskel** (Banalität) geworden ist. <u>Die Seele vermittelt:</u> *„Ich kann es nicht mehr hören, es stimmt sowieso <u>nicht</u>!"*

Antworte **nur dann**, wenn Du es **ehrlich** meinst, auch wenn Dir dieser Ausspruch sehr schwerfällt und wenn Du nur „**Dito**" sagst. Die Seelen *wissen* zu 100%, was **gelogen** und was **WAHR** ist!

Durchhänger

Bist Du auf **lange** Zeit *verliebt* und es tut sich *nichts*, bist Du *zu nichts mehr* zu gebrauchen. Das, was Du am besten kannst, ist herumliegen oder sitzen und Musik hören. Alles im Körper steht auf *einem* Level: dem der (immer unbändiger werdenden) **Sehnsucht**!

Das hält kein Mensch aus, denkst Du? Oh ja, **jahrelang** kann man sich so durchs Leben **zwingen**! Das gilt für *fest gebundene, verheiratete* Familienväter oder -mütter! Bist Du <u>allein</u> zu Hause, starrst Du vor

Dich hin, lässt die Mundwinkel hängen – zu lachen gibt es ja praktisch <u>nichts</u> – und sinnierst. Viel heraus kommt dabei nicht, weil Du **ratlos** bist. Wie sollst Du es anstellen, mit dem *gewünschten* Menschen zusammen zu sein? Alles Sch…!

Prüfungen

Bist Du einem Mädchen (sehr) nah und kannst Dir eine Zukunft mit ihm vorstellen, **sage**: „Ich liebe Dich so sehr und ich will, dass wir es schaffen! Es ist nicht mehr lange hin, dann sind wir 18 …"
<u>Das Wichtigste:</u> Lasse **kein anderes** Mädchen dazwischenfunken, sonst geht *alles* <u>kaputt</u>.
Schweigst Du Dich beim **1.** Mädchen aus, bei dem <u>die Entwicklung im Liebesgeschehen</u> *nur langsam* voranschreitet (z. B. weil sie noch etwas jung ist) und lässt Dich *anderweitig* in <u>die Versuchung</u> bringen (durch das **2.** Mädchen), hast Du die Prüfung **verhauen**! Das ist ein wahres Trauerspiel. Mädchen **Nr. 1** *wäre* es gewesen …
Kennen sich die beiden Mädchen aus frühester Kindheit, kann es hier bereits **unter 7 Jahren** zu Neidkonflikten oder Auseinandersetzungen mit Rachegelüsten gekommen sein. Diejenige, welche Dich der Nr. 1 *wegschnappte*, ist die Übeltäterin! Forsche doch mal nach …

Mädchen, sagt Dir ein Junge: „Ich möchte Dich später heiraten und Kinder mit Dir haben", prüfe **sehr spontan** (**1.** Intention), ob <u>DU</u> Dir **DAS** *vorstellen* kannst. Wenn nicht, mache Schluss. Es gibt *keinen* gemeinsamen Weg für euch. Zudem prüfe Deine *Liebesgeschichten* **vor** dieser Beziehung – Du bist bereits konfliktaktiv! Ebenso gilt das für Jungs!
<u>Liedtipp:</u> **Rammstein „Du Hast"** (Paris)

Angeberei

Hat Dir ein Mädchen *eindeutig* gezeigt, **dass** sie Dich liebt, mit Worten, Gesten oder etwas anderem, dann kann es passieren, dass Du Dich (vor Stolz) vor allen bewiesen sehen möchtest.

Das heißt, sie *soll* herankommen, wenn Du in der Jungstruppe stehst (mindestens zu zweit) und soll zeigen, **WEN** sie toll findet – nämlich Dich! Vielleicht erwartest Du sogar einen Kuss in der Öffentlichkeit. Erkennt ihre Seele, dass Du damit *angeben* möchtest, wird sie – selbst wenn sie *erst* kommen *wollte* – wieder abdrehen und fortgehen. Liebst Du genau so ein Mädchen, dann ist sie *nicht leicht* zu haben! Richtig so! Streng Dich an.

Versteckst Du Dich *vor ihr* oder hast Angst, dass in der Öffentlichkeit jemand sieht, **wie sehr** Du sie liebst, *dann* wird sie *auch* abdrehen und fortgehen. **Übertreibst** Du es hier, siehst Du innerhalb *weniger* Tage nur noch ihre Rücklichter. Sie hasst Feiglinge und wird sich *bei Gelegenheit neu* orientieren, wenn Du nicht rechtzeitig aufwachst. Du hast praktisch das, was Du ihr im Benehmen vermittelt hast, *zu sein*, **nicht** erfüllt. *Warst* Du mal **cool**?

„Du hier und nicht in Hollywood?"

Hast Du so einen Ausspruch schon einmal gehört, als Du jung warst und wunderschön, es aber nicht wusstest. *Ich meine:* Du wusstest praktisch nie, **WIE** *wunderschön* Du bist.

Wundere Dich nicht, wenn so eine Frau eines Tages ihr eigenes „Hollywood" um sich herum erschafft und **alle** daran teilhaben lässt. Denjenigen, der so einen (himmlischen) Satz über seine Lippen kommen ließ, hatte es höchstwahrscheinlich stark erwischt *gehabt* …

Falsche Hoffnungen

Wie benimmst Du Dich, wenn Dir jemand gefällt und Du merkst, Du gefällst dem anderen mindestens ebenso gut? Gibst Du zu, dass Du vergeben bist, vielleicht noch ziemlich frisch verliebt? Gestehst Du Dir ein, verdammt nochmal, dass Du nun zwei Menschen zeitgleich liebst? Es könnte ein Problem werden, aus dieser Sache wieder herauszufinden. Also, mache gleich „Klar Schiff" (entscheide Dich!) ... oder irgendwie *das Beste* daraus. Es IST eine harte Nuss!

Chance geben

Lässt Du es auf einen Versuch ankommen und lernst jemanden *näher* kennen, der **mutig** <u>auf Dich</u> zukam? **BILD** Dir selbst **D**eine *eigene* **Meinung**.

Heimlichkeiten

Wie vorsichtig bist Du, wenn Du nicht entdeckt oder ertappt werden willst? Wie anstrengend ist es auf die Dauer, Dein Mobil Phone zu verstecken oder zu erschrecken, wenn es zu Unzeiten Töne von sich gibt? Wie anstrengend ist es, Liebe auf viele Jahre hin zu vertuschen, etwas zu verstecken, was Du geschenkt bekamst und festhalten **musst**, *weil* <u>wahre **Liebe**</u> daran ist? Oh je.

Heimlichkeiten gibt es auch bei *Liebesgeständnissen*: Sagst Du jemandem, **dass Du** ihn **liebst** und Dein Gegenüber ist **nicht** ehrlich zu Dir, wirst Du in irgendeiner Weise *beschmutzt*. Es ist ganz einfach, denn die Seelen *signalisieren* sich <u>eine Unstimmigkeit</u>! Es können in dem Moment dreckige Hände sein, etwas Klebriges, eine Gürtelschnalle, die plötzlich (unlogischerweise) abfärbt, und Ähnliches ...
Lasse Dich nicht in Bockshorn jagen! Denn *wenn* so etwas geschieht, **liebt** der andere Dich <u>*ebenfalls*</u> und ist einfach *nicht* in der Lage, es zu <u>gestehen</u>. Traurig, aber wahr.
Deine Kränkung wird sich schon nach dem Geständnis oder währenddessen gelöst haben. Ein leichtes Zusammenkrampfen des Oberkörpers sowie leichte, unkontrollierbare Geräusche gehörten dazu. Auch ein Weinen lässt sich hier kaum unterdrücken und wird wohl **vor** dem Gegenüber stattfinden (müssen). So ein Erleb-

nis geht an *niemandem*, der ein Herz besitzt, spurlos vorüber! Wartet, bis ihr euch wiederseht.

Diese Frage geht an beide: Hast Du Dir **nach dem Kuss** recht schnell den Mund abgewischt, gewaschen oder ausgespült? Nein? Was war es dann? **Liebe!** Ist die *Nachhilfe* nun perfekt?

Ein Mundkuss geschieht immer aus Liebe – wenn nicht, beschmutzt er Dich. Dann prüfe, ob Du Mitesser am Kinn bekommen hast.
Bist Du **treu** und hast *dennoch* Mitesser am Kinn, trotz Lösungen aus Buch 1, was ist dann? Dein Partner hat Dir *mindestens* eine Sache aus seinem (und damit eurem gemeinsamen) Leben verschwiegen: Eine fremde Frau hat ihn geküsst, weil sie sich verliebt hat. Hat Dein Mann keine Mitesser am Kinn? Nein? Dann war was? Er war **auch** verliebt und beschmutzt nun über Jahre Dein schönes Gesicht, indem er Dich weiter küsst und nichts erzählt. Herzlichen Glückwunsch!

Muss er Dir noch was erzählen, über Treue? Na ja, DU weißt Bescheid! Körperliche Beweise sind NIEMALS zu verwischen und sie lügen **niemals**, auch wenn es die anderen tun. Belüge Dich also nicht selbst, indem Du die Augen verschließt und denkst, das darf alles **nicht wahr** sein! Es ist!!

Begehrt eine Männerseele eine Frau sehr, kann es passieren, dass *seine* **Energie** reicht, um die Haut dieser Frau zu beschmutzen. Das bedeutet, ihre Haut wird allein von seinen Neidgedanken, dass *andere* Männer diese Frau streicheln könnten, **unrein**, damit die Berührungen weniger samtig sind. Ganz schön fies, gell?

Versuchungen

Diese findest Du in den verschiedenen Absätzen zwar untergemischt, aber hier stehen die wichtigsten Fakten: **Instinktiv** wissen die Seelen, wohin sie wollen oder sogar gehören! Da kannst Du Dich auf den Kopf stellen und mit den Füßen Fliegen fangen: **Amor** schießt und **trifft,** *wenn* er <u>soll</u>**!**

Will eine Frau einen Mann haben, kämpft sie **aus Liebe** so lange, BIS sie ihn <u>hat</u>. Und wenn das letztlich nur für eine Nacht ist – Hauptsache, sie hat diese Erfahrung in ihrem Leben <u>nicht versäumt</u>. „Sitze ich erst im Lehnstuhl, ist es zu spät!"
Vorwerfen musst Du Dir nichts, denn *in jedem* Fall ist alles so gewollt, wie es passiert, auch wenn nur Unfug oder leider etwas Furchtbares dabei herauskommt. Schau nach vorn!

Wie machst Du Schluss und wie offen gehst Du mit der Wahrheit um?

Verlässt Du einen Partner sang- und klanglos? Packst Deine Sachen, schreibst einen Zettel oder eine SMS und bist weg, <u>zu einer anderen</u> (Jüngeren)? Wie lange warst Du mit dem Menschen zusammen? Wie treu, wahrheitsliebend und respektvoll warst Du? Habt ihr gemeinsame Kinder, wertvollen Besitz? Erfährt Deine Frau z. B. nach vielen Ehejahren, vielleicht erst kurz vor der Silberhochzeit, dass Du fremdgehst (nicht das 1. Mal und das 1. Mal war vielleicht *schon vor* 23 Jahren, wobei ich dann frage: Warum bist Du bei ihr geblieben?) und Du erfährst sogar **Details**, z. B., dass die *fremde* Frau auf dem Bauch *Deines* Mannes *mit seinem Sperma ein Herz* gemalt hat, dann gnade Dir Gott. Wenn Deine Frau **immer nur Dich** geliebt hat, ist das eine **Katastrophe**.
Nein, keine mittlere, sondern eine gewaltigen <u>Ausmaßes</u>!!! Sie wird *dermaßen zusammenbrechen*, wie sich das kaum ein Mensch vorstellen kann, der das nicht selbst einmal erlebt hat.
Zuerst wird sie wie versteinert sein und vor sich hin stieren, dann wird sie beginnen, am ganzen Leibe zu zittern, sie wird dringend auf die Toilette müssen und alles herausbringen, was der Darm im Moment zu bieten hat. Sie wird mit den Zähnen klappern, unkont-

rollierte Schreie ausstoßen, sie wird irgendwo sitzen wie ein Häufchen Elend und erschütternd weinen, schluchzend beben, sie wird klagend und jammervoll vor sich hin wimmern: „Was soll ich nur tun, was soll ich jetzt nur tun, was soll ich nur tun, was soll ich nur tun, was soll ich jetzt machen ..." Diese Worte verlassen ihren Mund *gebetsmühlenartig* mit **tiefster** Verzweiflung, Panik und Planlosigkeit, **unvorstellbar qualvoll** und **dem Sterben nahe**, wenn sie diese Nachricht überhaupt überlebt. Das ist nämlich nicht ganz klar, das musst Du wissen! Schlimmstenfalls liegt sie im Bad lang und hyperventiliert. Ist niemand zur Stelle, der beruhigend oder hilfreich einwirken kann, wird es kritisch. Fängt sie sich nach einer Weile, wird sie im Geiste sehen, wie sie auf Dich einprügelt, Dich ohrfeigt, wie sie Deine Klamotten aus dem gemeinsamen Schrank schmeißt ... oder wie sie Dir ein Messer in den Leib rammt. Dann wird sie wieder denken, **ich kann ohne ihn nicht leben**, ich liebe ihn so sehr, dass ich das niemals überleben werde, wenn er fortgeht. Was kann ich tun? Ich brauche einen Plan!! Was kann ich nur tun, damit er bei mir bleibt? Oder ist es besser, ich töte mich gleich?? Oh, mein Gott, hilf mir! Ja, in der Tat, spätestens dann fangen Menschen zu beten an! Es ist ein **wahr gewordener** Albtraum 1. Güte und ein Durchdrehkonflikt, auch mit leichtem Drehschwindel! Du weißt nicht, wie Du dem nächsten Tag begegnen sollst, geschweige denn wie Du Deinem Mann gegenübertreten sollst, ohne komplett auszurasten ... Ich möchte nicht dabei sein.

So etwas passiert, wenn dieser Mann für diese Frau ihre *Traumwunderjugendliebe* **ist**, diese jedoch intrigant gestört wurde. *Ein einziger Junge in der Jugendzeit* vor diesem Mann, der bei ihr **nicht zum Zuge** kam, hat sich **innigst gewünscht**, dass dieses Paar niemals glücklich wird und ja, es **sind** *schlimme* Dinge geschehen, die ALLE miteinander **unter die Rubrik „Ursache-Wirkung"** fallen.

Der Mann kam in die Versuchungen, konnte nicht immer standhalten, die Frau bekam daraufhin ebenso Versuchungen, weil der Mann seine Taten verdeckte und verschwieg ... Er wusste, er **will** *diese* Frau **behalten**, die ihn so sehr liebt und dennoch ...
Es geht immer weiter: Ursache-Wirkung, Ursache-Wirkung, Ursache-Wirkung. Es **vertausendfacht** sich und das ist keine Übertreibung!!

So lange, bis das Paar stirbt, erst der eine, dann der andere. Zudem können so ganze Familien sterben: Stirbt die geliebte Mutti, stirbt der *trotz allem* stark liebende Ehemann, stirbt der Sohn, stirbt die Enkeltochter. Das passiert, wenn eine große, wahre Liebe erlischt, mit dem **gehässigen** Wunsch von einem, der NUR „haben wollte" und eben NICHT liebte! **Wer liebt**, wünscht dem anderen **Glück** & das **Beste**, was auch immer passiert ist.

Wer zwischen zwei Fronten steht, muss sich entscheiden. Wenn der Zurückgewiesene auf Rache sinnt, wird er sich allerdings, wie das erneut unter **Ursache-Wirkung** fällt, selber extrem schaden. Er wird sich <u>sehr viel Unglück</u> in sein *eigenes* Leben ziehen und in der Optik über die Jahre immer mehr verhässlichen. So geht das. <u>Nun seid ihr gewarnt.</u>

Nebenbei: Wirst Du als Mann, der Du einmal **richtig, richtig gut** aussahst (vielleicht sogar ein <u>Frauenschwarm</u> gewesen bist), *langsam, aber sicher* hässlich, dann **denke nach**: Bei welcher Gelegenheit hat Dir *eine Frau* einmal **so gut** gefallen, dass Du *unterbewusst* Dein Herz an SIE verloren hast? Ich fürchte, genau dieser Frau musst Du Deine Gefühle gestehen, *wenn* Du wieder hübsch werden willst. Sonst siehst Du auf die Dauer **alt** aus – im wahrsten Sinne des Wortes …
Eine Frau trifft es mit diesem Sachverhalt gleichermaßen. Sie kann eine alte Jungfer werden.
<u>Fazit:</u> Sie hat ihren Traummann nicht „erfahren" können, am eigenen Leib, und hält ihm dennoch die krimhildsche Treue: **ER** oder KEINER!

Liebeskrankheit

Deine *heutige* (<u>damals schon</u> mit Dir **verheiratete**) Partnerin kann einem leidtun, denn sie wurde *seit* Deinem *Zusammentreffen* mit *der ersten* intrigant einwirkenden Frau von Dir zum Narren gehalten, *wenn* Du bei ihr geblieben bist. Möglicherweise ist sie auch schon

tot, je nachdem *wie lange* der Vorfall, schlimmstenfalls *inklusive* eines Kusses, schon her ist.

Ihr zerreißt es in jedem Fall das Herz, wenn sie begreift, was (vor gefühlten 100 Jahren) passiert ist. Melancholie ist ihr Begleiter, und zwar: WEGEN Dir, nicht wegen irgendeines anderen. Falls sie an einer Herzkrankheit gestorben ist, weißt Du nun, *was* bzw. *wer* die Ursache war.

Mit Sicherheit ist auch das hier wahr: Sie hatte niemals einen richtig schlanken Bauch. Das ist **neben** so jemandem wie Dir, nämlich *nicht* möglich: Das LEID sitzt im Darm!

Wenn *Dein Partner* **Schluss** macht und es ist *noch nicht zu spät* (so lange KEIN neuer in Sicht ist), dann **kämpfe**, solltest Du ihn behalten wollen! Manch einer versteht erst dann, *wenn alles zu Ende scheint*, wie **sehr** er diesen Menschen **liebt**, der ihn <u>nun verlassen</u> hat!
„Manchmal weiß man erst hinterher, dass es Liebe gewesen ist …"
Lerne aus Deinen Fehlern und löse Deine Konflikte. Viel Glück!!

Tränensäcke verschwinden eventuell *erst mit diesen* Lösungen, weil die **Ursache** in einem oder mehreren *eigenen* Fehlverhalten liegt, und zwar bewusst! Die Ursache wiederum für das Fehlverhalten Deines Partners, falls es im Zuge der Ursache-Wirkung solche gab, bist **Du**. Ja, es tut mir leid, aber das ist die Wahrheit: Die Tränensäcke gelten **der anderen Frau**, der Du seelisch *hinterhergeweint* hast. Was für ein Scheiß Leben! Auch ein leichtes Doppelkinn kann Deine Beugung anzeigen. Du bliebst nur aus Anstand/Ehe/Kind! Nichts weiter.

Machst **Du** Schluss, *weil es besser ist, wenn* **Du** *gehst,* <u>bevor</u> es der *andere* macht, dann witterst Du etwas (Seelenkommunikation) und verhältst Dich **klug**. <u>Es stimmt:</u> Derjenige, **der entscheidet**, zu gehen, hat es leichter. Die Trauerphase ist nicht so lang und ein Neustart gelingt besser.
Vor allem solltest Du *dann* so handeln (Du spürst <u>genau</u>, es IST aus, es hat nur noch keiner ausgesprochen), **wenn Du der Annahme bist**, dass <u>Du stirbst</u>, wenn der andere DICH verlässt! So sicherst Du Dein Überleben! Lege Mut an den Tag!

„Ob Du mich nun liebst oder mich verletzt, mich motivierst oder mich herunterziehst, an mich glaubst oder an mir zweifelst, mich verlässt oder für immer an meiner Seite bleibst … Du bist Teil meines Wachstums und dafür danke ich Dir!"

Musst Du Schluss machen?

Geht es auch anders? Vielleicht fühlt es sich für Dich besser an, nur **platonisch** (nicht sinnlich, rein seelisch-geistig) zu lieben? Nach dem Motto: „Bruder & Schwester" können ein angenehmes, ruhiges Leben miteinander bestreiten. Kannst Du dafür eine offene Beziehung gewähren? Versteht ihr euch **so gut**, dass ihr euch unter keinen Umständen trennen wollt, sollte für das Intimleben *eine gewisse* Freiheit gewährt werden. Vielleicht funktioniert so etwas auch ohne Eifersucht? Schon, während ich das schreibe, merke ich, **wie schwer** das *vorstellbar* ist.

Unerlaubte „Ausflüge"

Wird Dein Partner immer hässlicher, obwohl Du ihn doch liebst, bist **Du** fremdgegangen, wenn auch nur sehr wenige Male (1–3) innerhalb vieler Jahre. Und das, **obwohl** Du ihn liebst. Es ist der *verdammte* „Vater-Ersatz". Du brauchst den anderen Mann, weil er Dich *anders* in den Arm nehmen kann als Dein eigener Mann. Er ist mindestens **fünf** Jahre älter und wird oft Deinem Typ gerecht. Er wäre dann praktisch auch vergleichbar mit Deinem eigenen Mann, nur eben im Charakter nicht. Du hast *keine männlichen* **Bezugspersonen** mehr in der Familie und fühlst Dich verlassen. Dein Mann tut sich schwer mit alltäglichen Zärtlichkeiten und schneidet sich damit ins eigene Fleisch. Wenn Du fremdgehst, dann nur, um diesem *anderen* Mann **nahe** zu sein, den **Deine Seele** als Vater-Ersatz ausgewählt hat, damit Du endlich diesem <u>starken Mangel</u> entkommst.

„Das andere" nimmst Du gelegentlich in Kauf, *als notwendiges Übel*, und bereust es spätestens, wenn es durch diese Sache große Probleme mit Deinem eigentlichen Partner und/oder Deiner Familie gibt. Es hat sich einfach <u>nicht gelohnt</u>. (Hier gab es <u>niemals</u> einen Orgasmus auf Seiten der jüngeren Frau.) Schafft es **Dein Mann**, Dir zu **vergeben**, würdest Du so etwas niemals mehr wieder tun. Löse die Kränkungskonflikte <u>aus seinem</u> Gesicht sowie das entstehende Doppelkinn (Buch 1) und er wird wieder schön.

Nichts bringt zwei Menschen näher als gemeinsam zu lösende Probleme!

Verwandlungen

Bei Deinem Partner gebe Acht, wie er sich (auch **optisch**) verändert, wenn das andere Geschlecht bei euch <u>zu Besuch</u> ist. Du bekommst dann möglicherweise Gefühle, die *nicht zu Dir* gehören. Die Wahrnehmung über Deine eigenen Empfindungen wird <u>verfälscht</u>. Deshalb zeigst Du dann **aktiv** (mit Nähe, Umarmungen, Küssen): <u>Dieser Mensch gehört **zu mir**</u>! Auch dann, wenn ihr vorher Streit hattet und auch, wenn Du schon über Trennung nachgedacht hast. Hier will jemand, der bei Dir zu Besuch ist, nur *zu gerne* mit Dir <u>tauschen</u>.

Münchener Freiheit: „SOS"

Marte hat **alle** ihre Kinder- und Jugendlieben offensiv und aus ihrem Herzen heraus angeschrieben, so wie sie es *tief in sich* gefühlt hat. Was meinst Du, **wer** <u>ehrlich und aufrichtig</u> geantwortet hat und wie? 30 % haben geantwortet, und zwar die Männer, die Marte ins Bett kriegen wollten – heißt, es gab **kein klares Geständnis** einer ebenso *gefühlten* Liebe, wie es <u>bei ihr</u> der Fall war.

Der Rest, der *konfliktaktiv* in Liebe entbrannt war (und eigentlich *lieber nicht* lieben **wollte**, was in aller Logik **nicht** gelingt), schwieg sich

aus. Diese Männer sonnten sich schätzungsweise in ihrer neu gefütterten Eitelkeit, *ohne* sich zurückzumelden. **Nicht ein Sterbenswort** kam, im wahrsten Sinne des Wortes. *Denn es hätte ja sein können, dass Marte im Sterben liegt, wenn sie solche Nachrichten verfasst,* mit denen (nach so langer Zeit) niemand mehr rechnet.
Wozu die Liebe also noch gestehen? Es ist doch eh alles gelaufen!!

Weißt Du, wie weh das einer Frau tut, die so **mutig** ist? Es reißt ihr das Herz heraus.

Ihre darauffolgenden **Körperreaktionen**, welche die Seelen der Männer **sandten**, wie Herzschmerzen, Rippenstich, Schilddrüse (tiefe Kränkung durch Ignoranz), Nieren, Blutungen usw., bewiesen jedoch, dass da in *manchem* Gegenpart (viel) MEHR gewesen sein **musste**, als zugegeben wurde … Zum Glück schrieb sie Buch 1, wusste sich zu helfen und zu retten.

Den Beweis für das Aufspüren ihres **optimalen** Partners gab es **12 Tage nach** dem Versenden der E-Mail-Nachricht: Tiefrotes, sauberes Blut trat aus der Scheide, als symbolische **Tränen** des Unterleibs (ca. 24 Stunden, insgesamt ca. 50 ml), **nie** den perfekten Partner nah bei sich gehabt zu haben (Dirk), der für das Leben und die Fortpflanzung **bestimmt** gewesen wäre.
Da Marte **nie** an Zwischenblutungen litt, war der Beweis definitiv. Nie fand die Beglückung durch diesen für sie *optimalen* Partner statt. Vielleicht hat nur ein banaler, oberflächlicher Grund alles zerstört, bevor es beginnen konnte, zwischen 12 und 16 Jahren. Denn es gab **keinen** Kuss – dazu kam es erst gar nicht.

Ursächlich ist hier der *unterschiedliche Beschädigungsgrad:* gesunder Junge/krankes Mädchen oder andersherum. Wären beide vom Elternhaus aus gesund/unbeschädigt, HÄTTEN sie sich *zwangsläufig* gefunden! ♥ Diese Erkenntnis machte Marte nach der Konfliktlösung regelrecht **regungslos** – eine Schockstarre ummantelte sie, die sich nach kurzer Zeit mit Willenskraft beheben ließ. Hier erfüllte sich *fast* das Sprichwort: „Nach Stieren, kommt Wahnsinn".

Eine **2.** Blutung erfolgte, nachdem klar war, *welcher* junge Mann (René) zu einer bestimmten Zeit die **größten** Chancen (von *allen* jungen Männern, die sie kannte) auf Erfolg hatte: *ein Leben mit ihr.* Diese Blutung war zunächst heller und schwächer als die erste, aber dennoch Anlass zur Traurigkeit. Nachdem die Seelenenergien diese *o. g.* Erkenntnis kommuniziert hatten, verstärkte sich nach drei Tagen die Blutung *schwallartig* und wurde einiges intensiver (mit insgesamt ca. 10 ml klarem Blut **täglich**) als die zur **1.** Liebe.

So gesehen hat Marte insgesamt ca. *einen ganzen Monat* lang <u>leicht</u> schwallartig geblutet. Der Grund ist, dass die Seele des Mannes *über sie* beweishaft blutet und es war *nicht* ungefährlich.

Die Blutung sollte, *nachdem sie nicht mehr wusste, wie es weitergehen und wie lange das noch andauern würde,* mit einem **2.** Brief, der Marte *sehr schwerfiel* (da es auf den ersten keine Rückmeldung gab), an den entsprechenden Mann, welcher für ihr <u>Jugendleben</u> am wichtigsten war, gestoppt werden. Darin stand unter anderem, dass sie *für ihn oder wegen ihm* blutet.

Wenige Stunden nachdem der Brief **im Briefkasten versenkt** worden war, flachte die Blutung (mit einem Gefühl der Erleichterung und leichtem Ziehen im Unterbauch) glücklicherweise etwas ab, versiegte jedoch *noch* NICHT. Diese Hoffnung war vorerst gestrichen. In der Tat fand die Blutung ihr Ende *mit dem Lesen des Briefes* **vom** <u>Empfänger</u>. Zum seelischen Zeichen gab es einen schwallartigen Blutausstoß mit leichtem Brennen an der Scheide. Nach ca. 30 Minuten verschwand es zusammen mit der Blutung (die sich, wie bei der Menstruation, ins leicht Bräunliche umfärbte). Eine sichtbare Antwort war also **unnötig**. Der Mann verstand, worum es ging und seine Seele <u>hörte auf</u>, zu quälen. Die WAHRHEIT in Kombination mit liebevoller Kommunikation <u>half</u> **als einziges Mittel**. Marte war sehr froh, dass sie auf eine *echte* Antwort nicht angewiesen war, **damit** das Bluten endlich <u>aufhört</u>. Wer sollte das vorher wissen? Sie geht davon aus, dass der Junge sie hasst und deswegen seine Hilfe versagte.

Im Übrigen wäre sie *unter keinen Umständen* zum Arzt gegangen. Sie sagte mir: „Eher sterbe ich." Das war *nicht die einzige* Situation, wo sie **so** reagierte, <u>auch während ihrer Lösungen für Buch 1.</u> „**So leicht** stirbt sich's **nicht**!"

Das *Brennen an der Scheide* trat in Abständen immer wieder kurz auf, bis nach einigen Tagen gelöst war: Marte wäre mit diesem Jungen **unheimlich gern** intim gewesen. Es war ein beginnender „Candida albicans", dieses Mal aus dem Grund heraus: „Diese Frau fasst **keiner** mehr an (**außer** MIR, der Junge von damals!), jeder soll sich ekeln!" Dieser *Scheidenpilz* ist in der Tat eine unangenehme Sache, kam hier aber dank Auflösung **NICHT** zum Ausbruch!

Durch Konfliktlösungen in der Liebe kommt es zum Gefühl, dass einem **Steine vom Herzen fallen.** Du wirst es spüren, was ich meine (es poltert regelrecht). Zu diesem Mann fiel Marte *drei Tage nach Versand* des Briefes ein Stein ab. **Danke** an die **Post** – ihr seid <u>so schnell</u>!!

Hast Du Geschenke oder Andenken von einer *Jugendliebe*, halte sie in **Ehren!** ♥

<u>Es gibt **drei** Varianten der Reaktion nach einem *schriftlichen* Liebesgeständnis:</u>

„Ich muss sie sofort sehen!" – Diese Möglichkeit zerplatzt direkt, *falls* Du Dich nicht mehr attraktiv genug fühlst. Schlimmstenfalls traust Du Dich nicht einmal, irgendeine Antwort zu senden, egal welchen Wortlautes. (Dabei schrieb sie Zweien: Es ist <u>vollkommen egal</u>, wie Du **jetzt** aussiehst.)

„Schockstarre und Handlungsunfähigkeit" – Hier hast Du mit allem gerechnet, aber damit nicht mehr oder nie. Das ist nun die Quittung dafür, Deine wahren Gefühle nicht gestanden zu haben. Wünschtest Du, Du hättest auf diesen einen Moment gewartet und nie eine andere angefasst? Das wäre es gewesen!

„Arroganz, Ignoranz, Gleichgültigkeit" – Ob sie das nun schreibt oder nicht: „Das ist mir doch egal." Von dieser Sorte ist keine Antwort zu erwarten und ich gehe davon aus, dass so eine Person auch nie in den Besitz dieses Buch kommen wird. Denn:

Nur FEIGLINGE sind nicht neugierig!

Wer sich auf so eine Nachricht *zurückmeldet* und **NICHT** grundlegend **ehrlich** ist (klar + deutlich!), verschwindet aus dem Herzen der Frau und reiht sich **nicht** in die <u>wahren</u> Lieben *ihres Herzens* ein. Das *ehemals empfundene* Gefühl für den Lügner oder Feigling ist dann <u>unwiederbringlich</u> **tot**.

Es gibt **keinen Funken Respekt** mehr für diesen Mann und er muss sich nicht wundern, wenn sich diese Frau niemals mehr bei ihm meldet.

<u>Also, **wenn, dann ... schreibe** die **GANZE Wahrheit!**</u>

Kontaktiere Deine Kinder- und Jugendlieben jeweils in <u>zeitlichen *Abständen*</u> von ca. <u>14 Tagen</u>, sonst **verfehlst** *oder* **vermischst** Du die Beweise Deines Körpers, welche stets **dem betreffenden Menschen** zugeordnet werden <u>können</u>.

Die Zuordnung der Organschmerzen findest Du in Buch 1.

Hast Du einen Kontakt aufgenommen, beobachte Dich. <u>Du bekommst auch Schönes zu fühlen.</u> Energetische, erotische Wellen erreichen Deinen Körper von der *angeschriebenen* Seele und zeigen Dir, in welcher Intention (Absicht/Bestreben) Dich der andere einmal **geliebt** hat *und* **wie stark** er verliebt war. Das ist allerhand und sehr aufschlussreich ... Da kann einem schon die Luft wegbleiben. Marte **weiß genau**, *wer* wie *viel* für sie fühlte, denn zu den Wellen gibt das Gehirn ein Bild des Dazugehörigen oder einer passenden Situation frei. Es half also *nichts*, Dich **nicht** bei ihr gemeldet zu haben.

Gehe **aktiv** auf die Suche (Einwohnermeldeämter helfen Dir gegen eine geringe Gebühr). Weißt Du, wo jemand arbeitet? Dann kannst Du auch dort vorbeischauen *oder* etwas in den Briefkasten stecken. Es nützt ja nichts ... Zu Hause wird das kaum immer möglich sein.

Weißt Du, ob irgendwo ein **Foto von Dir** vergrößert **als Poster** hing, vielleicht an einer Zimmertür, von innen? Das ist wohl der Wahnsinn! Vielleicht *erfährst* Du einmal davon? ;)

Besuchst Du jemanden unter <u>einem **Vorwand**</u>, sogar *mit Übernachtung*, dann wundere Dich nicht, wenn derjenige Dir <u>glaubt</u> und den *wahren Grund* Deines Besuches, nämlich, dass Du diesen Menschen

liebst, nicht erfasst oder erkennt. Schade, es war vertane Zeit! Auch eine Entscheidung hättest Du einfordern können – die Hauptsache, Du wärst **authentisch** gewesen!

Zieht es Dich irgendwo hin in den **Urlaub**, ganz besonders und immer wieder? Vielleicht ist es auch Deine Heimat? Dort <u>SIND</u> Menschen, die Dich **lieben** und die **Du** liebst! Das ist der Grund, die Ursache! *Sie wünschen sich*, DICH wiederzusehen, fahren vielleicht selbst immer wieder dorthin und hoffen auf ein neues Zusammentreffen. Schön, oder?
Beim Spazierengehen verhält es sich ähnlich – die Wege, die Dich anziehen, sollst Du gehen. Dich möchte jemand treffen oder wiedersehen.

Liebesgeständnis

Kommt heraus, dass Dich jemand zurückliebt, in den **Du** seit Jahren verliebt bist, wirst Du Dich wie erfroren fühlen (es ist ein *positiver* Beweis). In dem Moment, wenn Du Dir dessen <u>bewusst</u> wirst, werden Deine <u>Hände</u> **eiskalt** und Du sitzt oder liegst da wie versteinert. Es ist der **Seelenschmerz**, welchen es nun *auszuhalten* gilt, über *verpasste* Chancen oder verpasste gemeinsame Jahre. Es fühlt sich ähnlich an wie die Lösung eines Kränkungskonfliktes auf der Schilddrüse. Dir verschlägt es den Atem und Du presst unter Oberkörperdruck seltsame Laute heraus: *Warum ist eher nichts geschehen?*
Hast Du diese Reaktionen *neben* Deinem Partner, zeigt Dir Deine Seele: Dein Partner KANN NICHT lieben, er kann nur „haben wollen". Er will Dich bloß haben und behalten, weil DU für ihn subjektiv **die Schönste** bist. Diskussionen über die Liebe und Dingen, die dazu gehören, weicht er so gut wie immer aus. Er hasst es, weil er dazu wehrlos ist. Du siehst das nun und darfst Dir viel herausnehmen, egal ob Du ihn verlässt oder nicht. Lasse Dich anderweitig lieben, denn sonst geht es Dir **an den Kragen** (Gesundheit + Tod).

„Haben wollen"

Diejenigen, die nur „haben wollen", werden *keine* Herzbeschwerden kennen und ebenso kein Sodbrennen, wenn es um das Leben der/des Liebsten geht. Diese Anzeichen bekommen *ausschließlich* liebende Menschen. Das **ist** Beweisführung (vor jedem Gericht)!

Wer auf Nachfragen hin *Lügen* angibt, um sich *herauszureden*, wird Probleme mit den Zähnen und seiner Nasenform bekommen. Logisch! Am schlimmsten ist die Sorte, die *nicht liebt* und *nicht haben will*, aber <u>selbst heiß</u> **begehrt** ist. Verfällst Du so einem Menschen konfliktaktiv, kann es Dich das Leben kosten.

Bist Du ein **besonders hübscher Junge** mit viel Ausstrahlung, passe auf, dass Dich die Mädchen nicht nur aufgrund Deiner Attraktivität **haben** wollen. Manchmal hast Du auch noch einen *bekannten, beliebten* **Vater** oder *großen* **Bruder**, was Dich *noch begehrlicher* macht. Lerne in diesem Buch die Anzeichen, wie sich wahre Liebe erkennen lässt und es sich anfühlt, wenn das Mädchen <u>**Dich**</u> meint (SEELE) und nicht (nur) die Oberfläche, Klamotten, Prestige und Besitz!
<u>Filmtipp:</u> **„Die Mädels vom Immenhof"** (BRD 1955) – ein zauberhafter Film **voller Herz** für die Liebe, die Natur und Tiere! (insgesamt 5 Filme)

Besonders *eindrucksvoll* ist die Szene am Bach: „Ich will **nicht mehr** allein sein!" ❤
Danke für eure schauspielerische **KRAFT**!

Wenn Du allgemein **viel** über *einen* Menschen sprichst und/oder fast ohne Unterlass, wann immer es Dir möglich ist, an ihn *denken* musst, *obwohl* Du an einen anderen *vergeben* bist, dann gestehe Dir ein: Du fühlst **mehr**. Schaffst Du ein klares Geständnis nicht, sage es symbolisch „durch die Blume". Auch das ist schön & sehr mutig!
Ja, Du würdest denjenigen (auch) *haben* wollen, und zwar **MIT** Liebe.

Du hast Deine Liebe *auf irgendeine Art und Weise* **gestanden**, und nun? Es ist schwer, wenn aus *gewichtigen Gründen* ein Zusammengehen leider **nicht** möglich ist und dennoch: Die Seelen tun sich gut, sie senden Liebe auf andere Weise und stärken Dein Leben, Deine Optik, Deine Motivation. Sei möglichst so *ungezwungen* wie vorher. Das ist am einfachsten und erhält den *schönen* Kontakt zwischen euch. Es **quält** Dich zu sehr? Du könntest den anderen jedes Mal anspringen, wenn Du ihn siehst?

Finde eine Lösung, zu kompensieren. Entweder hat Dein eigener Partner Glück, der *wieder* mit mehr Zärtlichkeiten bedacht wird und ihr führt euch neu zusammen *oder* Du bist bei ihm falsch. Dann suche nach einem Neubeginn – werde Dir klar, **was** Du willst!

Nicht jeder schafft es beim 1. Mal. Ein 2. Versuch ist lohnenswert, insbesondere wenn Konfliktlösung in Deinem Leben **groß**geschrieben wird. Du kannst Dich nur verbessern …

Liedtipp: **The Black Eyed Peas „Boom Boom Pow"** (Marte rastet aus!) ;)
https://www.youtube.com/watch?v=4m48GqaOz90

Spekulationen – Fragen hilft!

Die/der ist sowieso vergeben! Es kann *unmöglich* anders sein! Bist Du ganz sicher? Hast Du einen A… in der Hose? → Dann FRAGE! … oder LEIDE!

Denkst Du: *So eine Frau* bekomme ich (sowieso) NIE?
Dann prüfe, ob Du einen **älteren Bruder** hast, der Dich *unterdrückt und klein gehalten* hat, damit er selbst der Bessere + Stärkere sein konnte! Ist dem so, kannst Du davon ausgehen, dass Du **ab jetzt** noch in der Körpergröße **wächst** (falls Dir dieser Sachverhalt in Buch 1 *entgangen* ist) und sich ebenso Dein Geschlechtsteil **vorteilhaft** verändert. Alles ist konfliktaktiv, was nun mit dem Lesen dieser Zeilen *bereits* GELÖST **ist**!

Wichtig sind im Endeffekt *nicht die optischen*, sondern die **seelischen** Traumpaare. Findet ihr euch, habt ihr gute Chancen, *gemeinsam wunderschön* zu **werden** und *dauerhaft* glücklich zu **sein**!

<u>Liedtipp:</u> **The Chemical Brothers „Galvanize"** – Halte Dich nicht zurück!!

Bedrängt Dich eine Frau, mit der Du **nicht** zusammenlebst, so sehr, dass es Dir <u>zu viel</u> wird, OBWOHL Du sie liebst, dann <u>will</u> sie einen **Entschluss**, wie es mit euch weitergehen soll! Ihre Seele weiß es: Du fährst mehrgleisig und bist schwer zu binden.
<u>**DEFA**-Serientipp, 9-teilig:</u> **„Jockey Monika"** (1981) – **grandiose** Leistung von Miroslava, mit der *schönen* Synchronstimme unserer Blanche Kommerell!

Arbeitet NUR <u>ein Partner</u> mit Konfliktlösung und der *andere* **nicht**, müsst ihr mit einer immer größer werdenden Kluft rechnen, die euch *auseinandertreibt*: Ihr passt *nicht mehr*.
Heißt, wer sich als Paar/Familie **nicht hilft/unterstützt**, ist mitschuldig.

Kann man sich auch in eine STIMME verlieben?

Ja! Es gibt Stimmen, die sind gütig, lieblich – wie Perlchen schwingen sie in Dein Ohr. Du hast diese Person **nicht** einmal gesehen und <u>doch</u> verliebst Du Dich. Hier *kann* es passieren, dass Stimme und optische Erscheinung weit auseinanderdriften. Vielleicht eine Herausforderung zum Kuss, wer weiß? Ist die Person so schön, wie Du vermutet hast, wird es schwer. Siehst Du sie und Deine Gefühle relativieren sich, ist die Liebe verpufft.
Gesunde, wohlklingende Männerstimmen lassen Frauenherzen höherschlagen – hier gilt alles oben Geschriebene identisch.

Die Ärzte: „Ist das alles?"

Ich ziehe das Thema nur ganz kurz heran, denn die Auflösung wurde bereits bekanntgegeben.

Hattest Du Erlebnisse mit einem Partner, der Dein Geschlechtsorgan oder Deine Brust, Deinen Po bemängelte, ist er zum Ersten nicht viel wert gewesen und zum Zweiten: Freu Dich auf **„alles NEU"**, wenn Du Buch 1 + Buch 2 in den nächsten Wochen und Monaten in + an DIR **wirken lässt.**

Der Effekt wird nicht allzu lange auf sich warten lassen. Die oben gestellte Frage wird sich damit kolossal erübrigen! ;)

Es gibt ja auch noch ein schönes Contra, **bevor** alles so weit ist: „Bei der **Vergabe von Hirn** war ich wenigstens **dabei!**" … schon weil Du dieses Buch liest, **bist Du** hochintelligent und mit einem gesunden Menschenverstand versehen!

Münchener Freiheit: „Bis wir uns wiederseh'n"

Kannst Du Dich zu einem oder mehreren Zeitpunkten an einen sogenannten **Spontan-Orgasmus** erinnern, auf den *niemand bewusst* eingewirkt hat? Er kam wie **aus dem Nichts**?

Des Rätsels Lösung ist das **DENKEN an Dich**: Wenn ein Mensch, der DICH **aufrichtig** liebt (nicht nur haben will oder begehrt), extrem intensiv und geraume Zeit ohne Unterlass NUR und ausschließlich an **DICH** denkt, wirst Du einen Orgasmus erfahren – **ohne** jegliche Fremdeinwirkung oder eigenes Zutun – und egal, wie weit weg Du bist. Zauberhaft! Ich hoffe nur für Dich, dass Du nicht gerade einkaufen bist …

Spielen lässt sich so etwas nicht. Es entzieht sich jeglichem Einfluss und funktioniert nur zwischen wahrhaftig **liebenden** Seelen.

Wichtig ist anzumerken, dass dabei KEIN Samenerguss stattfindet.

Alle restlichen Beschwerden, die Mädchen/Frauen im Unterleib überhaupt aufweisen können, **verschwinden** (nachdem Buch 1 in Bezug auf Blase/Gebärmutter/Eierstöcke bereits geheilt hat), wenn **alle** Konflikte in der Liebe im Körper **abgearbeitet** sind. Freue Dich auf saubere Schlüpfer (*jegliche* Einlagen werden überflüssig)! *Hoch lebe die Müllvermeidung.*

Anmerkung: Zur **Gebärmutterabsenkung** gibt es die Erkenntnis, dass nicht nur die Kämpfe um die eigene Mutter sondern leider auch die *Verachtung* durch die eigenen Kinder (durch viele Deiner Lebensfehler) dazu führen kann.

One-Night-Stand

Wer ein junges Mädchen/eine Frau **anziehend** findet und ihr (zu) nahe kommt, **ohne** *vorher* Liebe zu empfinden, muss IMMER damit rechnen, **dass** er sich (stark) verliebt, auch wenn ein Mann sich für gefeit hält. Vergiss es! Wer vorher nur den **Triumph sieht,** diese Frau *erobert* zu haben, schneidet sich möglicherweise kräftig ins eigene Fleisch. Gefühle *sind nicht* kontrollierbar.

Führst Du eine **Liste** über Deine Eroberungen? Bekommst Du **eine**(n) davon nicht/nie? Die-/Derjenige wird Dir auf ewig im Kopf herumspuken. Pech gehabt.

Hattest Du (sehr) viele Frauen? Willst Du Dich endlich fest binden und kannst es einfach nicht (mehr)? Würdest Du Dir aus jeder, die Du hattest, am liebsten ein Stück herausschneiden und ein Exemplar aus allen zusammenpuzzeln? Du weißt, dass das nicht geht. Denke nach und versuche, Deine Jugendliebe zu finden.

Andrea, Marte findet, dass Du *authentisch* warst und genau deshalb darfst **Du** in mein Buch:
Andrea Berg: „Du hast mich tausendmal belogen" (2001)

Zwischenthema: Ja, Helene (Fischer), Deine Lieder *hätten* in dieses Buch gehört, Deine Ausstrahlung war gigantisch. Aber: Du hast unseren Florian verlassen und die **wahre Liebe bei ihm** verkannt. Es gab *kein herrlicheres* Traumpaar in der deutschen Fernsehwelt (Live-Auftritte). Ihr habt euch damals gegenseitig *dermaßen* verschönt. Das ist unsere Wahrheit (Marte & Jan).

Zieht ein *schöner, charismatischer* Mann wunderschöne Frauen an wie die Motten das Licht und wird stetig in *deren* Verführung (URSACHE!) *schwach*, kann sich darunter natürlich immer mal eine *verheiratete* Frau befinden. Nimmst Du diese Frauen (in der Regel nur *für eine* Nacht, z. B. weil Du ein **Popstar** bist) und bist nicht in der Lage, dem weiblichen Körper zu widerstehen, schadest Du damit dem Beziehungsleben *vieler* Männer …
Mit den Jahren wirst Du durch diesen Effekt – diese *betrogenen* Männer *hassen* Dich (wenn auch meist „nur" unterbewusst/seelisch) – aussehen wie ein Monster! Der Konflikt ist hiermit gelöst und Du wirst in Deine alte Schönheit zurückkommen. Achte neu auf Deine Handlungsweise.

Die Frauen *fliegen auf* den **Gitarristen**, *nicht* auf den Sänger? Der Sänger wird über die Jahre immer gutaussehender, der Gitarrist immer unattraktiver? Was ist passiert?
Der Sänger wünschte sich bewusst die Schönheit des Gitarristen, um *genauso gut* bei den Frauen anzukommen. Das ist sehr menschlich und die Seelen sorgen dafür – vor allem, wenn zwei sich *mögen* und wunderbar miteinander arbeiten/harmonieren (auf der Bühne + im Leben)! Geteilte Schönheit ist für beide gut …? Es ist *besser*, wenn jeder seine **eigene** findet, wie es **AUSSCHLIEßLICH** anhand von Konfliktlösungen möglich ist (Bücher 1 + 2)!

Bist Du ein Popstar in einer Band und bist objektiv der Schönste von ALLEN, dann wundere Dich nicht, wenn Dir **der Neid** (möglicherweise *auch vereinzelter* Bandmitglieder) im Laufe der Jahre Deine ganze Schönheit abzieht. In einer **Boygroup** geht das auch *gegenseitig* und **alle** verlieren daran! Das dürfte der Grund für das Auflösen solcher phantastischen, begehrten Gruppen sein, zumal sich diese oft so zusammentun, dass für *jeden Typ Frau* etwas dabei ist. Das ist doch fair. ;)

Denselben Sachverhalt gibt es in <u>Auto-/Motorradwerkstätten</u>, wo <u>prinzipiell</u> nur **coole** Kunden arbeiten, schon aufgrund des Sachverhalts, das Hobby zum Beruf gemacht zu haben. In solchen Werkstätten dürften sich nur Männer tummeln, die für eine **„Coca-Cola-Werbung" würdig** wären! Aber was ist *manchmal* die Realität? Durch die *Neidkonflikte von außen* und zum Teil gegen-/untereinander, verlieren alle an Strahlkraft, Coolness und Charisma.
→ Löst es auf und **werdet DAS,** <u>was ihr in der Lage seid, zu sein!</u>

Hast Du Dir bei der Arbeit noch *andere* Konflikte eingehandelt, z. B. durch *Schwarzarbeit* mit Deinen Fähigkeiten (aus Gier) oder *Diebstahl* von Ersatzteilen/Material aus <u>Deinem</u> Betrieb, musst Du allerdings noch andere Konflikte auf Deiner Schönheit, auch Deinen Zähnen lösen (Buch 1).

Warst oder bist Du *großkotzig* mit den Dingen, die Du kannst und hast, hat das ebenso Deiner Attraktivität geschadet. Dies alles sind **erbarmungslose Effekte** des Prinzips <u>Ursache-Wirkung</u>!

Kommt eine mutige (beherzte) <u>Frau</u> in solch eine o. g. Werkstatt und **fordert** *einen* <u>von euch</u> **heraus,** dann wäre es *seitens der anderen (Kollegen)* gut, **ihm** den <u>Freiraum</u> zu gewähren (auch chefseitig), mal <u>mi-</u>nut**enkurz** FÜR <u>SIE</u> von der Arbeit zu verschwinden …
Tut ihr das nicht, gibt es was? Ursache-Wirkung! Gut – ihr habt dazugelernt!

Das *kann* sein: **Sie,** die ihr *vielleicht alle* mögt, schaut euch nicht mehr von der Seite an, mh, ich denke noch schlimmer: Sie wird euch **komplett ignorieren.** Ja, **so eine** Frau KANN das. Dann ist der Ofen aus. Bleibt sie freundlich, so ist der Charakter extrem feinsinnig.
Das *kann auch* sein: Passiert **Dir** einmal ähnlich Beeindruckendes, dann merke: „Rache ist Blutwurst!" Neid ist out, Jungs! *Was willst Du mit einer, die einen anderen liebt?*
<u>Liedtipp:</u> **David Bowie „Absolute Beginners"**

Erwachsene Liebe

Findest Du eine, wenn Du dann **konfliktfrei** *bist*, richte Dich auf etwas ein. Kämpfst Du *mutig*, weil im erwachsenen Alter, vor allem zwischen 40 und 50 Jahren, alles nicht gerade einfach scheint (jeder trägt schon *einen recht schweren* Rucksack), kann das sehr lohnenswert sein.

Spürst Du, dass ein Mann <u>Dich</u> **liebt**, könntest Du versuchen (aber nicht zwingen!), ihn *öffentlich* zu küssen. **Verweigert** er dies, dann *beende* Deine Bemühungen sofort und mache Schluss, bevor etwas begonnen hat. Blutest Du <u>am selben</u> Tag aus der Scheide, dann war (?) es **der Richtige**! <u>Reingelegt:</u> Wahrheitsfindung *ohne Worte* durch Seelenkommunikation! Nun schau, was weiter passiert. War das schon alles?

<u>Voraussetzung ist:</u> Du liebst ihn *ebenfalls*! **Ist** das der Fall, bekommst Du *durch die Abweisung* des Kusses eine **Grippe**, denn das ist *liebesseitig* ein **totaler** <u>Selbstwerteinbruch</u>. Löse das gleich, wenn nötig mehrfach, und Dir bleiben die körperlichen Beschwerden *weitestgehend* erspart. Ebenso kann es passieren, dass **Deine Augen** Dir zeigen, dass es *schlimm* wäre, diesen Menschen aus den Augen zu verlieren: Die Sehkraft wird kurzfristig schlechter (kurzsichtig).

Versuchst Du *seine* Mobilfunknummer herauszufinden und musst vielleicht *Deine eigene* dort hinterlassen, wo Du gefragt hast (wegen dieses „Datenschutzes" hilft Dir auch in der Liebe kaum noch jemand ohne Furcht), dann *stellst Du Dich bloß*. Ja, jeder sieht Dir vermutlich an, dass es nicht um eine Banalität geht, seine Nummer zu <u>brauchen</u>. Du machst Dir vielleicht Sorgen um seine Gesundheit, weil er nur wenige Tage nicht aufgetaucht ist (ob er Urlaub hat, weißt Du ja nicht) oder kannst die **Ungewissheit** nicht mehr ertragen, *weil* Du ihm <u>gestanden</u> hast, DASS Du liebst und keine Rückmeldung bekamst, was Dich *immer mehr* quält. Von Tag zu Tag wirst Du einen *Schnupfen* im Anflug haben (Stinkekonflikt), *trockenes* Aufhusten von der bewussten Kränkung auf der Schilddrüse, Halskratzen von den Worten, die Du nicht loswerden kannst, evtl. sogar einen *aufgerissenen* Mundwinkel (<u>rechts</u> – Partnerseite), für eine Idee, die sich bisher nicht verwirklichen ließ. Tag für Tag wächst der Liebeskummer, <u>aber</u> **Deine**

Idee ist perfekt – denn?? Sonst würde Dein Mundwinkel *nicht* einreißen. Das sind die seelischen Beweise!

Leider lassen sich *grenzüberschreitende* Dinge, wie die *Nachfrage an einem Arbeitsplatz*, wenn Du **nicht weißt**, wie Du *sonst* an Dein Ziel kommen kannst, nicht immer vermeiden.

Wenn **er** Dich *wahrhaft* liebt, lohnt sich **alles**. Falls „nicht" (was in *diesem Fall* eine Lüge wäre), bist Du *in der* **Gewissheit** (was *immer* das <u>Wichtigste</u> ist) und kannst weiterleben, denn diese Liebe bleibt **nicht** konfliktaktiv.

Kommt es zu einem **Liebesgeständnis** und *einer von beiden* gesteht die Gefühle **NICHT** – ruht sich sozusagen auf dem Geständnis des Gegenübers aus –, passiert Folgendes:

Normal ist: Tiefe Gefühle können *nicht abgeschaltet* werden. Wird der Bogen jedoch überspannt, heißt, der 2. Liebende, der *nicht* gestanden hat und aller Wahrscheinlichkeit liiert ist, bleibt <u>weiterhin feige</u>, **erkalten** sie. Gab es *vorab schon* einen <u>Kussversuch</u> seitens der Frau und der Kuss wurde verweigert, wundere Dich nicht, wenn Du bei ihrem *wortwörtlichen* Liebesgeständnis **keinen Kuss** erhalten kannst, auch wenn Du Dich (nun) **danach sehnst**. Weil Du nichts gestehst, *kann sie* Dich *nicht mehr* küssen. Der **1. Versuch** geschah ja in der „Annahme", dass **Du** sie **ebenfalls** liebst.

Die Seelen kommunizieren sich **nach** *so einem Vorfall* <u>weiterhin</u> **die Liebe**. Ja, das ist deutlichst spürbar, auch Reue-/Angstenergien und über Phantasien (das, was der **Verleugner** WIRKLICH will) ... weiß der Andere Bescheid. Das **wird hart**, vor allem, wenn der <u>mutige</u> Part *nun erst richtig* aufdreht.

Spürst Du *nichts dergleichen*, kann es sich tatsächlich nur um *einseitige* Liebe handeln.

Einen Selbstwerteinbruch sollte es hier nicht mehr geben, nur noch **STOLZ** darauf, es **geschafft** zu haben: „Ich liebe Dich wie *nichts sonst* auf dieser Welt."

Hemmung

Jedes Liebesgeständnis, welches mit einer **unaufrichtigen** Reaktion des Gegenübers **endet**, *verhässlicht* Dich für ca. 24 Stunden, was *nicht aufzulösen* ist. Du musst Deinen Anblick im Spiegel **so** ertragen, wie auch eine (erneute) leichte **Kränkung**, die sich spätestens JETZT löst. Das Geheimnis ist gelüftet und Deine Schönheit wird von Deiner Liebe zu diesem Menschen **ernüchtert**. *Nach* der Zeit bist Du wieder **davon unabhängig** schön! Hätte der Mann *ebenso* gestanden, wärt **ihr beide** innerhalb *kürzester Zeit* sehr **verschönt** worden – ein Highlight passiert, zumal es dann DEFINITIV den *erwünschten* **Kuss** gegeben *hätte* …

Ist euer **1.** Kuss verdorben (Verweigerung), ist diese Situation für immer *verloren* und **nie mehr** auf dieselbe Weise *nachzuholen*. Das tut sehr weh, glaube mir.

Eine **Kränkung** auf Deiner Schilddrüse gibt es immer nur dann (wie auch Nierenschmerzen links), wenn sich die Seelen von Mann + Frau kommunizieren, **DASS** es sich um **wahre** Liebe HANDELT, *was auch immer* **real** passiert – aufgrund von Hemmungen und diversen Gründen/Befindlichkeiten.

Kommt es bei dem, der gestanden hat, zu einer Verspannung des rechten Schulterblattes, hat er sich für den anderen bereits zerschunden (mindestens *drei* Versuche, die **Wahrheit** zu ergründen).

Die **DEFA** hat mit *Christian Grashof* einen **herausragenden**, fast *unglaublichen* Kampf um die Liebe verfilmt: **„Broddi"** (1975, 3-teilig). Schade, dass seine Filmpartnerin *Jenny Gröllmann* es nicht geschafft hat, ihn dauerhaft zu verschönern. Er hätte es **verdient** gehabt!

Achtung! Es gibt Frauen, für die brauchst Du einen **Waffenschein** (so gefährlich können sie Dir und Deinem Gefühlsleben auf Dauer sein, weil sie Dich in Deinen Gedanken *nicht mehr* loslassen)! Mir ist nicht klar, ob ich hier einen Smiley dahinter machen soll oder nicht …
Liedtipp: **Münchener Freiheit „Sie liebt dich wie du bist"**

Musst Du „die Kuh" kaufen, wenn Du nur ein Glas Milch trinken willst?

Merkst Du, wann es vorbei ist, wann Du *übertrieben* hast? Hast Du den richtigen Moment *verpasst*, um ein **Frauenherz** *ganz für Dich* zu gewinnen (sie war *sehr* **nah** davor, sich mit Dir zu treffen), hat sie Dich als „Großkotz" erkannt! Irgendetwas *stimmt mir Dir nicht* und sie ahnt: „Du willst sie nur HABEN" und dass Du Dich verzettelt hast. Du wusstest vorher, dass es keine Frau für *nur eine* Nacht **ist**, sondern dass Du Dir aller Voraussicht nach gehörig die Finger verbrennen würdest! Es hätte sein können, dass sie Dein ganz großes Glück geworden wäre – aber **sobald** Du ihren **Respekt verlierst**, ist bei *dieser Sorte Frau* (Edelstein) **alles** gelaufen. Das war's! Der Sack ist zu!

Großkotzig ist ebenso, zu sagen: „Nach MIR kommt nichts mehr!", auch wenn es stimmen mag. ;) Behalte so etwas lieber für Dich! *Genieße & schweige* …

Denn: *Meist* wird hier *ausgesprochen*, was die Mädchenherzen **tatsächlich** denken (Seelenkommunikation)!
„Als Gott mich schuf, wollte er **angeben**!" ;)

Mädchen, findest Du einen Mann *anziehend* oder finden *mehrere* Mädchen genau **einen** Mann sehr anziehend und würden *so ziemlich alles* dafür geben, ihm auch *nur ein einziges Mal* besonders nah zu sein, vielleicht auch mit einem *außergewöhnlichen* Wunsch seinerseits, wie einem „Dreier oder Vierer", nimm Dich in Acht!
Du magst meinen, Du wärst cool genug, aber so ein Erlebnis wird Dir *nicht mehr aus dem Kopf* gehen, **wenn** Dir dieser Mann nackt und in Aktion tatsächlich **sehr** zusagte. Du kannst vorher *sonst was* versprechen, z. B., weil er vergeben ist oder, schlimmer noch, Familie hat, nach dem Motto: „Keine Sorge, ich verliebe mich nicht." In aller Regel WIRD es Dich treffen und Du bist chancenlos. Er zählt Dich *nicht* unter die Rubrik „Frau fürs Leben", weil Du Dich darauf eingelassen hast. Ist Dir das egal?

Möglicherweise entscheidest Du Dich beim *nächsten* Mann für eine andere Kampf-Taktik!?
Sei Dir selbst *für nur eine* Nacht **zu schade**!

Das Verlieben in ein <u>verheiratetes</u> Gegenüber kann auch als ein Konflikt gedeutet werden. Dann suchst Du keine echte Beziehung, z. B. aus Angst vor fester Bindung *oder* Untersättigung bei Deinem Ehepartner, sondern **wünschst Dir** <u>körperliche Nähe und Erfüllung</u> von Intimität. ♥
Dass dies ein freies Recht ist, dürfte allen klar sein, denn die **Unterdrückung** dieser Dinge macht „krank" – ihr wisst es.

Testosteron

Hast Du den Eindruck, vor allem zu Beginn einer Beziehung, dass **Du** das Mädchen **mehr** liebst, als es Dich, dann bist Du zu *ungeduldig* mit der **1.** intimen Erfahrung (Begierde), die Dich *sehr reizt* und verlockt. Möchte das Mädchen *nicht so schnell* „zur Sache" kommen wie Du, kann es passieren, dass Du *ungeduldig*, ja sogar *ungerecht* gegen sie wirst. Reagiere Deinen Testosteron-Überschuss, wenn Du *absolut nicht mehr* warten kannst, <u>für Dich allein</u> mit einem sanften Handbetrieb ab. Alles andere wäre sehr schade …, denn *mit Geduld* kommst Du hier ans schönste Ziel: die große Chance auf *wahrhafte* Liebe. ♥

Zerstörung

Nimmst Du Dir ein Mädchen (auch die eigene Ehefrau), obwohl sie *nicht so richtig* will und es artet (fast) in eine *Vergewaltigung* aus, musst Du als Strafe mit **enorm starken Einbußen** <u>in Deiner Anziehungskraft</u> rechnen, ebenso mit <u>Ursache-Wirkung</u> auf Dein gesamtes *weiteres* Liebesleben.

Irgendwann schaut Dich *keine mehr* an, nicht mal mehr von hinten! Zudem würdest Du den Beginn einer *wunderbaren* Beziehung möglicherweise mit Deinem *übermäßigen* Drang **zerstören**. Wenn Du nicht standhältst, **ist sie fort**. (Prüfung!)

Ein Akt – ist es klug, sich nackt malen zu lassen?

Wenn Du **den Maler** für Dich gewinnen möchtest, ist das sicher eine kluge Lösung. Ansonsten stelle Dich auf *möglichen* Liebeskummer ein. Wer sich einem anderen *alleine* **nackt** zeigt, muss immer damit rechnen, dass ihn der **Pfeil Amors** trifft – vor allem in Anbetracht dessen, wie viel Aussage- und Strahlkraft das gemalte Bild am Ende haben wird.
Verliebtheit *und Begierde* malen sich *nämlich* mit hinein!
Ist es das Letztere, hoffe ich, dass Du auf „One-Night-Stands" stehst, denn mehr wird dabei nicht herauskommen. Ist es *Verliebtheit*, kannst Du folgend <u>mit allem Schönen</u> rechnen, was dazugehört … ;)

Zusatzartikel und Praktiken

Brauchst Du Dinge zum Stimmung herbeiholen?
Brauchst Du intimen Telefonkontakt?
Brauchst Du bestimmte unnatürliche Praktiken?

Pornofilme sind *Lusttöter,* vor allem, wenn Du als Frau *im Nachgang* mit (D)einem Mann intim zusammen bist und *figurmäßig* mit den Darstellerinnen (überhaupt) nicht mithalten kannst. Es ist nur noch ein abstoßendes Abreagieren [denn Du kannst ganz klar *vergessen,* dass der Mann dabei **nicht** an die Schauspielerin(nen) denkt] und alles oben Genannte erklärt sich als konfliktaktiv, denn nichts ersetzt einen *liebenden, zärtlichen* Partner aus Fleisch und Blut.

Hast Du *durch Konfliktlösungen* **selbst** ein erfülltes Liebesleben, brauchst Du anderen nicht (mehr) dabei zuzusehen.

Durch die Medien wurde <u>verlernt</u>, **was wirklich wichtig ist.** Daraus entstehen Langweiler, arrogante Schnellküsser, schöne, aber oberflächliche Typen, die keine Sensibilität für das weibliche Geschlecht mehr haben u. a., weil der Respekt fehlt.

Wie wichtig sind 1.000 verschiedene Stellungen zum Beglücken? Was macht „Leistungsdruck" mit Dir? Sind erotische Handlungen im schaumigen Badewasser wirklich so toll *oder* sieht das nur so aus? Wie fühlst Du Dich am wohlsten – trocken, weich, warm? Die Antwort zur letzten Frage dürfte entscheidend sein und wer nicht will, der hat schon!

Wenn **Liebe** <u>*vorhanden*</u> ist, braucht es, **damit sie AKTIV wird**, die <u>körperliche Berührung</u>.
Denkst Du: Ich bin **wie ein** Junge (was mit dem <u>tatsächlichen</u> Alter <u>nichts</u> zu tun hat), kein optimaler Liebhaber? Sehr schön! **Umso natürlicher, desto besser.** Die Liebe verursacht die meisten Hemmungen und Beschädigungen im authentischen Benehmen zwischen den Geschlechtern.

Am schönsten ist ein Zuhause genau *dann*, wenn sich darin **kein Schmutz** befindet, es **rein** ist. Pornofilme/-hefte, Zusatzartikel, Hilfsmittel sind Dreck im eigenen Heim, <u>vorausgesetzt</u>, bei Dir **wohnt die Liebe.**
Und ja: Es ist **ätzend**, dass *dieses Thema* in mein Buch mit hinein**muss**.

Masturbation ist im Übrigen ein <u>Konflikt des Mangels</u>, einen rundum erfüllenden Partner zu haben.
<u>Liedtipp:</u> **Rammstein „Keine Lust"**
https://www.youtube.com/watch?v=1M4ADcMn3dA

Swingerclub

Seid ihr ein Paar und mögt es beide, *wäre* es eine Variante, um das Liebesleben zu puschen. (Falls ihr das nötig habt, seid ihr jedoch keine *oder* eine verpatzte Jugendliebe.) Mag es einer von beiden **nicht**, kann die Nutzung solch einer frivolen Einrichtung, *wenn es ans Licht kommt*, zu Mord + Totschlag führen. Entscheide Dich klug.

Mein Vergleich: Denke an *Sodom und Gomorra*. Sollen die Menschen so etwas noch einmal durchmachen müssen (Ursache-Wirkung)?

→ Wollt ihr eine **neue** Sintflut? Kein Thema, kommt wieder, **wenn sich nix ändert!**

Irrwege

Kannst Du Dir vorstellen, das Kind *eines anderen Mannes* großzuziehen, mit der Frau, die Du liebst? Das heißt, alle **wissen** es – es ist *kein Kuckuckskind* mehr. Ist der leibliche Vater involviert? Versteht ihr euch sogar? Das wäre blendend. Es gibt eine **DEFA**-Serie „Zahn um Zahn" (1985–1988), bei der dieser Werdegang vorbildlich dargestellt wird.

Anstrengungen

Liest *Dein Mann* Dir jeden Wunsch von den Augen ab? Verwöhnt er Dich? Er **weiß**, dass viele Männerseelen Dich begehren, wenn nicht gar lieben, **ohne** es jemals geäußert zu haben.

Erst recht schöne Männer werden sich hier anstrengen, diejenigen, die „haben (wollen)", was andere NICHT haben, aber WOLLEN: **DICH** (*auch* wenn Du vergeben sein solltest)!

Leistungssportler sind prädestiniert, sich für etwas Besseres zu halten, **JA**, was sie auch SIND!

Durch ihren **Jugendsport**, wie Radfahren, Schwimmen/Turmspringen, Mehrkampf, Kampfsport (aus diesen Sportarten gehen die schönsten Körper hervor), haben sie sich von anderen ihres Geschlechts *deutlich* abgehoben. Sie lernen Disziplin, Ausdauer, Stählung ihrer Körper und Respekt, vorausgesetzt, sie haben **GUTE** TrainerInnen.

Aufgrund der *gefühlten* Bewunderung anderer Menschen wirst Du jedoch etwas arrogant und verlierst zwischen 10 + 16 Jahren leider diverse Entwicklungsmöglichkeiten auf dem Sektor der wahren Gefühle. Ähnlich gilt dies für privilegierte Kinder [durch besondere, gehobene Schulen/Stellungen, Auszeichnungen, Gewinner von wichtigen (Jugend-)Preisen im Bereich des Wissens und Könnens, Kinder- und Jugendrollen beim Film/Serie/Theater u. ä.].

Das ist die Ursache dafür: Du bist der **Stärkste, Beste & Schönste** (KERL) und *Deine Seele* will!? Genau: **Die Schönste von allen!** Wie es (teilweise) um den Charakter steht, wirst Du später spüren.

Es sind in aller Regel, bis auf wenige Ausnahmen, die Gesunden, die zu den Gesunden finden. OPTISCHE **Traumpaare!** … hinter den Kulissen jedoch *nicht immer.*

Zeigt Dein Partner *auf die Dauer* übertriebenes Interesse (Inklusive großem Zeitaufwand) für Hobbys (Fahrzeuge, Technik, Männerkram), zeigt er Dir: **„Es gibt Wichtigeres als Dich!"** Im Endeffekt: „Du bist zwar schön, aber doch NICHT die Richtige für mich, für die ich *alles ringsherum* vergesse." Wie wichtig sind fernsehen (*nicht* das gemeinsame!), Handy, Internet??

Respektiert Dein Partner Deine Hobbys, interessiert sich vielleicht sogar für sie, macht mit? Verkauft er seine Karre, weil Du von ihm schwanger bist? Unterstützt er Dich im Alltag, im Haushalt, bei der Kindererziehung? Kannst Du Dich auf ihn verlassen, wenn Du eine Bitte hast, wenn Du ihn brauchst? Fühlst Du Dich auch anderweitig geliebt als nur rein körperlich? Dann freue Dich über so einen herrlichen Herzwärmer! Dir wird nie die Lust an ihm vergehen, wenn er sich pflegt, weil er es immer wert ist, dass Du ihn *erfüllst.*

VORSICHT!

Wenn Dich jemand be-/verzaubert, prüfe genau, ob DU das bist oder ob Du nur _seine_ Energien empfängst, dass er Dich BRAUCHT oder „**haben**" will! Auch wenn es für lange Zeit keinen Kuss gibt, wird das Verlangen beim Gegenüber sehr stark werden, besonders falls es schon eine schöne Berührung am Körper gab, z. B. beim Tanzen auf einer Betriebsfeier. Der beste Beweis wäre ein Foto, auf dem beide gemeinsam zu sehen sind. Hier geht es klar um das Prinzip: **Ursache-Wirkung**!

Das Vorspiel ist wie folgt, am Beispiel einer **FRAU**:
Ist die Energie eines _fremden_ „Gegenübers" sehr stark (z. B. von einem Kollegen auf Deiner Arbeitsstelle), kann es passieren, dass Du von Deinem Mann, den Du in **Wahrheit** so sehr liebst, _dennoch_ abgezogen wirst. Dies hat eine **Ursache**: Dein Mann hat sich (vielleicht vor langer Zeit durch nur einen vermeintlich unbedeutenden Kuss) in eine andere Frau verliebt und **gesteht es Dir NICHT**! Wenn er zu _feige_ oder zu _bequem_ zum Fremdgehen ist, passiert nichts, außer dass diese neue Liebe einfach _nicht von selbst verschwindet_, da sie unerfüllt **und** konfliktaktiv bleibt.

Ist es **seine** „große Liebe", beginnt eine **Demenz**, wenn er Dir als **seiner jetzigen Frau** _nichts_ gesteht und _nichts_ unternimmt. Du bekommst durch die seelisch gefühlte Verletzung Probleme mit Deiner Sehstärke: Deine Seele kann nicht sehen, dass Dein Mann Dich (plötzlich, wie aus dem Nichts) **nicht mehr** liebt. Bekommst Du etwas bewusst mit (liebloses Verhalten, Kälte, Trostlosigkeit …) und verlässt Deinen Partner **nicht**, kann es passieren, dass **Du stirbst**. Verlässt Du ihn **aktiv, bekommst Du alle neuen Chancen**!

Oft ist in dieser Konstellation extrem problematisch, dass der Mann die Wahrheit **unter keinen Umständen** herausrücken **WILL** und dass er **Dich** _damals_ (vor der anderen) mit **seinem 1. Kuss** _gefangen_ hat. Dann musst Du Dich auf Dein Gefühl _sowie_ Deine beweishaften Körperreaktionen dazu verlassen.

Drängt sich eine Frau (_berechnend_ – das erkennst Du allerdings erst, wenn es zu spät ist!) in Dein Leben, z. B. weil sie **weiß**, dass Dein Mann einen besonders männlichen, vielleicht gefährlichen Beruf ausübt, dann passe auf ihn auf! Sie **begehrt** ihn schon, **bevor** sie ihn kennt!

Spürt Deine Seele so etwas – von wegen, das „könnte eine gute Freundin werden" … – weise sie ab, wenn Du Deinen Mann behalten willst. Sieht er sie, kann es zu spät sein. Die Begierde fließt **sofort** über. → Diese Art von (zumeist *sehr* attraktiver) Frau mischt sich **ohne Rücksicht auf Verluste** in Beziehungen, ist von vornherein sehr beschmutzt und nimmt alles, wie es kommt.

Eine Situation, bei der sich ein Mann verführen lässt, *obwohl (s)ein Baby daneben liegt*, stört sie nicht im Geringsten. Das **Baby** aber **WEISS**, dass eine andere Frau bei seinem Vater war, als seine Mutti! Es hat ein **Trauma** davon, welches es schnellstens zu lösen gilt. Von solch einem Ereignis kann eine **Vater-Kind-Beziehung** von Anfang an **zum Scheitern** verurteilt sein! Entschuldige Dich, erkläre es Deinem Kind aufrichtig und Du bekommst (s)eine neue Chance.

Hier ist es so, dass ein Mann, der sich auf solch eine Frau einlässt, in den meisten Fällen *nur* aus dem Pflichtgefühl heraus bei seiner Familie bleibt, weil **mindestens ein Kind** darin lebt. Ansonsten wäre er weg, denn **er liebt das Abenteuer** mehr als das, was er einmal gewählt hat (Heirat und Familie). „Wenn es dem Esel zu gut geht, geht er aufs Eis."

Prüfe Deinen linken Oberschenkel auf einen harten, warzenähnlichen Pickel oberhalb des Knies, der nie verschwindet. Er ist der **Beweis**, dass Du niemals heiraten wolltest (aus Buch 1)!

Liebt ein Mann seine Partnerin sehr, fast abgöttisch, bringt das im Ersten Begierde (im großen Stil) mit sich, von ihm **ebenso** geliebt werden zu wollen wie die Frau, welche an seiner Seite lebt. Kennst Du so einen Mann nebst Partnerin, wird ebendiese Frau mit einer Menge Neidkonflikten konfrontiert und davon über die Jahre an Schönheit verlieren. Dies geschieht aus dem Grund, dass sich andere Frauen DIESEN Mann *stetig wünschen*. Sie wollen **schöner** sein als sie und er SOLL sich zu einer anderen hingezogen fühlen. Durchschaut die *neidbehaftete** Frau dieses Spiel und **löst** diese Konflikte, wird sie jedoch **schöner denn je**. Das Gleiche gilt im Umkehrschluss für einen Mann.

* NEIDBEHAFTUNG entsteht durch die **unterbewusste, wahrheitsgemäße** Aussendung von Energien. **Bsp.:** Hier kann eine Frau der

anderen *sagen*, dass sie **ihr** <u>alles gönnt</u>. Ist es die **Wahrheit**, würde nichts passieren. Ist es eine *liebevolle* Wahrheit, würde die Frau, welche den Satz ausspricht, sogar <u>selbst schöner</u> werden. Ist es eine **Lüge**, wird die *beneidete* Frau weniger schön und jetzt wird es interessant: Die <u>neidvolle</u> Frau WIRD <u>spätestens am Folgetag</u> **definitiv hässlicher** <u>SEIN</u>! So ist die Regel. Für Männer gilt dasselbe in Grün. Durch Konfliktlösung kommt es noch dicker. Die Beneideten werden **schöner** als sie vorher waren, WENN sie ihre Neidkonflikte (bestenfalls täglich abends im Bett) kurz lösen.

Gedankengang: „Alle Neidkonflikte lösen!" (**Befehl**) <u>Mehr braucht es nicht</u>, um die schädlichen Energien <u>abzulegen</u>. **Punkt!**

Fühlst Du, dass Du Dich <u>von einer Stelle</u>, wie Arbeit, Massagesalon, Friseur, einem Geschäft, einem Ort (usw.), der Welt, <u>entfernen</u> **musst**, *egal* ob Du dort immer **gerne** gewesen bist oder Dich **wohl** gefühlt hast, dann gibt es in aller Regel <u>diesen einen Grund:</u> Jemand dort hat sich *unglücklich* (unerfüllbar) in Dich *verliebt* und kann Deine Nähe/Anwesenheit einfach *nicht mehr* ertragen.

Dein Verschwinden wird dann <u>von Energien</u> provoziert, so lange, bis es <u>endlich</u> *gelungen* ist. *Das bedeutet:* Nicht einmal mehr mit der **größten** Überwindung kannst Du in diesen Laden hinein (obwohl Du *gerne* <u>würdest</u>)!

Marte würde euch den Gefallen aus Liebe *gern* tun, von der Welt zu verschwinden. Aber … da kommt ganz unten noch etwas nach (Nachwort).

Hast Du mit jemandem einmal **gut** zusammengearbeitet und später (recht plötzlich) nicht mehr? Ein **Konkurrent** ist hinzugekommen, mit dem **Du auch** gern arbeitest! Das erzeugt Eifersuchts- und Rachekonflikte … Da muss nicht einmal Liebe im Spiel sein.

Eifersucht

Dieses Thema taucht im Buch immer wieder auf. *Hier nur kurz nebenher:* Brüskiert ein Mann *einen anderen* **vor einer** oder mehreren **Frau**(en), dann ist der <u>eine Beleidigung aussprechende</u> Mann eifersüchtig auf den anderen, was **seine Wirkung auf Frauen** angeht. Es ist respektlos und macht die Lage nicht besser. Ein banales Beispiel: „Fahren Sie mal ihre rote Peinlichkeit hier weg."
Ja, die rote Peinlichkeit ist *ein cooles, die meisten* Frauen *beeindruckendes* Auto. ;)

Warum hältst Du alles aus?

Brauchst Du vielleicht gar kein Intimleben? Du wärst in aller Regel ein (sehr) **schöner** <u>Einzelgänger</u> (Leuchtturmwärter), hast Dich aber dennoch verführen lassen und <u>hältst **allem** stand,</u> was „Versuchung von außen" heißt, *sobald* Du fest **vergeben** bist.
Ebenso bist Du aufgrund Deiner Einstellung meistens **sehr REIN.** Das Einzige, was Deine Frau tun muss: Sie muss sich so gut wie *alles*, was sie an Zärtlichkeiten braucht, von Dir einfordern. Es ist nicht schwer – Du weißt Bescheid. <u>Jeder kennt das:</u> Es ist ja auch bis in die Zehenspitzen eindrucksvoller, geküsst <u>zu werden,</u> als *selbst* zu küssen. ;)
Wenn sie damit klarkommt, hast Du gewonnen und auch prinzipiell Deine Ruhe, die dem Einzelgängertum gerecht wird. So eine Frau ist im Materiellen ziemlich *anspruchslos* (eine **Idealistin**) und im *Alltag* leicht zu handhaben. Im *Besonderen* kann sie auch mal **die Diva** rauslassen, vor allem, wenn sie *ohne Dich* als <u>Ruhepol</u> unterwegs ist!

Lieblosigkeit – unbequemer Umgangston

Die chronische **Nasennebenhöhlenentzündung** ist eine (unglaub-liche) Anreihung von sogenannten „Stinkekonflikten" (Buch 1). Diese tritt auf, wenn der Partner z. B. alkoholabhängig ist oder andere *schwer-wiegende* Probleme den **täglichen** Alltag stetig *negativ* beeinflussen. D. h., der Schnupfen manifestiert sich. Es findet so gut wie jeden Tag in Deinem Leben etwas statt, was Dich ordentlich anstinkt. Setzt Du Dich in Zukunft angemessen zur Wehr und stehst für Deine Bedürf-nisse ein (Heilung Deiner *Dich einschränkenden* Charaktereigenschaf-ten durch Buch 1), wird Dich dieses seelische Zeichen verlassen. Wich-tig ist, dass Dir möglichst diese Situationen, vor allem die *besonders prägnanten*, einfallen und sie durch Deinen Kopf rollen, damit die Nebenhöhlen frei werden können.

Alles tanzt „nach meiner Pfeife"

Hast Du einen Partner, der immer **Recht haben** will, werden Dir Dinge schiefgehen, *sobald* er hinzu kommt (vorher war alles bes-tens) und Dir **sagt, WIE** Du das, was Du gerade machst, zu tun hast! Nicht, wie Du es gerade *zielführend* machst, sondern so **wie er es will**, ist es **RICHTIG**!

Lässt Du Dir alles gefallen, wird Dich Dein Partner einen Lebtag lang **blockieren**. Auch mit Altkot durch *jeden* Schreck einer härteren Zu-rechtweisung hast Du zu rechnen, mit Halsweh und Husten als Sprech-konflikte. Ebenso kannst Du Dir möglicherweise in Deiner *ständig festsitzenden Wut* bald zu Gallensteinen gratulieren … (siehe Buch 1)

Es gibt Fälle, da **bestimmt** so ein Partner irgendwann (OHNE ABSPRA-CHEN!), wenn er nicht im Zaum gehalten wird, über alles und alle. Er zerstört, was nur geht: die Familie, den Garten, „Mauern" werden gezogen (auch sinnbildlich), alles dem Boden gleichgemacht und kein Leben wird geachtet, weder Mensch noch Tier noch Pflanze.

Oberflächlichkeiten

Achtung, wenn Dich jemand nur **haben oder behalten** will, *weil* Du die **Schönste** bist! Es ist ein himmelweiter Unterschied zur Liebe! Bekommt diese Frau dann z. B. ein Kind und verändert sich, kann es passieren, dass der Traum der „großen, ewigen Liebe" platzt, weil eine Neue, Jüngere, Schönere kommt, die **sein** Herz gewinnt. Obwohl er mit Dir zusammenbleibt – falls dies der Fall ist –, lässt er Dich fallen wie eine heiße Kartoffel. Die Begierde zu Dir hört auf, und wenn Du als seine Frau immer weiter um ihn kämpfen und auch IMMER zu Intimitäten *verführen oder auffordern* musst, ist dies ein **selbstgefälliger** Mensch, der NUR sich selbst am meisten liebt und niemanden sonst.

FAZIT: Er wollte Dich NUR **haben** (damit kein anderer Dich bekommen kann)! Von **Liebe** ist in Wahrheit keine Spur mehr, denn seine Zuwendung wird nur durch **Oberflächlichkeiten** erzeugt und verschwindet sang- und klanglos, sobald Deine Schönheit versagt! Sind Dein Charakter und auch Deine Liebe zu ihm stark genug, bleibt er bei Dir. Das hängt damit zusammen, dass er wenigstens **ein liebendes Herz** an seiner Seite braucht, weil er sonst **erfriert**. Um Dich zu behalten, würde dieser Partner **alles** tun, Dich verwöhnen, Dir alles Mögliche abnehmen, damit er sich selbst **versichert**: „Nie würde sie es woanders so gut haben wie bei mir." Wenn Du bei so einem Menschen bleibst, weil Du ihn so sehr liebst, betrügst Du Dich selbst um ALLES! Dies gilt in aller Logik für Männer UND Frauen! Die passende Konstellation ist ein aus dem Elternhaus stark beschädigtes, aber schönes Mädchen mit einem rebellisch aufgewachsenen, gesunden, charismatischen Jungen, welchen sie nach dem Gesetz der Logik nicht hätte „kriegen" dürfen. Es wird eine große **Herausforderung**. Menschen, die einen anderen nur **besitzen** wollen, müssen schauen, ob sie in der Lage sind, sich anhand des **1.** Buches zu ändern. Es gibt leider keinen einzelnen Konflikt, den man **alleinig** dazu auflösen könnte – es sind mehrere oder viele. Bitte arbeitet mit euch.

Behandelt Dich Dein Mann respektlos, wo er doch vorher zumeist LIEB zu Dir gewesen ist, sollst Du spüren, dass **er** etwas Respektloses zugelassen/Feiges getan hat, was **Du** in eurer Beziehung *nicht* dulden würdest/kannst, weil er glaubt, <u>Dich zu verlieren,</u> *wenn* er es zugeben/eingestehen würde. Das nennt man „spiegeln". Der *liebende* Part von den beiden oben Genannten (das Paar) ist **knallhart.**

Wenn diese Frau erfährt, dass der Mann sie nicht (mehr) liebt, verschwindet sie für immer („Die kleine Meerjungfrau"). Der Mann wird später nicht mehr so schön sein wie früher, jedoch größtenteils nur im Gesicht, weil er an sich sehr gepflegt ist und auf sich achtet. Er schleppt „NUR" eine *alte, immer hässlicher werdende Lüge* mit sich herum: Er ist <u>zwei- oder gar dreigleisig</u> gefahren. Diese Lüge wird deshalb immer hässlicher, weil die Frau an seiner Seite dennoch immer zu ihm gehalten und in allen Lebenslagen geholfen hat, ja dies sogar tun würde, *wenn* sie ihn verlassen *hätte.* **Sie weiß bewusst,** dass sie **ohne ihn** <u>nicht leben kann,</u> auch wenn sie bisher nicht weiß, warum seine Liebe erkaltet ist.

Dein Partner kann Dir <u>nicht sagen,</u> dass er Dich liebt? Einer denkt vom anderen, **dass** er liebt und beide haben **duuuuuuurchgehalten**? Bis zum bitteren Ende? Die Wahrheit ist genau dann extrem schwer genießbar und noch schwerer verdaulich, wenn Du seit mehreren Jahrzehnten auf der Basis solch eines **durch Intrige** entstandenen <u>Scherbenhaufens</u> lebst.

Da dreht es Dir den Magen um, der Darm macht sowieso gerade, was er will … Halte durch, Dein Glück kommt auf *anderen* Wegen. Was Du mit *diesem* Mann machst, *falls* Du ihn noch hast (und ja, falls Du noch <u>lebst</u>), schau selbst.

Du erkennst jetzt, dass Deine eigenen, ungewollten und lange hinausgezögerten Fehltritte allesamt mit dem Prinzip **Ursache-Wirkung** zusammenhängen. <u>Dein Mann</u> IST fremdgegangen, hat es verheimlicht, einen <u>Zeitrahmen</u> bekommen, in dem er es *richten und gestehen* kann.
Tat er es nicht, kommst Du <u>ca. vier Jahre nach</u> so einem Vorfall selbst in die absolute Versuchung, es ihm HEIMZUZAHLEN! Ja, auf demselben Wege! Lügt er danach immer noch, wird es ihn immer wieder ereilen, **dass Dich** fremde Männer <u>lieben und verlocken.</u> Sein Pech!

Sehr wahrscheinlich ist, dass diese Art Mann unter <u>Demenz-Erschei-nungen</u> leidet. So lässt sich eine *nicht erzählbare* Wahrheit <u>noch bes-ser verbergen</u>, denn sonst ist die „Frau des Lebens" **fort**.

Schau Dir Fotos an! Wenn eine andere, Dir bekannte Frau neben Dir steht und Du so hässlich aussiehst, wie Du niemals warst, hat SIE Dir Deinen Mann verführerisch abgezogen! Sie ist vom selben Holz wie er: nämlich **oberflächlich** und **selbstverliebt/selbstgefällig**!
Sie ZEIGT Dir auf dem Foto, **WER** hier (für **Deinen** Mann!) die <u>**SCHÖNS-TE**</u> ist: nämlich **SIE**!
Das Schrecklichste: sie **ist** Deine Schwester oder eine Deiner *besten* Freundinnen! Achtung, Anflug von Übelkeit!
Einen 2. Beweis gibt es, **falls** Du *unsicher* bist: Fotografiere das Foto **AB** und Du wirst auf dem neu entstandenen Foto etwas sehen, wie Schmutzflecken (auf Deiner Kleidung oder am Körper), welche auf dem **Original** <u>NICHT vorhanden</u> sind. Dann wurde die Beschmutzung über die Energien, welche beim **neuen** Foto entstanden sind, <u>nachgewiesen</u>!

Hierbei gibt es als **Ursache** eine erste *ungebührliche* Berührung der **neu** begehrten Frau, möglicherweise sogar am Geschlechtsorgan Dei-nes Mannes, von der Du nichts weißt. Das kann auf einer Party oder beim Hausbau/Malern/Renovieren usw. wie „aus Versehen", passieren. **Dein Mann will**, dass sie ihn in *ihren* Bann zieht. Ein Grund zur Be-gierde, wenn auch nur körperlich, wurde **absichtlich** durch <u>beide</u> **herbeigeführt**. [So kann es auch geschehen, dass Männer sich in Masseurinnen verlieben oder es betrifft Frauen aus anderen Berufs-zweigen, die Menschen am (oft nackten) KÖRPER guttun, wie Kos-metikerin, Friseurin, Krankenschwester …]

Du bist faktisch ab dem Zeitpunkt, als Dein Mann diese Frau das 1. Mal sah, subjektiv NICHT mehr die Schönste für ihn gewesen, egal wie gut Dein Charakter ist. IHM ist nämlich <u>NUR die Schönste gut genug</u>. Dieser Konflikt entstammt seiner Mutter, die ihn als Sohn vergöttert hat. Deshalb sieht er als **Jugendlicher** auch **göttlich** aus. Hast Du so einen Typen an Deiner Seite, wird Dir **jetzt** der *rechte Mittelfinger* **kurz** im *mittleren* Glied <u>schmerzen</u> („Stinkefinger" – steht für Wut & Sexualität, rechts = Partnerseite)!

Selbstverständlich gilt es gleichermaßen für diese Sorte Frauen. Sie wollen einen Menschen nur **HABEN**, sich verwöhnen und *anhimmeln* lassen – im Übrigen: **ohne Rücksicht auf Verluste!** Auch Sex findet hier auf rücksichtslose Art statt, was die Umgebung betrifft (unbequeme, auch unangemessene Plätze, wie z. B. in Gegenwart eines NICHT eigenen Babys).

Im Besonderen **ist er** ein herrlicher, zärtlicher, schön anzusehender Liebhaber. Hast Du so einen Mann – der Dich früher wundervoll liebte und (ab) **irgendwann nicht mehr** – an Deiner Seite, wird er Dir *ab dem* Zeitpunkt der **neuen** Liebe so gut wie NIE mehr sagen oder schreiben, **dass Du** schön bist! Ziel ist, Dich loszuwerden, damit **Du** freiwillig von ihm **fort**gehst (aus der *gefühlten* Kälte = kalte Füße) und er wieder **frei** sein kann – für die *neue* Schöne – natürlich: **unschuldig**!

Bleibst Du dennoch und *er* ist zu feige, sich zu trennen, wirst Du aus diesem Verhalten heraus in der Tat an eigener Schönheit *verlieren* und Dich *fortwährend* fragen, ob Du auch wirklich (noch) hübsch genug für Deinen Mann bist. So ein Typ Mann möchte **nicht** heiraten. Das würde er nur **aus der Not** heraus tun, aus **Bedrängnis**. Z. B. wenn **Du** diejenige bist, die den Heiratsantrag macht oder es ein gemeinsames Kind gibt. Deine Schönheit beginnt **erst ab dem Zeitpunkt** zu *leiden*, wenn die „Neue" in *sein* Leben getreten ist. Vergleiche Dich auf Fotos, Baby!!! Hast Du Fotos **mit ihr + Dir**, auch mit anderen Menschen gemeinsam, wirst Du **grauenhaft** aussehen, so, dass Du das Bild direkt zerreißen willst. *Ob Du es bewusst merkst oder nicht wahrhaben willst:* **Ab diesem Zeitpunkt** geht (ging) alles nach hinten los und Du beginnst, Dich plötzlich für *andere* Männer zu interessieren, was vorher tabu war, weil Du **treu** bist und Deinen Mann **wahrhaft** lieb(te)st.

Du suchst nun **seine Liebe** anderswo und wunderst Dich, dass Du Deinem Mann von (noch nicht intimen!) Begegnungen mit anderen Männern einfach so erzählen kannst – mit nur einem Ziel: SAGE mir endlich, **was mit Dir** passiert ist, dass Du Dich (auch) neu **verliebt** hast!!! ABER, wenn der Mann, nachdem *ihm* das passierte, bei Dir blieb, wird er sich hüten, etwas preiszugeben. **DU** wirst die **Schuldige** sein, an der Zerrüttung eurer Ehe, denn **DU hast ja angefangen**, Dich neu zu verlieben, und gibst es auch noch zu! Wie dreist …

Das ist Ursache-Wirkung auf der <u>Basis</u> von Seelenkommunikation! Verstehst Du deren Sendung, *wenn* Du <u>nach Buch 2</u> **gesund** bist, empfängst Du auch <u>richtig</u>! Ha!

Denn:

Hier gerät nach der *unterbewussten* Seelenkommunikation alles aus den Fugen, was vorher wunderbar **war**. Bekommt der Mann die **schönere** Frau NICHT, aus welchen Gründen auch immer, beginnt eine DEMENZ, damit er sie vergessen und bei seiner Familie bleiben kann! Möglicherweise hat er zumindest Moral. Tritt <u>diese andere Frau</u>, *oft nach Jahren*, wieder in sein Leben, wird sie zum **Feindbild** (für die ganze Familie). Sie soll wieder verschwinden und keiner weiß, warum – da im Bewusstsein NICHTS (mehr) vorhanden ist! Hier kam es faktisch nur aus Respekt vor der Ehe und/oder der **vermeintlichen** Freundschaft beider Frauen (und vielleicht auch der beiden Männer) nicht zum „Knall", als die **Begierde heiß genug** war …

Auch kann es sein, dass dieser Mann bei sportlichen Wettkämpfen fremdging und noch anderweitig aktiv war, weil es ihm beruflich möglich ist (Schichtsystem).

In dieser gerade beschriebenen Konstellation ist die so wichtige 1. **Jugendliebe** (nur Kuss, nichts sonst) an Dir als betroffene Frau **intrigant vorbeigegangen** und hat Dich **ins Unglück** gestürzt!

<u>Die Seele Deiner **allerersten** großen Liebe in der Jugend</u> hat gewünscht: „Wenn ICH sie nicht haben kann (was auch immer intrigant vorgefallen ist), dann soll sie **KEINER** haben bzw. soll *auch* sie **niemals glücklich** werden!!!" … denn ICH kann es *ohne sie* nicht. Alles ist verloren.

Bekommst Du Deine Jugendliebe nicht, weil Du ihr NIE gestanden hast, **dass Du** sie liebst, trägst Du einen **tiefsitzenden** Konflikt in Dir. Ist derjenige wenige Zeit später vergeben, vielleicht an jemanden, bei dem Du es nie vermutet hättest, z. B., weil derjenige bereits liiert war, sage ich Dir: mit euch beiden, das sollte **nicht** sein, denn <u>NUR</u> **was zusammengehört, wird zusammengeführt.**

Klärst Du Deine wahren Gefühle nie aufrichtig und intrigierst die Beziehung Deiner Jugendliebe (z. B. mit einem hinterlistigen Kuss) **erfolglos**, wird Dir zum Beweis und zur Strafe für Deine Unverfrorenheit **keine** Beziehung gelingen, Dein ganzes Leben lang. Du wirst (ohne medizinische Eingriffe) schleichend sterben (immer schlechter werdender Gesundheitszustand und kompletter Verlust der damaligen, strahlenden Schönheit).

Hier kann es auch die Freundin des Kumpels Deines Mannes sein (die Du gar nicht kennst/nur einmal gesehen hast), die Dich **so stark** um Deinen Mann beneidet (nur optisch!), dass sie Dir **den Tod wünscht**. Haben das *noch andere Frauen* im Laufe Deines Lebens aus Neid um Deinen Mann getan, wirst Du immer **stärkere Herzschmerzen** bekommen, weil sich **aller** unterschwelliger **Hass** von Menschen auf Deine *Herzgesundheit* legt.

Löst Du den Konflikt, dass **Dir der Tod gewünscht** wurde – **NUR** aus Neid/Eifersucht auf Deinen Mann, ohne Ansicht Deiner Person oder Deines guten Charakters – wirst Du kaum noch Luft holen können. Das Herz presst sich zusammen, Du stößt seltsame Laute des Entsetzens aus (Dolchstöße – die symbolischen Dolche werden **jetzt** *herausgezogen*) und hustest trocken (Todesangst der Seele). Deine gesamte linke Körperseite *verbiegt sich* leicht krampfartig nach innen, der linke Arm liegt *starr* angewinkelt am Herzen und Du verharrst viel zu lange **ohne** zu atmen.

Aber auch das wirst Du überstehen, denn **jetzt** lösen sich endlich Deine darauf bezogenen Kränkungen, der Nierenkonflikt (kalte Füße) sowie *nach ca. drei Stunden* (eine Menge) Altkot zur Angst um Dein Leben **und** um die **Wegnahme** Deines Partners …

Hast Du **Wassereinlagerungen** im Körper, durch stärkste Nierenkonflikte, heißt die Symbolik: Da, wo ich (schon viel zu lange **falsch**) bin, „saufe ich ab". Viele wissen, dass diese Menschen *innerlich* ertrinken.

Du erkennst: Du bist ein **Neidobjekt** und KEINE Freundin!

Solch einen Konflikt zu lösen, ist wiederum **extrem schmerzhaft**, ein **Zusammenbruch** mit einem Zusammensinken auf den Boden und schlimmen Schreien, von denen Du nicht wusstest, dass Du sie jemals ausstoßen könntest. Jede andere Frau, die sich *in Dein Leben einmischen* wollte, bekommt den ihr zustehenden Brüller ab. Da kannst

Du mitzählen … Analysiere danach, so gut es nur geht, um WEN es sich handelt. Löse alles aktiv auf und sage „**Auf Nimmerwiedersehen**" zu diesen Personen!! So schnell es nur geht!

Es wird sein, dass Du vorab bereits recht abgestumpft/hart geworden bist, durch das gefühllose Verhalten Deines Ehepartners viele, viele Jahre hindurch, und Rachegedanken dem anderen Geschlecht gegenüber hegst. Du wirst zur „**Eisprinzessin**" (oder zum „**Eisprinzen**", wenn Du als ein Mann betroffen bist). ERST dann, wenn jemand kommt, der Dein Herz erwärmt, bricht das Eis und Dein Leben wird gut. Es ist jedoch **enorm schwer**, Dich zu gewinnen. Du fühlst Dich innerlich tot und betrogen – Du bist fest der Annahme: „Niemand liebt mich." oder schlimmer noch: „Alle hassen mich."

Sieht Dein Mann auf manchen Fotos, vor allem wenn Konkurrenz in der Nähe ist, **teuflisch** aus, dann hast Du solch ein oben genanntes Exemplar neben Dir!
Bist Du noch halbwegs in Form (Figur + Optik), vor allem charakterlich stark (moralisch, gütig, hilfsbereit …), hast Du im Alter durch Deinen niedrigen Beschmutzungsgrad (sehr **WENIGE** Geschlechtspartner) immer bessere Chancen, Deinen Partner leiden zu lassen, indem er erkennen MUSS, WER bei euch die WAHRE Schönheit ist.
Diese kommt **von innen** – Oberflächlichkeit ist *vergänglich*, sagt man, aber Du legst jetzt erst richtig los – nach dem *grimmigen* Motto: „**Euch werd' ich's allen zeigen**"!

ALLE Konkurrent(Innen) **werden im Alter neben Dir erblassen**, vor allem, *seitdem* Du die Neidkonflikte anhand von Buch 1 **sofort** zu lösen weißt.

Variante 1: Wenn Du Deinen Partner **trotz allem behalten** willst, wird er **nie mehr** in der Lage sein, Dich zu verlassen, weil die *früher* überaus hübschen Gegenspielerinnen inzwischen viel zu beschmutzt für ihn geworden sind (durch **VIELE** verschiedene Geschlechtspartner), so dass die Seelen auch trotz Konfliktlösung **niemals mehr** in der Lage sind, so **REIN** zu werden, wie Du es bist! Jemanden nur HABEN zu wollen, jemanden wegzunehmen – aus Besitzdenken und Selbstbeweis heraus: „ICH kann jede(n) haben, weil ich SOOO toll bin!" – hat eben nichts mit Liebe zu tun und wird **keinerlei Erfüllung** finden, egal um welche Seelenkonstellation es sich handelt.

Variante 2: Erfährt Dein Mann, dass es eine **neue** Liebe für Dich gibt, sitzt die **gekränkte Eitelkeit** (ja, MEHR ist es NICHT!) tief! Indem **DU zusammenbrichst** – nicht er! – wird bewiesen, was Du Dir wirklich wünschst: **„Bitte liebe mich (wieder, wie früher), damit ich BEI DIR bleiben kann!"**
Es passiert aus Deiner verzweifelten Suche nach wahrer Liebe: „Wenn **Deine** Liebe fort ist und ich weiß/spüre das, MUSS ich von Dir gehen, **OBWOHL** ich Dich **so sehr** liebe."
Wenn Du in einer Tour kalte Füße hast, **bist Du** beim **falschen** Partner! Er liebt Dich nicht und kann *vielleicht* nicht einmal lieben – niemanden – außer sich selbst! Dementsprechend kann er es Dir auch (fast) nie sagen. Er muss sich diese drei Worte **abringen**! Falls das Deine Wahrheit ist, wirst Du jetzt in wenigen Minuten Nierenschmerzen auf der linken Seite haben. Auch wird Dein Bauch anfangen zu rumpeln, weil sich der ganze dazugehörige Altkot löst. Das kann *sehr viel* sein, je nachdem, wie viele Jahre ihr (seit der Intrige) noch zusammengeblieben seid.
Bleibe entspannt und sei **froh**, dass alles herauskommt. Falls Du bisher nie gänzlich reine Haut hattest (trotz Lösung sonstiger, dazugehöriger Konflikte anhand Buch 1), obwohl Du körperlich treu warst, ist das ein weiterer Beweis, vom eigenen Mann beschmutzt worden zu sein, denn dafür sorgt Intimität **ohne wahre** Liebe. Eine Magenverstimmung wirst Du ebenso spüren, wenn es Dich betrifft: *Es dreht Dir den Magen um,* weil Du nun die **Wahrheit** erkennst. Da Du diese Reaktionen durch Buch 1 schnell zu lösen verstehst, wird Dir letztlich nichts weiter geschehen. Ca. eine Stunde *Unwohlsein* wirst Du leider dennoch hinnehmen müssen.

Überlege: Hat Dir schon einmal jemand vermittelt oder Dich spüren lassen, dass Dein Mann **zu** schön, **zu** gesund, **zu** gut für Dich ist? Zum Beispiel, weil Du *unbeständig* (geworden) bist *und/oder trotzdem es Dir mit Deinem Mann (vermeintlich) so gut geht,* gern **auch** von *anderen* Männern schwärmst? Nach dem Motto: „Wie kannst Du nur, Du

hast doch so einen **tollen** Mann, der alles für Dich tut!" Auch das können Dir Deine <u>ewig kalten Füße</u>, ja mitunter auch im Sommer, am besten <u>beweisen</u>: Deine eigene Freundin will einen Mann <u>wie Deinen</u> haben und Du stehst neben IHM am falschen, kalten Platz. Sie sagt übersetzt zu Dir: „Gib ihn (endlich) frei, damit ihn sich eine nehmen kann, die das alles **schätzt**!"

Das ist eine Manipulation *und* Vertuschung des/der wahren Schuldigen: **Du** sollst <u>freiwillig</u> gehen! Nicht er, nicht Deine Schwester oder Freundin sollen **schuldig** sein, sondern DU! (NEID!!)

Schafft sie es, Deinen Mann für sich einzunehmen, werden beide damit schwer ins **Unglück** geraten, denn das Gesetz der „Ursache-Wirkung" entflammt sofort, auch wenn alles *zuerst glückselig* <u>scheint</u>. In dieser Konstellation trifft es Freundinnen mit *Rachegedanken* Dir gegenüber oder Freundinnen, die Deinen Mann sofort „aufnehmen" würden.

Familien werden zerstört, Elternherzen gebrochen, Hass wird erzeugt und Schlimmeres wie Mord/Selbstmord angeregt/begangen. Es folgen Probleme auf der ganzen Linie, wenn „man" nicht auf eine einsame Insel zieht. <u>Nur:</u> Würdest Du **dort** glücklich werden? …

Hier schmeiße ich ein Thema dazwischen. Wer einen Mann mit einem **Beruf** wählt, bei dem er die Familie längere Zeit im Stich lassen *muss* (z. B. Seefahrer/Pilot/Tourneemusiker), sei Dir gleich bewusst, dass jede erpresserische Art, ihn *eines Tages* bei Dir zu Hause anbinden zu wollen, **scheitern** wird.

Solche Berufe sind **Berufung** und nicht aus der Seele zu tilgen, so dass sich ein Mann, der sich überzeugen lässt, zur Frage „den Beruf oder die Frau", die Frau mit Familie zu wählen, niemals mehr glücklich und auch nicht mehr derjenige sein kann, den **Du** Dir vormals <u>erwählt</u> hast.

<u>Wunderbarer Serientipp:</u> **DEFA** „Zur See" (1977) mit zwei besonders charismatischen Männern: **Horst Drinda** (Kapitän) & **Günter Naumann** (Chief) und natürlich wie gewohnt: DDR-Frauenpower!

ACHTUNG vor vermeintlichen „Freundinnen", die <u>nur aus einem Grund</u> nah bei Dir sind: weil sie Deinen Freund/Mann „rumkriegen" wollen. Mache zum Beweis Fotos, sie zeigen (unverfälscht) die Wahrheit an, wenn Du sie zu lesen verstehst, was Du in diesem Buch noch lernst!

Diskutierst Du mit Deinem Mann über den o. g., Dich betreffenden Sachverhalt, und er gehört zur Kategorie „oberflächlich/selbstverliebt", wird er **NICHTS** zugeben. Das wird hart!
Vertraue fest, dass Deine **körperlichen Beweise** NIEMALS lügen, niemals! In den sauren Apfel musst Du beißen, **wenn** Du Deine Gesundheit & wahre Liebe (wieder)finden willst!
Es **gibt** Belohnung danach, das verspreche ich Dir!

Und JA: **Du wirst das alles überleben!!!** Marte & ich, WIR waren **Deine** „Testkaninchen" für beide Bücher und **wir leben** *auch* **noch**!

Hat Deinem Mann eine Deiner liebsten, langjährigen „Freundinnen" (die *Du selbst* fast nicht loslassen konntest) oder gar Deine eigene Schwester besser gefallen, kann es sein, dass er **nach** *seiner eigenen* Konfliktlösung reumütig **zu Dir zurückkehrt**. Schau, was Du damit machst …

Machst Du **selbst Schluss**, gefriert solch ein Mann regelrecht ein, mit einer starken **Gänsehaut**, die sogar im Gesicht extrem sichtbar wird. Hier greift *Deine eigene* „Kalte-Füße-Symbolik" beweishaft: „Neben diesem Partner stehe ich auf eisigem Grund."
Er **ist** ein gerupfter „Gänserich", der sogar, wenn er schon in der Pfanne liegt, noch heraushüpfen würde, weil er sich *nicht binden* lassen will.

Erfährst Du zusätzlich, obwohl Du *nichts bewusst kontrollierst*, dass er **Pornofilme** schaut, obwohl Du ihn *nie* im Mangel gelassen hast, beschmutzt er damit euch beide. Beweisträchtig ist hier, dass Dein Mann an Attraktivität und Schönheit im Gesicht verliert. Menschen, die Porno-Darsteller fiktiv lieben, werden hässlich. Diese Filme **manipulieren** und erzeugen (Sehn-)**SÜCHTE**, die unrealistisch und von Ehepartnern *wohl* kaum oder selten erfüllbar sind (?). Es zerstört große Lieben, gute Ehen, wenn ein Partner damit in die **Versuchung** kommt, und lässt starke Wünsche *nach Perfektion* aufflammen. Schlimmstenfalls verliebt sich ein „Otto Normal" in solch eine wunderschön präsentierte Frau und hat immer weniger die Möglichkeit, dass wahre Gefühle, wie Liebe, für eine gute Partnerin in ihm aufsteigen können. *(Das wird keine Seltenheit sein.)*

NICHTS ersetzt einen wahrhaftig liebenden **Menschen aus Fleisch & Blut**!

Wenn Du später gesund BIST (im Maßstab von Buch 1 + 2), ist es für Dich normal, andere Menschen nackt zu sehen. Alles relativiert sich in das Natürliche, umso gesünder Deine Seele wird.

Hier gilt zudem: Filme + Filmfiguren, die Dich früher beeindruckten und Dir gefielen, können sich in das Gegenteil wandeln. Du fragst Dich: „Was habe ich an dem gefunden?" und sagst: „Ich weiß es nicht mehr."

Wer mit Nacktheit provoziert, muss sich *verschiedener* Konsequenzen bewusst sein, je nachdem, wie ästhetisch/natürlich das Ganze geschieht.

Unglaublicher Vorfall

Hast Du so etwas schon einmal erlebt? Eine Frau schwärmt beim Klassentreffen von ihrem **frisch** errungenen Mann, küsst wenige Stunden später *innig* den Mann, _der sie_ als seine damalige Jugendliebe vermisste (machte ihm Hoffnungen), und lag wieder wenige Zeit später einem 3. Mann, ihrer _eigenen_ Jugendliebe aus der Klasse, fast auf dem Schoß. Was bitte ist das denn?

… ein alle Beteiligten zutiefst verletzendes Dauerschussfeuer **in die Tiefe der Seelen**! Ja, alle wissen es!

Im Übrigen sollten auch Menschen **gleichen Geschlechts** die *zueinander empfundene* Liebe gestehen, wenn dem so war. Es ist genau derselbe Konflikt wie bei Mann & Frau!

Wartet jemand auf Dich, wenn Du in eine brenzlige Situation geraten bist, auch wenn er Dir **leider** durch *körperliche Schwäche* nicht in der Lage ist, tatkräftig zu helfen (mit **Prügel**), ist das ein **wahrer Freund**. *Derjenige* hätte auch **Hilfe** geholt, wenn Du nicht mehr allein herausgekommen wärst. Ihr beide habt von dem Vorfall damals

Altkot abgelagert, nämlich den der **Angst**! Der eine hatte die Angst um sich und der andere die Angst um den Freund/die Freundin (auch gleichgeschlechtlich)!

Hast Du Deinen Partner/Mann einmal *wegen einem anderen* verlassen, weißt Du, wie schlimm so ein Prozess ist (insbesondere mit Familienanhang). Bist Du wieder zu ihm zurückgekehrt, weil **DORT** die LIEBE war (und eben **nicht** beim Neuen, wie Du *nach geraumer* Zeit merktest) und Dein Mann nahm Dich *wieder*, **weil** er Dich **so sehr liebt**, ist die Wahrscheinlichkeit sehr hoch, dass er bei **erneutem** Verlassen *deinerseits* an einem Herzinfarkt stirbt (*ohne* Notfallmedizin *oder …* Deinem Liebeskuss inklusive Tränen!?).
Derjenige, **der stirbt**, hat Dich *am aufrichtigsten* geliebt, denn aus **anderen** Gründen kann ein Herz **nicht** brechen. Wem nützt es nun, recht zu haben? Nützt es Dir, zu sagen: „Mein Mann hat mich so sehr geliebt, dass er für mich gestorben **ist**"? *Brauchst Du diesen Beweis?* Nun ist der wertvollste Mensch auf Erden für Dich **an den Gevatter Tod** übergeben und physisch entschwunden.

Denke auch stets an Deine WÜRDE. Was tust Du in Deinem Leben, was **unter Deiner Würde** und unter der Würde Deines Mannes/Deiner Frau/Deiner Familie ist? Hast Du **Ehre** im Leib wie ein bewundernswerter **Samurai**?
Ist nicht alles *ohne Liebe* nur Lustgewinn, Suchtverhalten, Selbstbeweis? Stehst Du letztlich im Unglück – vor allem durch Deinen dadurch entstehenden (hohen) Verschmutzungsgrad?

Erkenne mit offenen Augen, wie viel GLÜCK Du hast, WENN eine Familie für Dich da ist, auch wenn es manchmal *langweilig* zu sein scheint. Dagegen kannst Du immer wieder AKTIV etwas tun und Dir Abenteuer schaffen … Schau Dir alte Bilder an, **erwecke** Deine *damalig* empfundene Liebe zu neuem Leben und unternehme etwas! Paare, seht, was ihr aneinander hattet, und findet es wieder! Steht zusammen! ❤ ❤ ❤
Mit Buch 1 + 2 könnt ihr ALLES erreichen, was ihr euch wünscht.
Interessiere Dich NEU für Deinen Partner und *stets mehr* für ihn als für andere. ER hat Deine ganze Aufmerksamkeit verdient! Spürt

Dein Mann/Deine Frau **Deine Liebe** wieder, wird er/sie zu **Deiner** Rose! Nur so erhält man sich über die Jahre einen **schönen, attraktiven** Partner!

→ Beide bleiben nur attraktiv DURCH die **gegenseitige** Liebe.

Zumindest hast Du die *besten Karten* für einen Neuanfang, *falls* sich das Alte nicht mehr zu neuem (Liebes)Leben erwecken lässt. Ich wünsche Dir **viel Glück!**

Kann man nach dem „Aus" befreundet sein?

Nein!? Es ist nur Mühe und Quälerei? Du bist ein Mensch, der *konfliktaktiv* von einer oder mehreren Lieben *getrennt* wurde. Du kannst Dir *nicht im Geringsten* vorstellen, wenn Schluss ist, auch *nur einmal noch* in Kontakt zu gehen. Du könntest es nicht ertragen, Deinen Partner zu verlieren und auch noch zu wissen, an wen. Das dreht Dir den Magen um. Die Vorstellung, dass Dein Herzblatt eine andere küsst und mehr mit ihr macht, vielleicht auch noch eure gemeinsamen Kinder „übernimmt", zerreißt Dir das Herz und macht Dich rasend.

Falls dieser Mann Deine Jugendliebe war, ist er eiskalt und will nur HABEN. Wen? Die Schönste!

Ja!? Wenn alle Dinge geregelt sind und die Liebe tot ist, geht das alles. Es ist wichtig für die Kinder, dass man sich anständig benehmen und einander in die Augen sehen kann. Du bist ein realistischer Mensch, der kaum Konfliktaktivitäten zulässt.

Du bist in der Lage, alle Lieben, die Du hattest, nebeneinander in Deinem Herzen einzusortieren und wohnen zu lassen. Deshalb schaffst Du es auch, mit allen weiterhin liebevoll umzugehen und alle, die Dich kennen, wissen das. Es ist unproblematisch.

Diese Einstellung ist *bewundernswert* und leider <u>bisher</u> *nicht* weit verbreitet.

Materialisten (Teufel) & Idealisten (Engel)

Diese Konstellation **als Paar** gestaltet sich kritisch. Hier kommt es immer wieder zu Grundsatzdiskussionen, wenn einem von beiden Besitz, Erwerb und Geld **wichtiger** sind als die Liebe. In der Logik sind Materialisten die Menschen, die haben wollen (*auch* andere *Menschen*), und Idealisten die, die lieben wollen (auch *andere* Menschen)!

Altersunterschiede + Medikamente

Wer als **älterer** Partner, im übertriebenen Sinne, *vermittelt:* „Ich bin **älter** und somit ist Gesetz, dass **ich** *alles* **besser** weiß!", der fördert ein *unterlegenes* Angstgefühl in seinem jüngeren Partner. Dies ist keine Beziehung auf Augenhöhe und wird sich mit dieser Denkweise im Laufe der Beziehung *schädigend* auswirken. Es ist auch schwierig zu sehen, ob das etwas **mit Liebe** zu tun hat. *Prüfe:* Hier kommt es zu (starken) Verklebungen im *rechten* Schulterblatt, *wenn* Dich so ein Partner im gemeinsamen Leben *zerschunden* hat (Buch 1).

Medikamente/Spritzen, Lebensmittelergänzungen und Zusatzpräparate *verfälschen* unter anderem die **reguläre** Produktion Deiner Hormone, wie Adrenalin, Testosteron, beeinflussen Deine Handlungsweisen und möglicherweise *auf Dauer* Deinen Charakter **negativ**. Das bedeutet, Du *reagierst* mit diesen ganzen Einnahmen **anders**, als Du es *normalerweise* tun würdest. Überlege, wie Du vorgehen möchtest, vor allem, wenn Du durch *so etwas* Probleme mit Deiner Gesundheit (Wechselwirkung verschiedener Dinge), Deinem Umfeld und Deiner kleinen Familie bekommst.
Auch jegliche Konfliktlösungen werden **durch Chemie** zu Martes Leidwesen bei allen Betroffenen negativ beeinträchtigt.

Romeo & Julia

Wäre *kein Gift* im Spiel gewesen, hätte Julia ihren Romeo mit heißen **Tränen & Küssen** wieder **erwecken** können. Glaubst Du nicht? Willst Du es ausprobieren?
Manchmal musst Du durch die Hölle gehen, um in das Paradies zu kommen.

Die Seele Deines *(vielleicht nur angeblich)* **Liebsten** steht daneben und wartet, **was** DU tust!!
Das *Wiedererwecken* funktioniert allerdings nur bei aufrichtig empfundener Liebe. Wundere Dich also nicht, *falls* es *nicht* klappen sollte ... Die Seelen lassen sich auch im Tod *nicht* betrügen!

Wie überwindet man Entfernungen über einen längeren Zeitraum?

Wer seinen Partner **innig liebt**, denkt **nicht** einmal darüber nach, in Honolulu zu studieren, alleine ein Auslandsjahr zu machen, alleine in den Urlaub zu fahren, auszuwandern oder sich anderweitig *freiwillig* vom Partner über sehr viele Kilometer + längere Zeit zu entfernen. Nicht einmal eine Kur macht dann Spaß. Wenn Du liebst und Sehnsucht hast, willst Du nur noch zurück nach Hause! Egal, in welcher kleinen, erbärmlichen Hütte das ist – Dein Liebster ist **DORT**! Kein Reichtum, kein Gold/Geld, kein Besitz der Welt kann Dir das bieten, was Dir ein **liebender** Partner geben kann: Wärme!
Wer Planungen *ohne* seinen Partner macht, was Zukunft und Entfernungen betrifft, der IST **nicht beim Richtigen!** So einfach ist das.

„Superman!"

Findest Du einfach keinen Partner, obwohl Du attraktiv genug wärst? Sind Deine Ansprüche angemessen für „den Markt"? Wen himmelst Du an? Kann ein realistischer Partner *dem* jemals gerecht werden, was Du Dir wünschst? Du hast in aller Wahrscheinlichkeit einen **Konflikt mit einer Filmfigur** aus der Kindheit, der Du damals, vor vielen, vielen Jahren unbewusst „krimhildsche" Treue (Nibelungenlied) geschworen hast, was bedeutet: **SO eine(n) oder gar keine(n)!**
Das kann z. B. „**Spider-Man**" gewesen sein oder eine andere fabelhafte Figur mit bewundernswerten Fähigkeiten, die kein Mann auf der Welt von sich behaupten kann bzw. wenn Du ein Mann bist, z. B. „**Wonder Women**".
Wie klug ist es nun, Kinder unter 7 Jahren vor solche Filme zu setzen?
<u>Liedtipp:</u> **Eminem „Without Me"** – Ich weiß, der Text ist *derb*, aber es passt: **„Weil es sich so leer anfühlt → ohne mich!"**

Denselben Effekt dürfte die Trilogie „**Herr der Ringe**" hervorgerufen haben, mit den *übersinnlichen* Männern **Viggo** Peter **Mortensen** & **Orlando** Jonathan Blanchard Copeland **Bloom** sowie den *übernatürlich* schönen Frauen **Liv Tyler** & **Miranda** Lin **Otto**, die leider Milliarden von Neidkonflikten davongetragen haben. Löst das JETZT auf, falls ihr Buch 1 noch nicht kennt!! Findet eure **damalige** Schönheit wieder – **so** lieben euch alle! Marte küsst euch aus der Ferne!

Retter/Opfer – musst Du Dich zwangsläufig aus Dankbarkeit verlieben?

Das sogenannte „Stockholm-Syndrom" (Täter-Opfer-Sympathie) kann Dich ereilen, wenn Du Dein Leben lang auf der **Suche nach Schutz** <u>durch einen Stärkeren</u> warst. Du suchst einfach einen Menschen, der Dich beschützen und ggf. sogar retten kann, zu dem Du aufschauen und ihn für seine Tat(en) *bewundern* kannst. Das ist die <u>Ursache</u>.

Der Stärkere (nicht immer körperlich!) ist hier zwar jemand, der den oder die anderen in seiner Gewalt hat, was negativ bewertet werden kann, jedoch nicht ist. Das Opfer bewundert den Täter und verliebt sich. So fühlt es sich befremdlicherweise <u>durch</u> den Täter **in Sicherheit**.

Die Wahrheit siegt immer!

Fällt einer Frau **vor** *Dir* beim Erzählen ein kleines Bonbon (z. B. ein „tic tac") aus dem Mund, ist das die „Meerjungfrau-Symbolik": Aus meinem Mund kommt **eine Perle** – ich bin wie „die kleine Meerjungfrau" und liebe NUR den Einen, <u>den ich schon habe</u>. Du hast ihr nie etwas gesagt und doch wusste ihre Seele mit diesem Beweis: Du liebst sie und würdest um sie **kämpfen**. Sie hat Dir viel erspart, denn Deine Seele erkennt das **Symbol der Perle**.
Unglücklich verliebt zu sein, ist schierweg grausam. Das weiß so gut wie jeder Mensch. Ca. <u>drei Jahre lang</u> wird solch ein Liebeskummer bestehen, wenn Du Deine Gefühle dem entsprechenden Menschen *nicht* gestehst. <u>Nun hast Du die Wahl:</u> Bist Du ehrlich und steckst einen (vielleicht sogar sehr liebenswürdigen) Korb ein und holst Dir den **Respekt** des geliebten Menschen oder verdirbst Du Dir im Gegensatz **drei Jahre Deines Lebens**, und zwar gründlich? Hier heilt Dich nämlich <u>nur</u> die **Gewissheit**!

Serien funktionieren, weil sich die Menschen an die Darsteller gewöhnen, ebenso weil sie sich teils mit diesen identifizieren oder gar verlieben, davon abgesehen, dass sie wissen wollen, wie sich die Geschichten fortsetzen. Verabschieden sich Schauspieler, die *essenziell* in diese Serie gehören, eine **Schlüsselfigur**, welche die/der Schönste ist, wird es schwierig. Hier gehen Zuschauerzahlen *rapide* herunter. Das Gleiche gilt für **Mehrteiler**, bei denen <u>wichtige Figuren</u> oder gar die **Hauptrolle** *ausgetauscht* wurden. Ist es jedoch so, dass der Tausch (besser) **ankommt**, gibt es einen <u>Kränkungskonflikt</u> *beim Vorgänger*. **Jeder ist ersetzbar**, ob schlechter oder besser, weiß man eben erst *hinterher …*

Überlege Dir deshalb gut, ob Du lieber in der **Gunst** der Zuschauer bleibst, **die Dich lieben**, oder ob Du Dir die Verachtung abholst, z. B. durch höhere Geldforderungen (Gier) abgesetzt worden zu sein. Es gibt noch etwas anderes: Du bist krank oder brauchst eine *Auszeit*, wirst zeitweilig **ersetzt**, jedoch mit einem zu Dir völlig konträren Typ. Was tun, wenn der andere in wenigen Folgen beim Publikum auch richtig gut oder sogar besser ankam – plötzlich und unerwartet? Auch das gibt einen Kränkungskonflikt, wenn Du der Meinung warst, dass Dich niemand ersetzen kann und erst recht nicht diese „Person", welche in die Vertretung für Dich geschickt wurde … Du hast Dich und Deine Langzeitwirkung eventuell überschätzt und solltest darüber nachdenken, ob Du vielleicht im Laufe der Zeit *leider* einen Ursache-Wirkung-Konflikt davongetragen hast.

Die Beobachtung kann nun jeder von euch selbst machen: Während der Dreharbeiten zu Serien werden **einige** SchauspielerInnen **immer schöner**, nämlich die, welche *bewundert* und am Set *geliebt* werden. Wundere Dich also nicht, *wenn* Du auf Deinem „Arbeitsplatz" stets **schöner** aussiehst als zu Hause.

Sind die Dreharbeiten beendet und die Serie/der Film **startet** im Fernsehen oder gar im **Kino**, wundere Dich bitte nicht (mehr), wenn Du **am Folgetag** dem Spiegelbild sagen musst: „Ich kenne Dich zwar nicht, aber ich wasche Dich trotzdem!" Dies entsteht durch (bis stärkste) Neidkonflikte, die sich sofort *ab dem* Bewusstwerden von Dir **ablösen** (schädliche **Energien** der Neider). Dann hast Du es recht bald überstanden. Es kann sein, dass *viel beneidete* SchauspielerInnen dies **jeden** verdammten Tag tun müssen – am besten vor dem Einschlafen kurz sagen: „**Neidkonflikte lösen**" (Körper & Haare). Mehr braucht es nicht.

Heimatliebe

Machst Du das Land *schlecht*, in dem Du *aufgewachsen* bist, wird Dir das vermutlich keinen Ruhm einbringen, vor allem, wenn Du dort **ein LIEBLING** warst/bist! **Liebe stolz Dein Heimatland**, auch wenn

Du die Personen, die es regier(t)en, zum Teil eher verachtet hast oder verachtest. Es sind nie *alle* schlecht. *Ich* spreche von der **D**eutschen **D**emokratischen **R**epublik und auch von DEUTSCHLAND.

National**stolz** und der Kampf **um das Gute** dürfen **niemals** mehr verboten werden!

Mit **Buch 1** hat <u>eine Deutsche</u> **weltweit** alles, was geschehen konnte, **wieder GUT** gemacht.

Es ist vorbei!!

<u>Den **größten**</u> Kampf *mitgetragen* haben in **dieser Reihenfolge der** <u>**Wichtigkeit:**</u> Familie FREY Junior, der **novum-VERLAG** ÖSTERREICH/ SCHWEIZ, JULIAN REICHELT, MATHIAS DÖPFNER, RAMMSTEIN (**6**), Frank Engelhardt, NENA, Christiane Bozoyan, HANS-JÜRGEN PAPIER und JAN BÖHMERMANN!

Kann man Liebe SPIELEN?

Schauspieler sollten sich an dieser Stelle *eingestehen*, dass man Liebe **nicht** schauspielern kann. Es geht einfach nicht – Marte hat es IMMER gesehen, ob sich das Paar auf der Leinwand <u>tatsächlich</u> verliebte und den Film damit **vergoldet** hat. ♥

Es ist so **logisch**, dass eure Beziehungen und Ehen, die stetig auf solche *schweren* Proben gestellt werden, es kaum oder nur (sehr) schmerzhaft überstehen können. Schau, in welche(n) Filmpartner Du **ernsthaft verliebt** warst, obwohl Du dachtest, Du schauspielerst „nur" und alles wäre *danach* wieder „normal"! Löse diese ganzen Konflikte und lasse die Lieben nebeneinander in Deinem Herzen wohnen, OHNE dass es Dich weiterhin *im wahren Leben* blockiert oder weh tut! Du haftest diesen Menschen **bis heute** an.

Mit Deinen Filmrollen kannst Du Dich zudem leider unheimlich beschmutzen, wenn Du den Filmpartner *nicht liebst* und auch noch aufgrund der Handlung in einer schmutzigen Umgebung sein <u>musst</u> (z. B. „**Der Name der Rose**", wobei beide Partner das **unglaublich beeindruckend & wunderbar** umgesetzt haben – es ist so echt –

Marte liebt es, also nicht den Schmutz, sondern die Art + Weise). Sie sah diesen grauenhaften, jedoch *sehr beeindruckenden* Film damals im Kino und jetzt, eher qualvoll (teils mit dem Kissen vorm Gesicht), noch ein einziges Mal <u>zum Lernen</u> für euch. Jeder Mensch müsste solch einem wahnsinnig schweren Rollenspiel mit **Hochachtung** begegnen. Wenn Du z. B. nur *so tun* musstest, *als ob* (wie das *wunderschöne* Mädchen die Läuse vom Kopf des anderen, erbärmlich anmutenden Menschen *vermeintlich* aß) und es glaubt Dir nachher keiner, dass Du es **nicht wirklich** getan hast, wirst Du vielleicht im wahren Leben daraufhin verhöhnt (wenn auch nur *von Seele zu Seele*, ohne Worte – Du spürst es). Das ist grausam! Hattest Du vor der Kamera noch andere *Schwierigkeiten*, dann hast Du möglicherweise <u>Konfliktgeschehen aus dem FILM</u> danach <u>mit in Dein wahres Leben</u> genommen. Löse alles auf (Gedankendurchlauf) und **Du bist frei davon**!!!
Auch der Neid um einen öffentlich dargestellten, *sehr schönen* Körper wirkt sich leider negativ auf ihn aus … und selbstverständlich der Neid darauf, von Christian Slater begehrt worden und ihm unglaublich nah gewesen zu sein. Holt euch euer Charisma zurück, ihr BEIDEN!

„**Hasenherz**" (DEFA 1987) ist ein Kinderfilm, aus dem ich die „**Sabine**" (**Charlotte Bastian**) besonders hervorheben möchte. Davon abgesehen, dass es verwerflich ist, sich *als ein falsches Geschlecht* auszugeben, hat Sabine den Kuss zum Testen der „Janni" herausragend gespielt. Vielleicht blieb ihr danach einiges nicht erspart, leider und **ihr** möchte ich vermitteln: Löse den Kuss-Konflikt auf, denn Du hast mit Deinem Filmkuss das andere Mädchen <u>an Dich gebunden</u>, bis heute! Wundere Dich also nicht, falls Du sie in der Tiefe Deiner Seele hassen solltest, weil Du im Grunde <u>heterosexuell</u> bist!

Verwechseln Dich Menschen im *realen* Leben mit Deiner Filmrolle, kann das gut oder schlecht für Dich sein. Hier gibt es Fälle, da wurden die Menschen fast nur noch <u>mit ihren Filmnamen</u> angesprochen, wie Helga Göring (**Anna**) und Herbert Köfer (**Paul**) aus „Rentner haben niemals Zeit" (DDR 1978–79) oder Jiří Lábus (**Rumburak**) aus der *zauberhaften, tschechoslowakischen* Serie „Die Märchenbraut". ;) Am schlimmsten wäre hier sicherlich eine Rolle, <u>die **alle** hassen</u>, wie Hannibal Lecter. Hier kann es passieren, dass der Schauspieler im

Außen die Wesenszüge der Rolle verinnerlicht, was hiermit bewusst aufgelöst IST! **Anthony Hopkins** sieht meiner Meinung nach konfliktfrei viel besser aus! Ich hoffe sehr, das Buch findet zu ihm.

Ich wiederhole mich: Durch die Konfliktbewältigungen in der Liebe können also alle Menschen, die Du jemals **geliebt** hast, in der Reihenfolge ihres Kennenlernens *ohne Schmerzen* nebeneinander in Deinem Herzen wohnen. Nun bist Du in der Lage, Dein Glück zu finden, was ich Dir sehr wünsche.

Nur die Wahrheit + Klartext können Dir helfen, geheilt zu werden und für die Liebe, mit der Du gerade zusammen bist *oder* für eine Neue, *endlich wirklich frei* und offen/empfänglich zu sein, denn alle Folgebeziehungen nach einem solchen Konflikt (**Dreharbeiten**) wurden *negativ* beeinflusst und *blockiert*.

SchauspielerInnen und natürlich auch **SängerInnen & Bands bringen mit ihren oft grandiosen Leistungen Spannung, Abenteuer, Freude und Bewunderung ins KINO, auf die Bühne und in Dein Zuhause. (Ihr seid begnadet!)**
Und was bekommen sie dafür – bis jetzt, wo Du **das** liest?
Den ABZUG ihrer Schönheit und ihres Charismas aufgrund von unzähligen, schäbigen Neidkonflikten! Die **Bewunderung** kann es, zumindest bei den meisten, leider **bisher** *nicht* aufwiegen. → Bessert euch, ihr Lieben!! Macht Neid zu Bewunderung/Vorbild/Gunst, Angst zu Mut und Gier zu Bescheidenheit. Dann wird sich euer ganzes Leben und auch eure Optik weiterhin **als Dank** *der prominenten* Seelen verschönern! Das kann ich euch versichern.

Brauchst Du den Kick?

Musstest Du Liebesszenen **vor der Kamera** spielen und diese sind *wunderbar* gelungen, so dass einem vor der „Glotze" die Spucke wegbleibt, kann es passieren, dass jemand im „Echtleben" **von Dir** wünscht: „Mach' **das** bitte auch mit mir!" und dann geht es nicht mehr …!??

Du hast einen **Konflikt**, ohne Kick (Kamera) *und* vor allem *ohne die echte* (damalige) Schauspielpartnerin oder -partner von damals diese Szenerie zu wiederholen. Sehr verständlich, oder?

Hier kommt hinzu, dass Du aus dem Filmgeschehen eigene körperliche Symptomatiken davonträgst, wenn Du fühlst (und eben NICHT spielst)! So kannst Du die *erhabenen* Nasenflügel durch Betrug Deines Schauspielpartners bekommen, selbst dann, wenn es **innerhalb** der Filmrolle so vorgesehen ist! Dies beweist jedoch, dass Du in diesen Filmpartner in der Tat sehr verliebt warst (oder noch bist). Die weiteren Szenen, in denen sich filmtechnisch ein neuer Partner auftat (laut Drehbuch auftun musste), haben Dich (bis stark) eifersüchtig werden lassen …

Es gibt Filme, da hat ein Schauspieler einer Schauspielerin *während* der Dreharbeiten, jedoch hinter den Kulissen, die Liebe gestanden und Marte hat es am Filmverlauf, dem verändertem Benehmen der beiden zueinander, gemerkt. Diese zwei spielten jedoch kein Liebespaar! Sie musste einen anderen küssen – das war *vor* dem Geständnis leicht und *danach* schwer. Ziemlich cool, oder? Die Betroffenen werden es wissen.

Felsbrocken

Anstatt um die Liebe *oder* um die *unbequeme Aufklärung* der **Ausnutzung von einseitiger Liebe** zu **kämpfen**, sind wir teils in unserer stark gekränkten Eitelkeit sitzen geblieben. Am Morgen nach einer solchen Konfliktlösung kann es passieren – vor allem, wenn die Wahrheit ein **harter Brocken** war –, dass Du wie **versteinert** (oder betoniert) im Bett liegst und Dich kaum noch motivieren kannst. Diese eine Liebe ist in Dir gestorben, sie ist **zu Stein** geworden.

Du hättest jemanden ohrfeigen müssen, hast Deine Lektionen nie ausgeteilt?? Du wünschst Dir, eine Kampfsportart zu können, stärker zu sein, damit Du körperliche Auseinandersetzungen überstehen und ihnen überhaupt entgegentreten kannst? Dann bist Du zwangsläufig von einem starken Liebeskonflikt, welcher **intrigant** begonnen hat, betroffen!

Der 1. unentdeckte Konflikt, den Du damit *unterbewusst* hast, wird, wenn er **ungelöst** bleibt, den *nächstfolgenden* nach sich ziehen. Dein ganzes Leben setzt sich das so, mitunter *bitterlichst*, fort, wenn Du Dich nicht endlich zur Wehr setzt, auch körperlich!

Erkennt ein Mann, WER **Verursacherin** seines (manchmal jahrzehntelangen) Leides mit seiner *eigentlichen* Traumpartnerin war, weil ihm die Liebe *intrigant oder manipulativ* entzogen wurde, möchte ich nicht in deren Haut stecken …

Liegst Du im Bett und bist ständig geneigt, Deine linke Hand unter Dein Gesicht zu legen, und zwar so, dass die Hand zum Gelenk hin abgekippt wird und die Adern am Blutfluss behindert werden? Das ist eine **Symbolik**, dass Du Dir die Pulsadern aufschneiden würdest, wenn Dir jemand Deinen Mann wegnimmt. Du liegst neben ihm und er liebt Dich (vielleicht seit Jahrzehnten) nicht mehr, weil **eine andere Frau** sich **intrigant** eingemischt **hat**. Dieses Verhalten IST ein Beweis der Seele über Deinen Körper, was bedeutet:

Die **SEELE** ist **IMMER stärker** im Durchsatz, *als* der Körper!

Hörst Du gerne Lieder, die in Texten beinhalten „**Alles Lüge!**" **Rio Reiser & Band** (1986) oder *derbe* Liebeslieder **OHNE Happyend**, wie von **Haftbefehl** („Ich rolle meinen Besten/Feat. Marteria"), DANN **ist** DAS Dein Leben = Selbstbetrug – Du machst Dir etwas vor!

Bis jetzt! → Egal, ob Du von dem Sachverhalt jemals erfahren hast: Gehe der Sache bis zum Erbrechen auf den GRUND! Nur so hast Du die Chance, den Mann, der neben Dir liegt, wieder für die Liebe **zu DIR** zu erweichen.

Wahre Liebe KEHRT **immer** zurück!

Verführst Du Deinen Mann, obwohl er *nicht so richtig* Lust hat und Deine Beglückung bleibt aus, obwohl er alles gibt, dann hast Du einen nächsten Beweis: Wenn **ER** danach trotzdem nicht nur einen Erguss, sondern einen *ordentlichen* ;) Orgasmus hat, war er DIR ZULIEBE intim und *liebt es*, mit <u>DIR</u> zu schlafen, mit **keiner** anderen!

Das Gleiche trifft zu, wenn es Dir dreckig geht oder Du Dich *weniger schön* fühlst und Dein Mann dennoch **liebevoll** mit Dir schläft.

Ein Mann, der seiner Frau *so gut wie nie* einen Vorwurf macht, wenn sie mal schlecht aussieht, liebt wahrhaft. Sei dankbar, *keinen* ewigen Nörgler zu haben: „Du musst abnehmen (sonst …); rasiere Dich mal (sonst …); wie Du wieder aussiehst mit Deinen Pickeln …" Eine Kränkung jagt die nächste. Schrecklich so was.

Missverständnis oder Wahrheit?

Glaubst Du alles aus 1. Quelle oder **überzeugst** Du Dich wahrheitssuchend bei **allen** Stellen/Menschen, die von einer, manchmal unglaublichen, Geschichte *betroffen* sind?

Wie verhältst Du Dich, wenn Du Deinen Partner <u>ertappst</u> oder etwas <u>herausfindest</u>? Sprichst Du es an oder verschweigst Du das, was Du erfahren/gesehen hast? Missverständnisse sind hier nicht ausgeschlossen, so gibt es einen **DEFA**-Film **„Der Baulöwe"** (1980), welcher solch eine Sachlage mit viel Humor aufdeckt. DDR-Bürger werden hier am meisten zu lachen haben. ;)

Manchmal ist nämlich alles **komplett anders**, als Du denkst!!!

Und ja: Frauen fühlen und denken (und formulieren sich mitunter) *unergründlich.* **Nie** wird ein Mann dahinterkommen …

Wie Männer denken? *„Alles logo, da brauch ich nichts mehr zu sagen."* He??

Frau, willst Du etwas *genauer* wissen: Mache Dich **rar**!

Hier gab es Fälle, da hat die Frau mit einem Zettel **Schluss** gemacht und der Mann war der Annahme, jetzt geht es erst **richtig los**. Hilfe, Polizei!

Redest Du **<u>nicht</u>**, wirst Du Frau(en) verlieren! Ja, vor allem *dann*, wenn <u>ein ANDERER</u> für Dich das Reden übernimmt! Ein Mensch fragt und redet gern, wenn er *ernst* genommen wird. Auch das spürt die Seele 100 %. *Nebenher:* Das gilt akkurat ebenso im <u>Schulsystem</u>!

Arbeite alle Deine offenen Liebesdinge mutig durch und Du wirst **FREI** sein! Die beste Methode ist, auf den anderen zuzugehen, die Wahrheit einzufordern und eine Entschuldigung zu erhalten oder zu geben. Dieser Vorgang wirkt *märchenhaft*, denn die Tränen des anderen lassen Deine **Versteinerung schmelzen.** Es ist zudem der effektivste, heilsamste Weg, insofern derjenige noch am Leben ist und Dir die Hilfe (aus Selbstgefälligkeit, Arroganz, Rache und Eitelkeit!) nicht versagt/verweigert.

Hast Du einen Kumpel, der *diesbezüglich* Hilfe braucht und Du weißt, <u>um WELCHE Frau</u> es sich handelt, dann gehe **Du** als **Bote zu ihr** und bitte sie, mitzukommen. **Sie hilft euch** – es geht nicht anders!

<u>Ursache der **Handlungsunfähigkeit**</u> Deines Kumpels: *Verhässlichung* durch *nicht gestandene* Liebe sowie *Mutlosigkeit*, bis kurz vor dem Sterben **an** dieser Liebe, obwohl derjenige vielleicht erst zwischen 40 + 60 Jahre alt ist! Das *kritischste* Alter ist, wie alle aus Buch 1 wissen: **ca. 50** Jahre!

Es hängt alles zusammen, **vom 1. Fehler** in der Liebe an (Ursache-Wirkung). Dazu zählt unter anderem der Sachverhalt: Verliebst Du Dich und derjenige nimmt Dich **nur**, damit <u>kein anderer</u> Dich haben kann (weil Du *allgemein* <u>begehrt</u> bist), wird sich das in <u>Deinem</u> Leben so lange fortsetzen, bis Du „das Spiel" durchschaut hast und die *vermeintliche* Liebe <u>als Konflikt von **damals** aktiv</u> löst. Sag es ihm ins Gesicht oder schreibe es aufrichtig + fair. Bestenfalls entschuldigt sich derjenige dann bei Dir.

Ich komme noch einmal auf den **Liebesbrief**, abgegeben <u>über Dritte</u>, zurück: Kommt er nicht beim Empfänger an oder verschwindet die Antwort, entwickelst Du den Glaubenssatz: „Ich bekomme **keine** Antwort." Dieser Satz erfüllt sich Dein ganzes Leben lang **<u>bei Dir besonders wichtigen</u>** Dingen und löst sich erst, wenn Du diesen einen Konflikt endlich gefunden hast – nämlich, <u>den Anfang davon</u>, die URSACHE → Ich war **zu feige**, meinen Liebesbrief direkt dem Empfänger zu geben = Feigheit wird immer bestraft. In diesem Fall sehr bitter!

Gefühle

Fühlst Du den *immer schlechter werdenden* Zustand Deiner Gesundheit und tust nichts, kann es passieren, dass sich beim Waschen Deiner Wäsche helle Sachen **verfärben**. Insbesondere die Verfärbung **in rötliche** Farbtöne (Farbe des **Blutes**) ist ein *dramatischer Hinweis* auf Deinen körperlichen Zustand. Schau, was Du tun kannst. Konfliktlösung ist zumindest, neben der **aktiven** Bereinigung Deiner Lebensumstände, ein grandioses Mittel.

Nimmst Du etwas, das Dir jemand schenkte, mit in Dein Schlafzimmer, an (Nachtschrank) oder in **Dein Bett**, liebt der Schenker Dich. Warum? Es ist beweishafte Seelenkommunikation: Deine **Nähe** ist gesucht, wenn auch nur über ein „Ding".
Ist es etwas, das Deine Mutter schenkte, die Dich bis zu einem gewissen Zeitpunkt **nicht liebte** (Neid auf Tochter), hat sie „irgendwann" damit angefangen. Dies war genau der Zeitpunkt, als **Dein Vater starb** und sie die Vater-Tochter-Bindung nicht mehr beneiden musste. Ihr Mann liebte die Tochter **sehr viel mehr** als sie.

Wenn Du spürst, dass Du nicht mehr gerne nach Hause möchtest (z. B. von der Arbeit), bist Du dort nicht mehr (sonderlich) erwünscht. Niemand wartet auf Dich. Du kannst auch fernbleiben, es spielt keine Rolle (mehr).

Grundlose Eifersucht gibt es nicht. Wenn Du dieses Gefühl empfindest, IST etwas. Es liegt nicht an Deinem Partner, sondern daran, dass (mindestens) ein anderer Mensch Deinem Partner nahekommen **will** oder bereits *näher gekommen* ist, als es gut für Dich ist. Gehe dem nach.
Dadurch, dass die Seelen energetisch (unsichtbar) miteinander kommunizieren, bleibt niemandem etwas verborgen. **Höre auf Deinen Instinkt** (1. Eingebung).

Die grundlegende URSACHE für den 1. Liebes-Konflikt am Beispiel eines Mädchens

Dein Vertrauen in andere Menschen, z. B. in Deine *vermeintlich ach so lieben* Freundinnen, ist im Laufe Deines Lebens deshalb so beschädigt, weil Du Deinen **Instinkten** durch Geschehnisse **unter 7 Jahren NICHT mehr in der Lage bist**, zu folgen. Du erkennst **nicht**, wer **gut** und wer **böse** ist.

Wenn Deine Mutter Dir schlimme Dinge angetan hat, sind die Folgen am schwersten. Warst Du von ihr eingesperrt und hast dabei aufgegeben, hast Du Deine Stärke, Dein Urvertrauen und Deinen Mut **in diesem** kleinen **Gefängnis gelassen**. Der Defätismus folgt und was bleibt, ist ein überstarkes **Mitgefühl** für **alle** Menschen, denen **Unrecht** geschieht.

Im Normalfall stirbst Du **zwischen 3 und 30** Jahren, es sei denn, **die Liebe eines nahestehenden Menschen (z. B. Oma)** und **später (D.) eines Freundes/Mannes rettet** Dich.

Durch Deine Kindheit bist Du auch **nicht** in der Lage, Deine (unbeschädigtere, hübsche) Freundin anzuschreien, dass sie **die Finger von Deinem Mann lassen soll**, wenn er Dir *spürbar fortgenommen* werden will, und sie fortzujagen. JA, genau das würde funktionieren! Ist Dein Mann *nicht das, was Du immer von ihm gedacht hast*, hat Dich **Dein Kind** am Leben gehalten und später **Dein Enkelkind** …

Hast Du Dich mit Buch 1 **gesund** gemacht, wirst Du IMMER die richtige Wahl treffen, ja nahezu perfekt! Um zu **überleben**, hast Du nun gar **keine andere Wahl, ja keine einzige Chance**:
→ Du **MUSST** Dir einen Partner suchen, **der DICH wahrhaft liebt, sonst musst Du sterben**.

Ohne Mutterliebe auf dieser Erde zu sein, bedeutet im 1. Stepp: TOD!

Hast Du Deine Liebesquelle(n) gefunden, wirst Du merken (auch wenn Du ein Kleinkind wärst), dass der Hunger immer mehr ausbleibt und Du (sehr) viel **weniger** Nahrung benötigst als noch vor Jahren. Das ist der Grund, warum man geliebte Kleinkinder eventuell zum Essen zwingen muss – sie brauchen *von Natur aus* gar nicht viel, weil sie sich aus Deiner Liebe nähren und dennoch wachsen und gedeihen!

Einmischungen von außen

Spürst Du das, als *vergebener* Mann, und willst **aber nur** (D)einer eigenen Frau einen Stern vom Himmel holen? Liegt Dir **nur ihr** Glück am Herzen? Dann zeige **jeder anderen, wo Du** hingehörst – klar + deutlich! Erzähle Deiner Frau auch, wenn Du einer anderen Frau (Versuchung) **standhalten** musstest. Es zu **verschweigen**, um sie zu schonen, bringt euch sonst für die Zukunft leider sehr viel Unglück, wofür die Gesetzmäßigkeit der „Ursache-Wirkung" sorgt.

Menschen, die **an der 1. Liebe standhaft** festhalten, werden **göttlich schön** sein und brauchen nie auf die anstrengende Suche nach der wahren Liebe gehen. **Sie ist schon da!**

Handelst **Du** Menschen, Tieren sowie der Natur gegenüber stets aus Gründen wahrhaft empfundener Liebe, wirst **DU** ebenso **bewundernswert schön** sein.

Lehrreich, wie vieles wunderbares, im **Filmstudio BARRANDOV** Entstandenes, die Trilogie: „Unter dem Dachsfelsen", „Auf der Spur des Wilderers", „Hinter dem Dornenstrauch". Hier zeigt sich ebenso die Liebe vom Enkel zum Großvater, der sein Herz erweicht.
„Mit Dir gefällt mir die Welt" (CSSR 1982) sei hier ebenso mit benannt!!
An dieser Stelle möchte ich anbringen, dass ich das tschechische Volk als besonders und wahrhaft (aus der Seele heraus) **liebenswert** einschätze (schon seit meiner Kindheit) und dies *beweishaft* an meinem eigenen Spiegelbild (MARTE) in einem tschechischen Wandergebiet mit Erstaunen gesehen habe. ♥

Sonderthema: FOTOS – jetzt kommt es dicke!

Verschiedene Sachverhalte erkennst Du auf **Fotos**. Denkst Du: „Eigentlich sehe ich doch ganz gut aus …, aber ich bin einfach **nicht fotogen**"? Dann kann ich Dir versichern, dass Du sehr viel hübscher bist, als Du es auf Fotos erblickst. Neben wem siehst Du gut/schön/glücklich aus, neben wem siehst Du versch(r)oben, verzerrt oder gar hässlich, extrem faltig aus? Bist Du *allein* auf dem Foto, gilt es dem „Fotografen", wie **er** zu Dir steht! Beim Ansehen (und Erkennen, was *wirklich* los war) kann es zu starken **Enttäuschungskonflikten** kommen und es ist möglich, dass Dein Gesicht in der Optik regelrecht einbricht. Du hast die Fassung verloren. Erkennst Du das **bewusst** im Spiegel, löst es sich im selben Moment auf und am nächsten Tag bist Du wieder schön.

Nimm Dir **alte Alben** auf den Schoß oder was Du sonst an Bildern zur Verfügung hast – ich gebe Dir jetzt des Rätsels Lösung über **das Deuten** an die Hand. Folgende Konstellationen gibt es:

Du siehst auf einem Foto zwei Jungs + ein Mädchen:
Wenn einer der Jungs besonders schön getroffen ist, das Mädchen eher hässlich (*in Natur jedoch* gutaussehend), wird der eine Junge *vom anderen* Jungen geliebt – dieser weiß es nur *nicht* und mag das Mädchen!

Ist das Mädchen besonders schön auf dem Foto (*schöner* als in Natur), wird sie von beiden Jungs geliebt (nicht nur begehrt!).

Sind **ein** Junge + das Mädchen schön, der andere Junge nicht, wird der schlechter aussehende Junge vom Mädchen *mehr gemocht*, als der andere. Der 2. Junge hat sich auf dem Bild die Neidkonflikte des anderen eingefangen. Voraussetzung dafür ist, DASS beide das Mädchen *wollen* und noch *keiner von beiden* es hat.

Du siehst auf einem Foto einen Jungen + ein Mädchen, die bereits ein PAAR sind:
Hier kommt es auf den Fotografen an und ggf. auf nah danebenstehende Personen!

Sieht das Paar aus wie im **Nebel** (ja, dieses Foto *wird* unscharf sein und wie neblig aussehen), möchte „der Fotograf" (das kann **Deine**

Freundin gewesen sein!) den charismatisch aussehenden Jungen **haben**, der in Natur *nicht ganz* so schön ist wie auf dem Bild. Sein Mädchen hingegen sieht einfach nichtssagend aus, schlimmstenfalls hässlich (in Natur ist sie jedoch einiges schöner *oder* sehr niedlich). Die **große** Liebe dieses Mannes reicht nicht, um die **extrem starken** Neidkonflikte der **Fotografin** (und des **Umfeldes**, *wenn* es sich um eine **Party** handelt) zu **kompensieren**.
Sieht auf dem Foto ein Paar anders aus als in Natur (Mann **extrem** schön und ausdrucksstark, Frau verschoben und einiges **faltiger** als in Natur) und ein *heterosexueller* Mann (befreundet) hat das Foto geschossen, stand mindestens EINE Frau *neben/hinter/bei ihm*, die **den Mann auf dem Foto LIEBT**! Die Frau darauf ist aller Voraussicht nach eine ihrer (engeren) Freundinnen!

Fatal sind zwei Bilder hintereinander geschossen: Auf einem schaut Deine Freundin Deinen Mann **nicht** an – da ist noch alles recht okay. Auf dem 2. Foto **blickt sie zu ihm herüber** und er schaut in die Kamera. Wundere Dich nicht, wenn er sehr viel hübscher aussieht, als auf dem 1. Bild, denn es sind IHRE Liebesenergien, die ihn **SOFORT** verschönern und sein Charisma (bis sehr stark) anheben!
Hast Du Fotos mit Deinem Mann und Du bist neben ihm **wunderschön**, liebt er Dich von Herzen. War der Fotograf ein Mann, begehrt auch er Dich. War es eine Freundin, hat sie Dich sehr lieb und gönnt Dir Dein Glück. Siehst Du nichtssagend aus, regelrecht „graumäusig", wenn eine Freundin Dich + Deinen Freund fotografiert, ist sie **voller Neid** auf Dein Glück.
Handelt es sich um einen *männlichen* Fotografen und er WILL oder LIEBT die Frau, die er fotografiert, bereits, wird sie **besonders** *schön* aussehen, der Mann neben ihr jedoch wie verschoben oder zumindest schlecht getroffen, *obwohl* er in Natur *sehr gutaussehend* **IST**.
Lässt Du **Hochzeitsbilder** von einer Fotografin machen, kann es sein, dass Du als Braut auf den Bildern (viel!) *weniger schön* aussiehst, als Du es bist. In dem Fall findet die engagierte Fotografin Deinen Mann toll und beneidet Dich. Sieht das komplette Paar, welches in Natur **attraktiv** ist, auf den meisten Hochzeitsbildern *nicht besonders schön* aus und es werden *eher nur langweilige* Fotos geschossen, **beneidet sie euch** um eure Glückseligkeit. Du staunst darüber, dass Fo-

tos, bei denen ihr die Fotografin **NICHT ansehen** müsst, ganz besonders ausdrucksstark und schööön geworden sind!? *Ein Glück, wenn es einige Wenige davon gibt …* (Suche Dir zur Hochzeit einen Menschen als Fotografen, der *euch als Paar* komplett und neidlos **gerne** hat.)

Einzel-, Familien- und FreundInnenfotos:
Fotografiert Dich **Dein Mann** und die Fotos sind schön, ist alles bestens. Fotografiert Dich ein anderer bekannter, auch fremder Mann und die Fotos sind *noch schöner*, ist der Mann stark **verliebt** in Dich. Ja, das geht innerhalb von wenigen Sekunden.
Fotografiert Dich eine Freundin mit einer anderen Freundin und Du siehst schrecklich aus, beneidet sie Dich und mag die andere Freundin (mehr), *falls* diese **gut** getroffen ist. Sind beide *nicht gut getrof-fen*, gibt es den „Dreier-Konflikt" – einer ist immer zu viel! Fotografierst Du eine oder mehrere Freundinnen und sie sehen (sehr) schön aus, hast Du sie von Herzen gern. Fotografiert euch ein freundlicher Fremder **zu dritt**, ist dieses Bild am **objektivsten** und **zeigt, wer** von euch in Wahrheit die **Schönste** ist und den **besten** Charakter hat.
Fotografiert Dich ein Fotograf mit einer Freundin zusammen und ihr seht beide lieblich aus, ist die Freundschaft ECHT und von Dauer.
Lassen sich zwei Freundinnen fotografieren und beneiden *einander*, sehen beide auf dem Foto *weniger schön* aus, als sie es in Wahrheit sind. Beneidet **nur eine** die andere, wird die Neiderin **gut** aussehen und die Beneidete **unscheinbar**, oder (wenn Du schon älter bist) **unnatürlich faltig**.
Möchte eine Freundin Deine **Schwester** sein, wirst Du ihr auf dem Foto ähnlich sehen, obwohl ihr euch im Realen nicht so sehr ähnelt. Lass' Dich nicht beirren, wenn Du da mal nicht so gut aussiehst – es ist ein **Kompliment** für Dich. Vermutlich warst Du immer gut zu ihr und sie hatte es nicht leicht als Kind/Jugendliche.
Gehst Du mit Deiner Familie zum **Fotografen** und dieser findet Deine Frau schön, kann das beim 1. Foto noch nicht so sichtbar werden, aber **ab dem 2.**! Hier passiert es, dass diese Frau auf den **Folgefotos** *immer schöner* aussieht und der dazugehörige Mann kann (durch die gefühlte Energie: DER da **verknallt sich gerade** in meine Frau!) regelrecht **zornig** im Gesichtsausdruck werden. ;)

Den gleichen Sachverhalt gibt es auf **Urlaubsfotos**, wenn Pärchen gemeinsam den Urlaub verbringen und es dort *plötzlich* (durch das bessere, nähere Kennenlernen) „gemischte Gefühle" gibt! Selbst wenn *niemand* etwas verlauten lässt, die Fotos beweisen es! **Kracht** es im Urlaub mit befreundeten Pärchen **nach ca. drei** Tagen, gibt es Neid-/Eifersuchts- oder Rachekonflikte!!!

Schaffen es **fremde Fotos**, die Dir jemand *schickte oder schenkte*, in Dein **privates** Fotoalbum, so ist dies der Beweis, dass derjenige zu Deiner Familie gehören möchte. Auf welche Weise, musst Du selbst herausfinden. Es kann *auch* sein, dass *diese Person mit seinen eigenen Kindern* **an Deiner Stelle** *neben Deinem Partner* leben möchte! Hier kannst Du Dir das Album auf die Weise anschauen, **wie** Du die Fotos unterbewusst + beweishaft **einsortiert** hast! Beweggründe, gerne Dein Geschwisterkind oder auf ewig Deine Freundin zu sein, gibt es hier ebenso. Du erkennst es.

Stehen zwei Kumpels auf einem Foto und *der eine davon* ist in leichten **Nebel** gehüllt, nimmt sich derjenige zurück, z. B. wenn es sich um einen *sportlichen* Wettkampf handelt, weil er weiß, dass *der andere* **der Sieger** ist. Auch kann es sein, dass der im Nebel Stehende weiß, er steht im Schatten des anderen, was verschiedene Gründe haben kann.

Will eine Frau **manipulativ** *verführerisch* auf möglichst **alle** Männer wirken, wirst Du es auf Fotos an ihrem (Schaf)Blick *erkennen*, **insbesondere** wenn sie neben Dir steht.

Steht (D)ein Mann auf einem Bild *zwischen mehreren* Frauen, z. B. bei einer Party oder Disco und sieht dabei **extrem** charismatisch aus, wird er von **allen** Frauen darauf + ringsum stehend begehrt und/oder geliebt! Meine lieben Freunde der Nacht!! ;)

Liedtipp: **Whirlpool Productions** – die Coolsten ziehen: **„From Disco To Disco"**

Steht er zwischen Männern und sieht übel, verzerrt oder regelrecht hässlich aus, wird er von allen **um Dich** (*sein* Mädchen) beneidet. Die Seelen wissen, **dass** der Mann *aufgrund dieser Frau* (DIR) glücklich und ausgeglichen ist …

Fotografiert Dich Dein Mann/Freund und Du bist auf dem Foto *schöner* als in Natur, **sieht ER Dich so** und liebt Dich **SEHR**. Bist Du auf diesem Bild *weniger schön* als in Natur, weißt Du jetzt (zumindest in der aktuellen Situation), wo Du mit ihm stehst. Andersherum gilt dies natürlich ebenso, wenn eine Frau Fotos von ihrem Mann macht. Fotografiert Dich Dein Mann mit Deiner Freundin und sie sieht *schöner* aus **als Du**, hat mehr Ausstrahlung, dann weißt Du, **wen** er (zumindest in diesem Moment) subjektiv **schöner** findet!! Ja, das **ist** die **unverfälschbare** Wahrheit! Da kannst Du jetzt vor seinem Gesicht mit diesem Foto rumfuchteln! ;)

Siehst Du (Frau) auf Fotos *von einem auf den anderen Tag* im Gesicht völlig verändert aus (was Du definitiv im Spiegel bemerkst), hat sich die **Babyseele** entschieden, in die bereits vor *ca. 3 Monaten* **befruchtete** Eizelle, einzufahren. Sie hat sich entschieden, zu bleiben. ♥ Dein Gesicht wirkt einige Tage lang *wesentlich breiter*, mit der Symbolik: Es ist jemand hinzugekommen (in Deinem Körper).

Fotografiert jemand **Kinder** und diese sehen aus wie „Monster", denkt derjenige *genau das* von Kindern im Allgemeinen. Hier liegt die Ursache *immer* bei demjenigen, der fotografiert und es tritt **beweishaft** hervor, WER Kinder liebt und **wer nicht**.

„Selfie": Fotografierst Du Dich selbst und siehst *sehr viel* schlimmer aus, als Dein Spiegelbild es Dir zeigt, kannst Du den (überaus) schadhaften Zustand **Deiner Seele** SEHEN.

Wer immer gut aussieht, hat(te) nichts auszustehen … Sei froh!

Aus Handstellungen auf Fotos können auch Dinge gelesen werden, die ich euren eigenen Überlegungen überlasse, da es brüskieren könnte.

Klassen-/Gruppenfotos:

Viele von uns besitzen Fotos ihrer **Schulklasse**. Hier kannst Du Dinge an die Oberfläche bringen, die Dein Unterbewusstsein schon lange kennt. Wer neigt seinen Kopf zu wem? Wer nimmt Abstand vom Nebenmann? Wer hat sich auf Gruppenfotos wie und wo (hinter wem oder in wessen Nähe) positioniert. Wer sieht sich sogar ähnlich und will damit die Zusammengehörigkeit von vornherein kundtun? Fotos von **Klassentreffen** sprechen Bände, wenn Du welche hast. Alte Liebe rostet **nicht**!

Sieht ein Jugendpaar auf den Fotos gut aus oder lässt der (tiefsitzende) Neid vieler anderer grüßen?

Fotos mit Familienmitgliedern:

Hast Du ein Foto mit Deiner **Mutter** und Dir? Bist Du ein Mädchen? Siehst Du neben Deiner Mutter oder in ihrer Nähe immer irgendwie *verschoben/verzerrt* (vor allem im Gesicht) aus? Sie neidet Dir die Jugend, die Schönheit und denkt vielleicht neidvoll über alles Mögliche in Deinem Leben!

Sieht/sah Dein Vater in der Wirklichkeit schöner/charismatischer aus als auf Fotos **mit** Deiner Mutter, seiner Frau? Er hat die Falsche gewählt. So einfach ist das! Bist Du als Mädchen mit Deinem Vati auf dem Foto und Deine Mutter hat es geschossen, weißt Du Bescheid, wenn Du es analysierst, wie sie zu Dir steht. Macht sie Fotos von Dir und sie sind verschwommen, verzerrt, weißt Du ebenso Bescheid.

Auf diese Weise kannst Du alle Deine Fotos prüfen, **wer in welchem** liebevollen oder neidbehafteten **Verhältnis** zu Dir steht! Es ist Zeit zum Wundern, Staunen oder Weinen.

„Lichtblicke" auf Fotos:

Befindet sich *besonderer Lichteinfall* auf Fotos, dann beachte, **wo** die **Helligkeit** liegt. Gibt es auf einem Familienbild über dem Ehemann + Vater eine Art „Heiligenschein", wird dieser Mann **treu** zur Familie stehen, was auch immer geschieht.

Ist Dein Oberkörper hell erleuchtet, ist Dein **Herz** im Licht. Ist der Kopf in ein besonderes Licht getaucht, ist oder wird Dein **Geist** erleuchtet. Gibt es eine Art sonnenfarbenzackige Umrandung (zum Teil **regenbogenfarben**) auf einem Foto mit **zwei** Menschen darauf, **lieben** sie sich und keiner weiß es.

Den gleichen Effekt gibt es in Filmen, wenn sich zwei Darsteller *tatsächlich* ineinander verliebt haben – man sieht es in der Kameraeinstellung, manchmal nur ganz kurz: in Regenbogenfarben. Auch von Freilichtbühnen-Vorstellungen gibt es solche Fotos, wenn sich nur **zwei** Darsteller darauf befinden. Die besonderen Lichtvariationen auf dem Bild zeigen die *wahrhaft* füreinander empfundene Liebe, egal, ob sich die Schauspieler dessen bewusst sind oder nicht. **Es ist ein energetischer Beweis.** Bei **1.** Lieben, die *während* der Dreharbeiten passieren, gibt es *pfeilartige, farbige* Lichtpunkte, symbolisch für Amors Pfeil, der in diesem Moment *trifft*. Auch knall**rote** Lichtpunkte zeigen es an: Du liebst **heiß**!

Eine **Zwillingsseele** wird *bewiesen*, **filmisch**, wenn sich zwei *große, runde, rotfarbene* Kreise auf dem Bildschirm überlappen. Wichtig ist, dass sich dabei <u>nur ZWEI</u> Menschen auf diesem gefilmten Motiv befinden. Wunderbar sehen kann man dies in der **DEFA**-Serie „**Spreewaldfamilie**", die überhaupt extrem lehrreich, insbesondere für das Leben in *Großfamilien*, ist.

Ebenso wird verewigt, wenn sich ein *Kameramann* in **sein Motiv** verliebt – in diesem Augenblick zeigt sich ein bunter Flimmer, wenn *nur diese eine* Person in der Einstellung zu sehen ist.

Regenbogenfarbene Erscheinungen fand ich ebenfalls auf Bildern mit Fahrzeugen, z. B. Feuerwehren, wenn jemand mit Begeisterung oder gar Hingabe ein Hobby betreibt.

Dasselbe gilt für Landschaftsaufnahmen, wenn der Fotograf oder Kameramann *die Gegend* **liebt**.

Ist ein **Kind** auf einem Foto mit <u>Familienmitgliedern</u> und <u>Geschwistern</u> fast unsichtbar (durch Lichteinwirkung), fühlt es sich kaum wahrgenommen und an den Rand *oder* auf sich allein gestellt.

Gibt es einen **roten Rand** um ein Kinderbild, steht das Kind darauf sein Leben lang im **Urvertrauen** zu seinen Eltern. Es gibt Kinder, die sehen auf Fotos *durch Sonnenlicht* regelrecht aus wie **in GOLD getaucht**. <u>**Genau diese** Kinder **bestimmen**</u> die Zukunft der Erde!

Es gibt Musiker/Künstler und Bands, die gehören ungewusst zu spirituellen <u>Bestimmungen</u>. **RAMMSTEIN**, auf Musik-Videos vielmals in wundersame **Blautöne** getaucht, gehört zum „Blauen Fürstentum" des <u>Erzengels Michael</u>. Wen wundert Martes Zugehörigkeit zu diesen Männern (jetzt noch)? **Aainjaa** (kolumbianische Sambareggae-Trommelgruppe aus Bogotá) verbreitet über in Altleben gewesene Amazonen & Krieger die <u>**Macht** der **LIEBE**</u> (Rot- und Violett-Töne!).

Befindet sich auf einem **Natur-Foto** ein Kind und es wird frontal von Gräsern/Blüten (wie im Schutz) eingezäunt, die Natur hinter ihm liegt jedoch offen und frei, steht das Kind beschützt in seinem Elternhaus und bekommt dennoch allen Freiraum, um *eigene* Erfahrung zu sammeln.

Gibt es einen **schwarzen Rand** an einem Kinder- oder Familienbild, gibt es dort <u>**KEIN** Vertrauen</u>. Ist der schwarze Rand *links* zu sehen (Draufsicht), liegt die Ursache bei der Mutter, ist er *rechts*, beim Vater.

Siehst Du z. B. Gräser, welche aus einer Vase ragen und _eine_ Person auf dem Foto damit _wie durchgestrichen_ anzeigen, fühlt sich _diese_ der Gruppe _nicht vollständig_ zugehörig. Möglicherweise lehnt nur _eine andere_ Person _sie auf dem Gruppenbild_ ab.

Achte **genau** auf die Bild**hintergründe**: Hast Du ein Foto von Deinem Partner und darauf gibt es einen _breiteren weißen Lichtstrahl_ aus einer Seite des Himmels _an seinen Hals_ zeigend, ist dies wie ein **Schwert** zu sehen. Dein Partner hält etwas verborgen, was eurer Beziehung schadet, er jedoch NICHT verursacht hat. Deshalb siehst Du die Schwertklinge in der Farbe **Weiß** = Farbe der Unschuld. Das Verschweigen dient zwar Deinem Schutz, die Sache **muss** dennoch ans Licht, um weiteren Schaden an eurer Beziehung über die Folgejahre zu vermeiden. Es ist ein Himmels-**Zeichen:** Eure Beziehung wurde _erfolglos_ intrigiert, aber das schadhafte Geheimnis dazu besteht noch! Alles, was im Hintergrund den Anschein eines **Schwertes**/einer **Klinge** hat, ist ernst zu nehmen. Damit gibt es mindestens den Hinweis auf große Herausforderungen im Leben des Menschen, auf welchen die Klinge zeigt. Sind es schwarze _und_ mehrere Klingen, stelle Dich auf harte Kämpfe in Deinem Leben ein. Möglicherweise musst Du _mehrere Tode sterben_, um an Dein Ziel zu kommen.

Siehst Du auf einem Foto oder in einem Film ein oder mehrere **Hexagone** (Sechsecke), welche sich in _verschiedenen_ Farben und verschieden groß zeigen können (pink, blau, grün, gräulich, gelb), wird heftige, _realistische_ **Angst** vermittelt.

Tiefsitzende Kränkungen während der Filmtexte zeigen sich über ein rotes Schwert mit Blutblasen, heißt, es sieht aus, als klebten **rote** Bläschen in verschiedenen kleinen Größen an der Klinge.

Siehst Du farbenfrohe, seifenblasenähnliche Erscheinungen auf Bildern, ist der Wunsch nach Liebe & Frieden groß. Dies kommt auch auf Fotos oder Aufnahmen bei schönen Konzerten zum Ausdruck, wie bei den **Black Eyed Peas, die mutigsten Friedenskämpfer aus den USA.**

Gibt es Fotos, die für Dich _verschwommen_ aussehen, _zu wenig_ Farbintensität haben, _verwackelt_ sind, ist die Wirklichkeit, die Du im Außen denkst zu sehen, verfälscht! Ist alles **klar** zu sehen, außer z. B. ein Schriftzug nicht, dann ist dieser Text darauf _verlogen_.

Auch kommt es vor, dass Bilder anzeigen, wenn ein Mensch nicht mehr lange leben wird. Du erkennst es – er ist nur noch schwach zu sehen. Unser (vor allem bei Gesunden) Unterbewusstsein nimmt es so oder so wahr, wenn jemand aus dem vertrauten Umfeld *bald* sterben *könnte*. Das wichtigste Zeichen ist eine <u>deutliche Eintrübung</u> der Augen (Fenster der Seele). Dann solltest Du mal wieder ordentlich in LIEBE rumknutschen! YES!

Hast Du Fotos mit einer Freundin, welche von jemandem im **Langzeiteffekt** geknipst wurden (was natürlich **nicht** per Zufall geschieht), mit *völlig verschwommenen* Konturen und *fast unsichtbaren* Gliedmaßen, dann <u>**verschwindet** diese Freundschaft</u> früher oder später **komplett** aus Deinem Leben. So ein Foto ist ein Zeichen von intrigantem Verhalten <u>*einer* dieser Frauen</u> *gegen* die andere. *Wie* sich das verhält, wirst Du wissen!

Hast Du auf Bildern <u>sehr oft</u> **rote** Augen und die Menschen um Dich herum *nicht*, bist Du als (teils extrem) **hellsichtig** eingestuft.

Hast Du Partyfotos einer DEINER eigenen Partys und auf vielen sind die Gesichter der Gäste nur im **Schatten** zu sehen, stehen alle in Deinem Schatten. So fühlen sie es zumindest.

Ist jemand bereits **verstorben** und Du siehst ihn in einer Art Spiegel oder einem glänzenden Schmuckstück **wie** auf einem Foto, dann ist die **Seelenenergie** desjenigen <u>bei Dir</u> und zeigt sich auf diese Weise als <u>echtes,</u> wahrzunehmendes Bild. Wundersame Effekte gibt es auch auf **Grabstellen**, wo *Liebe über den Tod hinaus* weiterführend als Glanz/Glitzer und Licht angezeigt wird.

FOTOS LÜGEN NIE – sie sind **unnachahmliche BEWEISSTÜCKE!** Wie toll ist das denn???

Auch wenn es weh tun sollte – **freue Dich**, dass Du nun **endlich** weißt und klar erkennst, **woran Du bist**! Die Unterschiede, ob der **Effekt** bei den Menschen zu suchen ist, welche sich *gemeinsam* auf dem Foto befinden *oder* beim Fotografen, lernst Du, zu erkennen. Denke **nach** – das wird einfach. Bestenfalls hast Du mindestens **zwei** Fotos vom **selben** Tag in den**selben** Sachen von *zwei oder mehreren* unterschiedlichen Fotografen, mit verschiedenen Menschen darauf, die Du **auf Dein Gesicht** hin prüfen kannst.

Jeder sieht Dich ANDERS. Es kommt darauf an, wie er gefühlsmäßig zu Dir steht. Auch im Spiegel lässt sich das gut prüfen. Siehst Du Dich im Spiegel *selbst viel schöner*, als *andere* Dich sehen?
Dies ist ein Zeichen von Arroganz, Selbstüberschätzung und Narzissmus. Sorry.

SELBSTLIEBE

Ich verstehe dieses Thema eher schwer und behaupte: Es ist unstimmig, dass nur jemand, der sich selbst liebt, andere lieben und für sie da sein kann. Ich behaupte (aus Erfahrung!), dass zu Menschen, die sich selbst zuerst und am allermeisten lieben, folgende Charaktereigenschaften zählen: Selbstgefälligkeit, Egoismus, Respektlosigkeit, Rücksichtslosigkeit, wozu auch die Grenzüberschreitung gehört. Der-/Diejenige macht einfach so weiter, egal ob der andere darum gebeten hat, mit etwas aufzuhören (2 Beispiele: **respektloses** Stalking oder **das AUS** einer Beziehung/Freundschaft).

Ebendiese Eigenschaften bedient die sogenannte „Selbstliebe", die man für eine Gesellschaftsform wie den **materialistischen Kapitalismus** benötigt (sicher teils, um durchzukommen).
Was tun mit (sehr) viel Geld, einem großen Haus/Anwesen, wenn **niemand** drinsitzt (egal, wie viele Menschen sich um Dich herum befinden), **der Dich wahrhaft liebt**? Wie fühlt sich das an, wenn nur Du allein drinsitzt und Dich selber liebst? Häuser **ohne** eine liebende Person sind LEERE Häuser, egal wie riesig sie sind und wie viele „Klamotten" drinstehen!

Wenn wir (Marte & Jan) uns (nur) **selbst** lieben würden, hätten wir all diese Dinge **in Buch 1 + 2** für uns behalten und uns ins Fäustchen gelacht – alleinig bevorteilt, mit vielleicht einigen wenigen Eingeweihten. Wäre Dir das hilfreich gewesen? Sicher kannst Du Dir ansatzweise vorstellen, was es für uns bedeutet hat, diese **beiden Bücher** für **JEDEN von euch** zu schreiben? Es WAR die HÖLLE!

… und ja, es hat unsere Familie vorübergehend zerstört – die schöne, heile Welt.

Den Begriff „Liebe" kann man *nicht* differenzieren. Entweder Du liebst, oder Du liebst nicht. Was sich gefühlt so *dazwischen* befindet, ist **keine** echte oder **wahre** Liebe. Du wirst es **nach der kompletten Wirkung** der Bücher 1 + 2 <u>in Deinem Körper</u> immer besser verspüren, was für eine Lehre in diesem Satz steckt!

Denke also darüber nach, was es mit der „Selbstliebe" auf sich hat. Hacken diejenigen am meisten darauf herum, die selbst von anderen nicht geliebt werden (können)? Könnte das mit den genannten Charaktereigenschaften zu tun haben?

Alles, was mit Liebe betrachtet wird – mit der Liebe, die Du für das Gesehene empfindest, ist schön. Klappt das auch, wenn Du <u>nur für Dich selbst</u> Liebe empfindest? Wirst Du damit verächtlich?

Fotos haben noch eine andere Eigenart – Dein Blick *darauf* verändert sich, umso gesünder Du wirst. Es ist verblüffend. Jungs, die Du vorab **schön** fandest, werden <u>unattraktiv</u>. Sie passen nicht mehr zu Dir. Jungs, die unerreichbar schienen, rücken näher und werden greifbar. Fandest Du Dich auf einem Bild **nicht schön** und die anderen schon, kann sich dies <u>mit Deiner Gesundung</u> *drehen*: Du siehst plötzlich *richtig* attraktiv aus und die anderen werden *weniger* schön. Es ist spannend!

Ich sah ein Bild, auf dem sich zwei junge Menschen innig küssen, im Hintergrund ein Fenster mit einem Lichtspiel – es sah fast aus wie ein Name. Es **war** der Nachname des Jungen und deutete darauf hin, dass die beiden in der Zukunft einmal **heiraten** werden. Ja, solche Botschaften gibt es **aus** Fotos zu lesen … wenn Du *aufmerksam* hinschaust *und* analysierst.

Spiegelungen – Spiegel haben magische Qualitäten (Das ist Physik!)

In jedem Spiegel siehst Du anders aus. Wer hat <u>vor</u> <u>und</u> <u>mit Dir</u> schon alles <u>hineingesehen</u>? Gute, schöne, liebenswerte Menschen, böse, schlechte, neidbehaftete Menschen. Hast Du Deine ärgsten KonkurrentInnen bei Dir übernachten lassen? Haben sie in Deinen Badspiegel hineingeschaut? Wie siehst **Du** jetzt darin aus, *nachdem* Dein Besuch, den Du liebevoll behandelt (manchmal auch aufgenommen) hast, seinen ganzen NEID auf DICH, Dein Zuhause und Dein Leben in Deinem Spiegel gelassen hat (praktisch einen Teil *seines* Seelenlebens)?

Benutzt Du den Badspiegel *zusammen* mit Deinem **Mann** (was ja die Regel ist), und hast Du einen von der **teuflischen** Sorte, dann wünscht er, dass Du Dich <u>NICHT so hübsch</u> darin siehst, wie Du in Wahrheit **bist**. Es ist sein Schutz, damit Dein Selbstbewusstsein *nicht zu hoch* steigt … Das ist die Sorte Mann, die Dir nur *extrem selten* **sagt**, **dass Du** schön bist, <u>obwohl Du es bist</u>. Du sollst nicht überschnappen!

Stehst Du früh auf und spiegelst Dich, denkst, was ist passiert? Über den Tag *verschönerst* Du Dich <u>jedes Mal</u> und *morgens* wieder dasselbe Spiel!? Verdammt! <u>Deine Seele zeigt Dir:</u> „Du liegst nachts neben dem falschen Mann, Du wirst *im Büro oder an der Arbeitsstelle* **mehr** geliebt als daheim!"

Frisiert Dich jemand und derjenige ist mit im Spiegel zu sehen? Siehst Du komisch aus und fühlst, dass irgendetwas nicht stimmt? Die Neidkonflikte <u>über</u> Dein Gesicht, Deine (dichten) Haare und die entstehende Frisur auf Deinem Kopf sind der Grund. Die Person, die **hinter Dir** steht und **mit** in den Spiegel sieht, verzerrt <u>die Wahrheit</u>: **Deine Schönheit!**

Ein Spiegel hält *beweishaft* <u>alle Energien</u> fest, so wie auch das Wasser. Theoretisch brauchst Du einen Spiegel <u>NUR für Dich allein</u>, einen, in den nach der Produktion nicht einmal eine **Qualitätskontrolle** hineingesehen hat.

DANN wirst Du sehen, **WER** Du wirklich bist → die böse Königin/Hexe *oder* Schneewittchen: „Spieglein, Spieglein an der Wand, wer ist …"

Ein **gesundes** Quantum an Selbstliebe benötigt **jeder** Mensch, denn OHNE lebt es sich sehr schwer: „… und wenn ich keinem mehr gefalle, **dann** will ich gern begraben sein …" (Hildegard Knef)
Anmerkung: Dann hat nämlich auch *keiner und niemand* mehr Lust, Dich zu **küssen**.

Selbstliebe kann man jedoch **nicht** erlernen oder üben, wenn man sie *nicht* hat. Da kannst Du Dir sonstwie einen abbrechen! Und: Wer das behauptet, ist ein Geldschneider!
Sie wird aus der Mutterliebe gespeist und *entsteht* (ohne zusätzliche Mühen) letztlich nur, wenn Du mit den Büchern 1+2 arbeitest, *falls* Deine Quelle geschlossen war.

Und: Wo steht geschrieben „Du sollst **Dich selbst** am meisten lieben"? Kommen wir zusammen durch **Selbst-** oder durch **NÄCHSTENLIEBE**?

Aberglaube: Ein *kaputter Spiegel* bringt Dir **7 Jahre** Pech?
Früher **wussten** die Menschen **noch**, dass der Spiegel die Seele des Hineinschauenden beherbergt. Ein Spiegel befand sich hauptsächlich im **Schlafgemach** (Frisierkommode) und galt als **intim** (deshalb sah auch nur derjenige hinein, der ihm gehörte). Geht ein Spiegel kaputt, werden auch große Teile der Seele zerstört (je nachdem, *wie oft* hineingeschaut wurde). Die Seele braucht 7 ganze Jahre, um wieder heil zu werden und man wird in dieser Zeit vom Unglück verfolgt. Dieses **hast Du Dir** jedoch *vorab selbst* erarbeitet.

Fällt Dir ein Spiegel aus der Hand oder rutscht beim Abstellen herab (auf harten Boden), schau, was passiert. Gibt es nur einen kleinen Sprung oder eine rundliche Beschädigung, dann ist Deine Seele **sehr rein und extrem stark**.

Den Spiegel absichtlich fallen zu lassen oder zu zerschmettern, bringt keine Punkte *und* auch KEIN Unglück – es muss *willkürlich* geschehen, um eine echte Aussage zu erhalten.

Wasser ist ein perfekter Spiegel, allerdings **NUR dann**, WENN es ganz **klar und rein** ist. Na dann: Gehe mal auf die Suche danach … Wiederholung aus BUCH 1: Wir sind **über den Wasserhaushalt** ALLE miteinander verbunden. Deshalb ist es **mehr als wichtig**, so wenig Chemie und andere schadbehaftete Dinge in UNSER aller Lebenselixier kommen zu lassen!! **DANKE von Herzen!!**

Spiegel und andere glänzende Gegenstände wurden früher nach dem Tod zu- oder abgehangen, weil die Seelen der Toten sich dort spiegeln, jemanden mit in den **Tod** nehmen oder aber als Geist weiterexistieren. Bräuche, wie das Öffnen des Fensters, damit die Seele hinwegfliegen kann, eine Kerzen anzünden, für die Ruhe des Verstorbenen die Uhren anhalten (sie bleiben *manchmal* sogar von allein stehen) und jeweils ein Geldstück auf die Augen legen (für den Fährmann in die andere Welt) …, sind in ihrer Wahrheit **nicht** von der Hand zu weisen! **„Was man nicht sieht, das kann es trotzdem geben!"** Herrlicher Winter-Filmtipp: Rübezahl und die Skiläufer (Krakonoš a lyžníci) – ČSSR 1981

(zu häufigen) Spiegelblick abgewöhnen?

Mit *jedem* Spiegelblick lässt Du also ein Stückchen Deiner Seele darinnen.
Ich gehe davon aus, dass es der Grund ist, dass **Gesichter** (*unabhängig* von *anderen* diesbezüglichen Konflikten) besonders schnell **faltig** aussehen – im Gegensatz zum Rest des Körpers, der nicht so oft *in diversen* Spiegeln angeschaut wird.
Die Falten entstehen *auf der Suche* danach und werden zur selbsterfüllenden Prophezeiung. Habe ich wieder eine Falte mehr als gestern? Jo – Büddeschön!

Vielleicht ist es eine *Zwischenlösung*, sich im Spiegel zumindest *so wenig wie möglich* <u>in die eigenen Augen</u>, die Fenster der Seele, zu schauen. Ein Spiegel *fördert zuerst* die Eitelkeit und dann **zerstört** er sie! Spiegel sind Teufelswerk („Schneewittchen").

Ein kleiner Handspiegel, den Du tatsächlich NUR für Dich benutzt, ist ebenso ein Kompromiss.

Dass ein Gesicht durch Wettereinflüsse besonders „gegerbt" wird, fällt unter die Glaubenssätze.

Löst immer wieder, wenn es nötig ist, eure Falten als Zornfalten, Anstrengung und Lichteinfluss. Sie werden wieder verschwinden, WEIL dies Glaubenssätze sind, solange, bis ihr diese gänzlich ablegt!

Fiktion – erdachte Vorstellung

Bist Du mit Deinem Partner intim und er denkt dabei *an eine oder mehrere andere* Personen (z. B. Wunschpartner, Schauspieler …), **beschmutzt** er Dich (leider). Du bekommst davon unreine Haut auf dem Dekolleté und der Brust, was sich *oft pfeilartig* bis in den Bauchnabelbereich hinunterzieht (was ebenso zutrifft, wenn Dein Partner nicht lieben *kann* oder seine Seele Dich vor *fremden* Händen fernhalten will). Hier könnte es im Nebeneffekt sehr starke Orgasmen geben, weil derjenige Mensch *unerreichbar* scheint, welchen er sich dabei einbildet/vorstellt. Löst Du das **komplett** auf (bei euch beiden!), wird Deine + seine Haut rein und Dein Partner <u>kann nicht mehr</u> an **diese** Person(en) denken, weil Du den „Zauber" <u>aufgedeckt</u> hast. Es macht von nun an keinen Spaß mehr, denn das erotische Geheimnis **war** konfliktaktiv.

Sein nächster Orgasmus wird schwach sein, so wie Du es nicht gewohnt bist. Dies bestätigt den Sachverhalt, dass er **nicht Dich liebt**, sondern die *begehrte, fiktive* Person. Er blieb aus Gründen des *Anstandes* (Familie) und/oder der *Unerreichbarkeit* des anderen Menschen. Wie sich in Deiner Zukunft nun alles entwickelt, liegt ganz bei Dir. Willst Du ihn zurückgewinnen? Hast Du selbst starke Orgasmen bei ihm, ist Deine Liebe fast abgöttisch. Das ist ein Beweis! Dafür würde es sich schon lohnen, zu kämpfen! Also: **KÄMPFE!** Das Buch hilft Dir in jeder Hinsicht!! … Und ich wünsche Dir viel Glück!

Verstellst Du Dich, passt Du Dich an, um anderen zu gefallen, gibst Stärke vor, um jemanden zu halten? Auf Dauer wirst Du damit keinen Erfolg haben, weil Du **Dir selbst untreu** bist. Wirf Deinem Mann die Dinge **an den Kopf**, die Du von ihm denkst und Du löst seine Geheimnisse auf. Sie verwandeln sich in NICHTS und zerplatzen wie Seifenblasen. Die Ausführung macht danach keinen Spaß mehr. Provoziere ihn auch (wenn Du schon stark genug bist), **dass** er Dich verlässt und schaue, was passiert.

Verbiete etwas und es ist reizvoll. Erlaube etwas und der Reiz verfliegt.

Sei achtsam: Ein Mensch ist kein Besitz, kein Eigentum!
Zitat: „Wer den anderen nur kritisiert, beschimpft, fordert, wie das in fortgeschrittenen Stadien von Partnerauseinandersetzungen so beliebt ist, zerstört die Voraussetzungen der Liebe. Er wird so unattraktiv, dass nur ein Verblödeter ihn lieben könnte und er macht dem anderen deutlich, dass er ihn nicht liebt. Wer nur Kritik, Schimpfe und Forderungen bekommt, kann ja gar nicht (für den anderen) liebenswert sein. Was mir wichtig ist, was mir wertvoll ist, das schütze und behüte ich, das will ich nicht verlieren, das sollte ich erhalten wollen. Du liebst einen Menschen, indem Du ihm deutlich machst, wie wertvoll er für Dich ist."
freigegebene **Quelle:** https://www.sgipt.org/gipt/sozpsy/bez/m_ liebe0.htm

Wirst Du als **Frau** von Deiner Jugendliebe (mit *mindestens* einem *hinreißenden* Kuss) im Konflikt getrennt (z. B. durch eine Intrige), ist es sehr wahrscheinlich, dass Du im Gefühlsleben **unbeständig** wirst, Dich *schnell* verliebst und ggf. alle Folgebeziehungen untergründig zerstörst.
Der Hintergrund ist: **Du willst zu Deiner Jugendliebe zurück** und das geht nur, wenn Du **FREI** bist! Mit einem **Mundkuss** (Tor) berühren sich die **Seelen**, wie auch vorher bereits mit den Augen (Fenster).

Feiglinge

Hast Du als **Mann** einen **Kränkungskonflikt** mit (D)einer Jugendliebe – sie ist *nicht* mit Dir ins Bett gegangen (gefragt hast Du sie aber auch nicht) –, ist es sehr wahrscheinlich, dass Du viele wechselnde Geschlechtspartnerinnen hattest und damit Deinen Beschmutzungsgrad letztlich so erhöht hast, dass sie Dich nicht (mehr) haben will, **solltet** ihr euch im späteren Leben erneut begegnen.
Kleiner Test: Wie viel Schmutz bringst Du in ein Gebäude hinein? Betrittst Du Deine Wohnung mit Straßenschuhen bis auf den Teppich? Wischst Du Krümel vom Tisch auf den Fußboden *oder* nimmst Du sie in die Hand, schaffst sie in den Müll oder legst sie auf den Teller? Wie (respektvoll) verlässt Du Deinen Frühstückstisch im Urlaub (z. B. im Hotel)? Wie sehr stören Dich Dreck, Unordnung, Flecken und altes Zeug in den Schränken? …

Verlierst Du als **Mann** Deine Jugendliebe **durch eine Intrige**, wirst Du weiterführend eher *lustlos* sein und hast *wenige* neue Partnerinnen. Oft findet keine Heirat statt und Du hältst durch, um nicht allein zu sein. Teils wirst Du Dich gehen lassen, schlimmstenfalls „verlottern". Passiert es nun, dass diese Jugendliebe Dir erneut begegnet, fühlst Du Dich unzulänglich, lange nicht mehr so attraktiv wie damals und denkst, Du kannst nicht zurück … **no way!**

Hatte Deine 1. Liebe *eine Schwester/einen Bruder* oder eine(n) *gute Freundin/besten Kumpel* und Du hast versucht *über diese Person* die Verbindung zu … (Name) herzustellen, weil Du Dich selbst nicht so richtig trautest und **Hilfe brauchtest**, *kann* eine **Intrige** passiert sein. Das bedeutet, derjenige hat *dem von Dir begehrten Menschen* aus Gründen wie *Neid, Eifersucht oder Rache* NICHTS ausgerichtet. Somit hast Du Dich auf jemanden verlassen, der im Anschluss *gar nicht oder falsch* gehandelt hat.
Das Gesetz der **Ursache-Wirkung** wird Dir nun im Folgeleben immer wieder Menschen bescheren, die Dich darauf hinweisen: „Du hast jemanden **um Hilfe** gebeten, bekamst aber **keine!**" Nun wollen *andere* Menschen *Deine* Hilfe und erhalten sie auch definitiv, weil Du im Unterbewusstsein weißt, wie schlimm es ist, **keine** Hilfe zu bekommen.

Das ist ein <u>Beweis,</u> dass Dir *aufgrund fehlender* Hilfe einmal ein <u>ganz schlimmer Schlag</u> in Dein Schicksal erfolgte. Zudem fällt es Dir seit damals extrem schwer, andere um Hilfe zu bitten (und: NEIN zu sagen!), weil Deine Seele **die 1. bittere Erfahrung** damit kennt: „Wenn es wichtig ist, hilft Dir (sowieso) keiner (oder niemand)!"

Das Wahrscheinlichste ist hier, dass **Dich** ein Junge/Mädchen toll fand, welches **der Vermittler selbst** haben wollte *oder* dass **Dich** <u>der Vermittler **selbst**</u> haben wollte (was auch *gleichgeschlechtlich* sein kann). Hier kommt es vor, dass der **Name** des intriganten <u>**Verursachers**</u> ein Name ist, den *Deine eigene Mutter* **Dir** eventuell geben *wollte.* Damit sollst Du von **vornherein** (komisch, ja!?) nie vergessen, **wer** der <u>Schlüssel zu Deinem Unglück</u> gewesen ist (bzw. werden sollte). **Spooky** … und gar nicht lustig.

Deine Nachrichten oder Grüße sind **nie** angekommen? <u>Beispiel:</u> Du *vorgesehener* Briefempfänger heißt zwar Martin, solltest jedoch vielleicht auch Oliver heißen. Oder Du Mädchen heißt Marit, solltest aber vielleicht auch Grit oder Brit heißen, wie die Schwester Deines Schwarmes?
Auch Du wirst den Dingen <u>auf den Grund</u> gehen! Viel Erfolg dabei.

Im Übrigen: Schreibt jemand, der Dich gut und lange kennt, **Deinen Namen** *falsch* oder spricht ihn (immer noch) falsch aus, wundere Dich nicht über Deine Gefühle. Du bist gekränkt, hast keine Lust zu antworten oder kommst in die Annahme, dass Du demjenigen *nichts* oder nicht viel bedeutest. Es kann aber auch eine *gewisse Aufregung* sein, wenn etwas von Seiten Deiner Person zu ihm gelangt, so dass der Name in den Hintergrund gerät. Finde heraus, was stimmig ist. **Namen** sind eben **nicht** nur „Schall und Rauch", sondern das Wichtigste, was **ZU Dir** gehört!
Es gibt *Namensbedeutungen* von Mann und Frau, wie z. B. *Marte* und *Markus,* die **identisch** sind. Selbstredend ist dies **kein Zufall.**
<u>Marte:</u> Herrin, Gebieterin, dem **Kriegsgott Mars** geweiht, Nebenform von Martha/Marta, dänisch

<u>Markus:</u> abgeleitet von „mart-kos", was mit „dem **Kriegsgott Mars** geweiht" übersetzt wird, „der dem Mars Geweihte" oder auch „der Sohn des Mars", italienisch

<u>Jan:</u> „Gott ist gnädig", somit „ein Geschenk Gottes"

<u>Pia:</u> „die Gottesgefällige/Pflichtgetreue", „die Achtbare"

Marte hat ihr *Pseudonym* im übrigen **NICHT** nach *dieser Namensbedeutung* gewählt – diese lief uns erst im März 2021 „über den Weg", <u>sondern</u> weil ein **Kind** in ihrem Freundeskreis, als es *noch klein* war, <u>*Marte* zu ihr sagte.</u>

Magst Du **einen oder einige wenige Namen** *besonders* gern, sollen sie Dir *immer wieder* begegnen. Der andere, <u>an den Du denken sollst,</u> WILL es & wünscht es!

Wundere Dich auch nicht, wenn Dein Geistführer oder Schutzengel einen Deiner Lieblingsnamen trägt oder dieser Name in Deinem Leben (sehr) bedeutsam wird, durch Personen, die in Dein Leben treten. **<u>Dies ist in aller Regel VORBESTIMMT!</u>**

Martes Geistführer heißt **ISA** & ihr Schutzengel **JULIAN** (blond im roten Samt-Anzug!), wie sie **2017** auf Mallorca erfuhr.

Zwei wie Pech und Schwefel

Da ich *längst* Witwer wäre, WERDE ich es respektieren, dass ein anderer Mann **neben mir** in Martes Leben getreten ist, welcher unbewusst mit seinen starken Liebesgefühlen ihr Leben rettete. Dennoch sind wir **unzertrennbar**: eine 1. große (zu meinem *Leidwesen* <u>intrigierte</u>) Jugendliebe.

Haben sich **Zwillingsseelen** einmal gefunden und ist von *mindestens* einer Seite ein **Kontakt** aufgenommen worden, sind diese beiden Menschen **nie** mehr voneinander ablösbar. Das ist eine bittere Erkenntnis.

Martes **3.** Herzinfarkt ist **unbewusst** meiner Seelenenergie geschuldet (am 16. bis 18.09.2021), nachdem meine Seele erfuhr, dass unsere Melanie das Gemälde des **ADAM** fertiggestellt hat, ohne dass es Marte und ich offiziell von ihr wussten. Die Mails wurden erst am 19. September gesichtet.

Der Infarkt zeigt sich im linken Oberarm. Er beginnt mit einem länglichen Ziehen oberhalb des inneren Ellenbogens in Richtung Achsel und kommt dem Gefühl eines leichten Sehnenrisses gleich. Spätestens jetzt ist es Zeit, sich hinzulegen und alle Aktionen abzubrechen (auch fernsehen). Die **Konfliktlösung** muss **jetzt SOFORT** beginnen: FRAGE DICH: „Welche Liebe will mir das Herz zerreißen?"
Dein Hirn liefert Dir sofort ein BILD desjenigen und Du kannst den Konflikt direkt lösen.
Bestenfalls ist jemand da, der Dich in den Arm nehmen und küssen kann (auch ein Kind). Ebenso helfen Tränen, die in Deinem Mund landen. Telefoniere oder singe, wenn niemand bei Dir ist und lenke Dich *leicht* ab (ohne Aufregung). Umso *schneller* der Konflikt gelöst wird, desto *geringfügiger* fallen die Symptome aus.
Ein Herzinfarkt wird **mit** *passender* Konfliktlösung **IMMER überlebt** und heilt in unglaublichen **48 Stunden** aus, wobei Du danach zu der Liebe, zu welcher der Infarkt gehört, nie wieder Schaden davontragen kannst.
Setzen sich die Schmerzen fort, halte durch, denn Dein Herz geht **sofort** in die HEILUNG über! Gäbe es bereits einen Riss, wird dieser gekittet. Es fühlt sich an, wie das Zusammenkleben zweier Teile.

Marte gelang die Lösung *leider nicht* sofort, so dass sich die Stärke des Infarktes akut lebensbedrohlich erhöhte, mit Brennen und Druck im Herzen sowie einem Schweißausbruch am ganzen Körper, nahe der Ohnmacht. Ihre Überraschung war zu groß sowie die **Ahnungslosigkeit**, dass es *um den* Mann geht, der ja NEBEN ihr lebt! Die Konfliktlösung gelang kurz vor „dem Ende".

Je nachdem, **wie alt** Du bist und *wie lange* diese für Deine Seele wichtige Liebe her ist, entstehen die Schmerzen. Ab 50 Jahre wird es, wie Du bereits aus Buch 1 weißt, immer schwieriger.

Am Schlimmsten ist es, wie oben erwähnt, wenn Du den Infarkt durch den Menschen erlebst, der mit Dir wohnt und lebt!

URSACHE: Dieser Partner ist durch seine *schadhafte* Kindheit nicht in der Lage zu lieben.

Falls er immer TREU war, passiert ein Infarkt dann, wenn Du Dich aus dem Mangel an Liebesgefühlen von seiner Seite **im Außen** orientiert hast und fremd liebst (das muss nicht einmal Körperkontakt bedingen). Du erinnerst Dich? Die SEELEN sind IMMER **wissend** und in der Lage, sich gegenseitig zu TÖTEN und ja, das geht OHNE Waffen sondern rein mit ENERGIEN!

FAZIT: TREUE sichert also Dein Überleben. „**Augen auf bei der Partnerwahl!**"
UND: Bei einer **Gesundheit von Körper & Seele & Geist** ist DIESES nach dem Maßstab von Buch 1 und Buch 2 die **leichteste** Übung!

Dankbarkeit von Herzen

Hat Dir einmal jemand im Leben – manchmal sogar *auf eigene Kosten* und vielleicht (etwas) unfreiwillig, aber doch gütig + vertrauensvoll – sehr geholfen, dass Du einer *einschneidenden* Lüge in Bezug auf eine Beziehung auf die Spur kamst, sei ihm ewig dankbar. Das ist einfach ein wunderbarer Mensch – ein **Retter**, dem Du die Füße küssen solltest, WEIL er Dir die **Wahrheit** vermittelt hat … Hier kann es sogar sein, dass Dein Leben *verlängert oder gerettet* wurde.

Es gibt **drei Sterne der Liebe** in Deinem Leben: Die **1.** Liebe (die nicht beginnen konnte), die 1. **große** Liebe/Jugendliebe (die durch **Intimität** beginnen konnte) und Deinen Retter (Dein **Enkelkind**). Alles, was davon abweicht und dazwischenliegt (wie auch das Fremdgehen, um Dinge auszuprobieren oder einer *möglicherweise starken* Versuchung nachzugehen), ist **konfliktaktiv.**

Hast Du in der Folge Partner, die Deiner 1. Liebe <u>ähnlich</u> sehen, ist es ein Beweis dafür, dass Du mit immer demselben „Typ" versuchen möchtest, es *besser* zu machen.

Glücklich wirst Du jedoch **nur mit** Deiner <u>1. großen LIEBE, **der** Jugendliebe</u> im ORIGINAL! **Ab wann das zu spät ist, musst Du selbst erforschen.** Es ist immer anders …

Mann: Die „Mönch-Symbolik" auf dem Hinterkopf ist der <u>naturgegebene Beweis,</u> wenn Deine **große Liebe** aus Deinem Leben *entschwunden* ist. Überlege, wann in Deinem Leben diese kahle Stelle begonnen hat, sich auszubreiten. Dies geschieht auch dann, wenn ihr noch zusammenlebt, sie Dich jedoch verlassen wollte und aus diversen (unstimmigen) Gründen bei Dir blieb. Verlassen ist verlassen. Durch die Lösung des Konfliktes wächst Dein Hinterkopf jetzt wieder mit Haaren zu. Traf es Dich damit in relativ jungen Jahren, ist Dir Deine *große Liebe* bereits in der Kindergartenzeit oder frühen Jugend (bis 14) begegnet.

Du siehst mich nicht.

Beschädigte Dich Deine Mutter **bis zum 7. Lebensjahr**, wird Deine 1. Liebe im Alter von bis zu ca. 14 Jahren an Dir vorbeigehen – im wahrsten Sinne des Wortes. Du stehst vor ihr/ihm und wirst NICHT gesehen! Deine 1. große Liebe wird Dich *nicht ernsthaft* zur Kenntnis nehmen, was auch immer Du veranstaltest, weil Du Dich <u>so verliebt</u> fühlst. Oft gibt es hier einen Altersunterschied von 3–5 Jahren, so dass eine Art Probezeit besteht, welche es dann für diese WICHTIGSTE Liebe auszuhalten gilt. Bist Du gesund (zumindest ohne größere Beschädigungen), hast Du ALLE Chancen, mit exakt diesem Menschen <u>auf ewig</u> glücklich zu werden …

Je nach Beschädigungs- und Beschmutzungsgrad <u>bis</u> zum 14. Lebensjahr wirst Du jedoch Dein ganzes Leben lang, WENN Du Konfliktlösung <u>als Mittel</u> **nicht** kennst, die Liebe *vergeblich* suchen. Die 1. Liebe ist für Dich unerreichbar. Im Übrigen ist es die Wahrheit, dass alle Kinder, deren Vornamen mit den Buchstaben **MAR** beginnen (wie auch **Mar**ia von Josef & Jesus), im Alter unter sieben Jahren am meisten zu Schaden kommen (sollten).

Altkot löst sich nun in Dir, sobald Du erkennst, was geschehen ist. Deine 1. Liebe **war** bereits zerstört, **bevor** sie beginnen konnte! Dein Herz schmerzt, aber nicht allzu stark, denn diesem einen Menschen konntest Du nicht auf einen Meter nahe kommen. Er *musste* Dich abweisen (weil gesund!), *bevor* er Dich kennenlernen und *erkennen* konnte: dass Du GUT und **seiner** würdig bist! **Er wäre** in der Lage gewesen, Dich zu heilen.

Wenn Du Glück hast, findest Du einen ähnlichen Partner desgleichen Typs für Dich, wobei Du den „Typ" zuvor nach der 1. *unglücklichen* Liebe in den *gegenteiligen* gewechselt hast (z. B. blond zu dunkel, dann wieder zu blond).

Am Helenesee, 8 km südlich von Frankfurt (Oder), ist Marte beim Camping mit ihren Eltern (1985) ein schwarzer Badeanzug abhandengekommen. Möglicherweise hat ihn sich ein Junge als Andenken mitgenommen, der es nicht wagte, sie anzusprechen. Schade, es hätte ja sein können, dass … Und JA, sie **liebte Ferienlager**, mit *allen* verbundenen Erfahrungen und schmerzhaften, tränenreichen Abschieden, egal ob von Mädchen, Jungen, Erziehern oder „Sportnicks" (so wurden die Sportverantwortlichen, meist schicken, muskulösen Männer, benannt) UND den *vollen Briefkasten* noch Wochen im Nachgang. ;) Sie hat euch so sehr lieb gehabt. An dieser Stelle ein **DANKE** von Marte – ihr Leben wurde durch euch *damalige* Kinder und Jugendliche **für immer** bereichert! Sie wünschte, sie könnte euch alle wiedersehen, egal welcher Nationalität … Eure Passbilder „leben" noch in ihrem Album. ♥
NENA I Irgendwie • Irgendwo • Irgendwann (1984)
https://www.youtube.com/watch?v=oMHLkcc919c

… und ich dachte, Du magst mich (DEFA 1987)

Marte sah den Film rauf und runter. Ich sage nur: 100 Ferienlager- und Urlaubs-Konflikte!
Das ganze Leben ist nur ein **Durchhalten**, wenn der Mensch *tiefsitzende* Liebeskonflikte hat.

<u>Kurzes Nebenthema:</u> Hast Du Deine 1. Jugendliebe durch eine **Intrige** verloren und den Altkot in Form eines „Kirschkerns" gelöst, kann Dir dies <u>ein 2. Mal</u> geschehen, nämlich aus diesem Grund: DEINE Zwillingsseele hat auf irgendeine Weise zu Jugendzeiten Wind von Dir bekommen, OHNE dass Du es bewusst weißt. Ist dieser Mensch dann *tatsächlich* in Dein Leben getreten, gibt es **zum Beweis der gegenseitigen** Liebe die Ausscheidung des 2. Kirschkerns. Der eine liebte schon *seit der* Jugend, der 2. verliebte sich <u>JETZT</u> (passiert am 04.09.2021).

Bist Du auf Reisen, im Ferienlager, in einem Jugendcamp, bei einer Party und **siehst** erst ganz **zum Schluss,** sozusagen <u>beim Abschied</u> klar: „Ich habe mich verknallt!", dann tu etwas. Nehme all Deinen Mut zusammen und frage nach ihrer Telefonnummer, ihrer Mailadresse, ihrer Anschrift! Hast Du keinen Zettel dabei, aber einen Kugelschreiber? Schreibe Dir etwas, z. B. eine *Telefonnummer,* auf Deine Hand!

Ach ja, und wozu sind **rote** Ampelphasen gut? Na? → <u>Zum Küssen!</u> Voraussetzung ist natürlich, Du hast (D)ein Mädchen dabei! ;)

Sonderthema: Phantasien

Hast Du manchmal Gedanken und Vorstellungen, bei denen Du Dich fragst, wie Du dazu kommst? Würden Dir die *empfangenen* Bilder eigentlich gar <u>nicht von selbst</u> einfallen? Das ist ein Ding!
Hier **sendet** Dir jemand <u>seine</u> Phantasien. Das kann passieren, wenn Du mit anderen zusammen im Auto sitzt, das Radio läuft und plötzlich siehst Du vor Deinem inneren Auge, wie Du erotisch an einer Tabledance-Stange tanzt. Mh. Du bist nicht besonders gelenkig, Deine Figur würde es hergeben, Dein Tanzstil auch, aber **wie** kommst Du nur darauf (mitten am Tag)? He? Ja, es sitzt ein Mann mit Dir im Auto, der **so** <u>von Dir</u> denkt und träumt. Hat derjenige jemals um Dich gekämpft?

Liegst Du abends im Bett oder morgens nach dem Erwachen und Dir kommen Bilder (körperliche Liebesphantasien), die *nicht bewusst* von Dir stammen, dann sind das **Wunschgedanken eines anderen** über Dich. Auch Bilder, wie Du denjenigen innig umarmst, mitten auf der Straße küsst oder Liebeszeichen sendest, vielleicht anstelle von Winken *Mundküsse* hauchst, Herzen auf sein Auto malst oder ein Briefchen hinter seinen Scheibenwischer steckst, zählen dazu.

Der Mensch, an den **Du** <u>dabei denken</u> musst, **liebt Dich**! Er weiß nur nicht, wie er an Dich <u>herankommen</u> soll, weil *scheinbar* alles viel zu kompliziert ist …
Hat Dich jemals einer danach gefragt?

Denke auch daran: Manche Frauen sind so stolz, da **muss** der **Mann** es tun. … wenn er denn **EINER** IST (und kein Waschlappen)!

<u>*Hier ist wichtig zu wissen:*</u> Solche Gedanken sind faktisch **nur dann** *übertragbar*, wenn von **beiden** Menschen **wahre LIEBE** gefühlt wird (nicht das „Haben wollen"). Ein Spiel damit zu betreiben, *vielleicht* mit **aller** spiritueller Anstrengung, ist also von vornherein **unmöglich**!

Denkst Du über etwas nach, malst Dir aus: *„Was wäre, wenn?"* und Dir wird bei Deinen eigenen Bildern *mulmig* in der Magengegend, dann sind Deine Gedanken die potentielle <u>Wahrheit</u>.

Siehst Du vor dem „inneren Auge", wie <u>Dein</u> Auto (welches der-/diejenige <u>kennen MUSS</u>) mit einer Art **rotem Nagellack** regelrecht *übergossen* wird und danach auf der Motorhaube *ein Herz* entsteht, bei dem Deine *tatsächliche* Autofarbe zum Vorschein kommt, ist es dem „Seelenbild-Sender" in jedem Falle **sehr** ernst.
<u>Liedtipp:</u> **Michelle & Matthias Reim „Nicht verdient"**

Zeichen

„Wenn sie sich umdreht, liebt sie mich!" Wenn Du so etwas denkst, hast Du recht.

Machst Du Blütenspiele? „Er liebt mich, er liebt mich nicht"? Wenn Du **ohne** vorher abzuzählen zum Ergebnis kommst „Er liebt mich", kannst Du zu 99 % davon ausgehen, dass es stimmt.

Alles, was **ohne** vorherige Manipulation und in der 1. Intention geschieht, funktioniert!

… auch, wenn Du Dich erschrickst! ;)

Froschkönig

Fühlst Du Dich nicht ausreichend schön genug, so kann das noch werden, wenn Du nur MUT genug aufbringst, einen gewichtigen Schritt zu tun! „Der **Froschkönig**" ist ein sehr kluges Märchen, insbesondere, wenn man diese Geschichte nicht nur auf Konkurrenten, sondern auch **auf Brüder** bezieht, wobei einer *optisch schöner* ist als der andere, jedoch die *innere* bessere Wertigkeit (Charakter) dem optisch Unterlegenem zukommt! Mädchen, schönes Mädchen, lasse Dich nicht in die Irre führen. Lernst Du einen Jungen kennen (bist dabei, eine Beziehung zu starten), unterliegst dann jedoch **dem Charme** des *älteren* Bruders, kann es bedeuten, dass Du Deine wahre Liebe **nicht** siehst. *Manchmal* kommt nur, wer auch einen Frosch küssen kann, zu seinem Glück. Hierbei liegt der seelische Trick: Du bist **einer Prüfung** unterlegen! Schaffst Du es, dem weniger schönen, aber *charakterlich besserem* Bruder in der Liebe standzuhalten, wirst Du ihn als schönes Mädchen ERHEBEN und was das Beste daran ist: Dieser Junge WIRD an Deiner Seite *zwangsläufig* SCHÖN werden, ja, schöner als **sein Bruder**. Du – das Mädchen – hast **ihn** besiegt!

Was hältst Du **nun** davon? Das ist der einzige Hintergrund, den es bei diesem Märchen zu durchschauen gilt und der im wahren Leben funktioniert!

Die wahre Liebe <u>verkennst Du</u>, wenn Du mit dem **hübscheren** Bruder nur Dein Ego fütterst.

Hau Deinem älteren Bruder eine rein, wenn er sich in Dein Beziehungsleben einmischt – dann versteht er für die Zukunft, wo der (Oster-)Hase langläuft!

Marte hörte eine Geschichte, die sehr passend ist: Ein wunderschöner Mann nahm sich eine unscheinbare Frau, weil er ihre Art und Güte liebte. Wie entwickelte sie sich wohl innerhalb der Folgejahre **voller Liebe** an der Seite dieses begehrten Mannes? Na? Sie **WURDE** ebenfalls **wunderschön**: Aus der lieben, grauen Maus (nicht nur Ente!) wurde ein schöner, stolzer Schwan!

Stehst Du bezüglich der Frauen stets in Konkurrenz mit einem Kumpel? Bekommt er sie oder ich, ich oder er?? Wettet ihr, wer sie knackt, bei wem sie bleiben wird (bevor ihr sie wieder laufen lasst)? Ihr seid beide konfliktaktiv und in der Gefahr von Ursache-Wirkung. Folgend wird euch eines Tages **eine** Frau über den Weg laufen, die nicht zu knacken ist oder euch beiden die Herzen aus der Brust reißt. Dann walte Hugo!!

Hattest Du **Spaß** mit einem Mädchen oder einem Jungen? Habt ihr es zusammen versucht und das Leben *war* **fröhlich**? Hast Du sie/ihn *dennoch verlassen*, weil Du *einer fremden Schönheit* (<u>neue Prüfung:</u> die **Versuchung**) erlegen warst, konntest *nicht warten*, bis sich Deine Liebe auf den nicht so hübschen Partner <u>auswirkt</u>? *Du weißt es längst:* Es war Dein **größter Fehler!**

So leid es mir tut: Was wahr ist, muss wahr bleiben. Frauen wollen nicht zwingend den Größten + Schönsten. Sie wollen den **gepflegten** Kämpfer + Sieger! An so manchem Mann ist NICHT SICHTBAR, wie stark er sein wird, wenn es darauf ankommt. Die Energien werden dafür sorgen, dass er große **Härte** walten lassen **kann**, *wenn er im Recht ist!*

Männer, die ihre Beine übereinandergeschlagen, wirken frauenhaft. Das möchte überlegt sein.

Trugschlüsse

Die ist bestimmt *total eingebildet*, so (hübsch) wie sie **aussieht**! Schaut sie Dich an und lächelt vielleicht auch noch, guckst Du grimmig zurück. „Bloß nicht angucken, dann wird sie noch eingebildeter, diese Tussi!" Sie kann *sowieso* <u>nicht</u> DICH meinen!? Wenn Du Dich da mal nicht irrst.

So lange Du Dich *nicht selbst* davon überzeugt hast, <u>wie</u> eine Frau wirklich in ihrer Seele ist, hilft Dir das <u>oberflächliche</u> Bild, welches Du von ihr hast, wenig.
Frauen, die arrogant wirken, es jedoch *nicht sind*, haben einen **Schutz** aufgebaut: „Sprich' mich NUR <u>dann</u> an, *wenn* Du es **<u>ernst meinst</u>**!" Es ist also ein Schwierigkeitsgrad!

Schenkt *so eine Frau mit Strahlkraft* etwas zum Naschen oder Genießen (Liebesersatz) *an eine ganze Gruppe Männer*, hat sie gespürt, dass irgendwie *jeder von ihnen* etwas für sie übrig hat. Hier ist davon auszugehen, dass sie <u>euch alle</u> gerne mag. Vielleicht ist *mittendrin* in <u>dieser</u> Truppe auch ein **ganz großer Glückspilz**?

Ihre **Wahl** fiel auf einen Mann, der den anderen *optisch* (eher *oder* total) unterlegen ist? Wundere Dich nicht. Hier erkennen sich <u>die Seelen</u> und sorgen dafür, dass die wahre, äußere Schönheit **wieder erreicht** werden kann! Dies ist **nur** <u>mit mindestens einem Mundkuss</u> möglich.
Anderweitige Zuneigung hilft auch (schleppend), aber *nicht* <u>endgültig</u>.
Wer hier den Kuss, insbesondere den **am stärksten** wirkenden – nämlich den in der <u>Öffentlichkeit</u>, verweigert, ist – ich sage es lieber nicht, oder doch? Ein <u>gewaltiger</u> Feigling! Hoffe für Dich, Du hast noch irgendeine gnadenvolle Chance bei ihr … nach so einer schrecklichen Kränkung. Da müsste die Liebe schon **sehr** groß sein.

Was ist für einen hübschen Menschen *noch schlimmer*, als von einem Hübschen abgewiesen zu werden?: Von einem *weniger schönen* Menschen, **TROTZ Liebe**, abgewiesen zu werden.

Ach ja: **Offensiven** Frauen (ähnlich Amazonen), die **nicht** nur *spielen* wollen, ist es relativ <u>egal</u>, in welcher Konstellation sich der Mann ihrer Wahl „familientechnisch" befindet. Davon musst Du ausgehen. Jedoch auch davon, dass sie von Dir nicht verlangt, alles aufzugeben. Das wäre Liebe.

Langeweile kommt mit ihr nicht auf, das sei Dir *so gut wie* versprochen.

<u>Achtung:</u> **Freundlichkeit** (und nette Gesten, die *das Miteinander* <u>schöner</u> machen) ist *nicht gleich* Anmache, ein **Flirt** ist *nicht gleich* das tönende Trompetensignal für den großen Angriff. Manche Frau mag Dich sehr, aber mehr ist eben nicht drin. Sei achtsam und übernimm Dich nicht – <u>Dein Gespür</u> wird Dir **gut** raten (**1.** Intuition), denn sonst machst Du *alles andere* auch kaputt.

Fühlst Du Dich **ernüchtert,** hast Du den *richtigen* Werdegang wahrgenommen. Zieh Dich mit Deinen Annäherungen zurück und verhalte Dich normal. So behältst Du ihre Zuneigung.

Fühlst Du Dich **ermutigt,** ist auch das stimmig – **sei** mutig, wenn Du zum Ziel kommen möchtest. Ohne Mut versackst Du und verlierst an Coolness, wenn sie diese *vorher* an Dir wahrnahm.

Solche Frauen <u>hassen Feiglinge</u>, insbesondere dann, wenn sie den 1. Schritt gemacht und Dir gezeigt haben, wie es geht und DASS es geht.

Schaffst Du es nicht, vor sie zu treten, und sie ist eine <u>Kriegerin</u>, dann wird sie vermutlich **DREI** Mal in Deine Richtung gehen, danach ist Ebbe. Dieses gefühlte Nachlaufen oder „einem Mann hinterherrennen" gibt es in ihrer Empfindung <u>nicht</u>. Sie denkt in *anderen Dimensionen* als die meisten Frauen. Willst Du nun Ebbe *oder* **Flut**?

Alles, was in **ehrlicher** *Liebe und in Zuneigung* zueinander geschieht, <u>verschönert</u> die betreffenden Menschen <u>optisch</u>.

Pat Benatar: „LOVE Is A BATTLEFIELD"

Männer, die es schaffen, Buch 1 + Buch 2 *komplett* durchzuarbeiten, werden **außergewöhnlich** stark (mental + physisch) sowie von **göttlicher** Optik!
Dennoch warne ich davor, für die Liebe, insbesondere *einer sehr* begehrten Frau, KRIEG zu führen!
Nur <u>wenn von</u> **beiden** Seiten, heißt <u>auch VON ihr</u>, **wahre Liebe** <u>für DICH</u> gefühlt wird, lohnt es sich überhaupt, einen Kampf zu beginnen. Es ist **nichts** dergleichen künstlich und/oder mit Macht herbeizuführen!
Ihr habt es sicher schon einmal gehört oder zumindest im Film gesehen: Nur EINE wunderbare Frau KANN einen Krieg anzetteln, wenn sich zwei mächtige Männer wegen IHR in die Haare kriegen!
ABER Achtung, hier ist die Krux an der Sache:
→ WER will eine Frau, die einen **anderen** liebt? Vollkommen SINNFREI!

Jeder hat auf der Erde genau **einen** Menschen, der optimal zu ihm passt, auch DU, und was noch wichtiger ist, jemanden, der <u>genau</u> **Deine** Liebe <u>erwidert</u>!
Andernfalls gibt es **Angst, Hass und Zerstörung**. Das alles hatten wir schon! Ende im Gelände.

Ehrlichkeit

Wann sagst Du jemandem, dass Du vergeben bist? Wie lange lässt Du es darauf ankommen?
Bis der andere seine Verliebtheit schon *potenziert* hat? Ist das fair?
Kannst Du Dich *nicht entscheiden*, zwischen zwei möglichen Partnern? Bist Du immer wieder aufs Neue fasziniert vom anderen Geschlecht? Eine(r) ist schöner als die/der andere?
Vermutlich bist Du für die Ehe oder eine richtig feste Bindung **nicht** geeignet. Wenn Du mit dieser Ehrlichkeit handelst, bekommst Du

vielleicht, wonach *Du suchst oder Dich sehnst:* mehrere Partner, die in verschiedener Weise auf Dich eingehen!?
2. Variante: Suche Deine **Ursache** → Deine Jugendliebe und löse den starken Konflikt!

Wo ein Wille ist, ist auch ein Weg?

Meistens ist das so, nur auch in Liebesdingen? Wenn ein Mensch *wirklich* etwas will, wird er *ausdauernd* ankommen. Ob immer zum Wunsch-Ziel, ist in der Liebe leider fragwürdig, aber doch zumindest zu *Kompromissen.*

Wie wäre es denn, wenn Deine Traumfrau Dich wenigstens *liebevoll begrüßen* könnte, mit einer Umarmung und einem Wangenkuss, wenn sie gerade Lust dazu hat, weil sie einfach *nicht in der Lage* ist, Dir **mehr** bieten zu können. Sie hat ihren Wunschpartner bereits, vielleicht eine unkaputtbare Jugendliebe? Vielleicht kann sie sich überhaupt nicht vorstellen, mit einem anderen zusammenzuleben (selbst wenn sie schöne Gefühle für Dich hätte)? Wie willst Du Dich da etablieren? Nimm **das**, was Du an Schönem *freiwillig und ehrlich* gemeint von ihr *(die Dich auch **sehr** mag)* haben kannst, oder bekomme **gar nichts**. Das ist die Auswahl!

Spitz-/Kosenamen

Wie schön ist es, dauernd mit Hase, Schatzi, Mausi usw. angesprochen zu werden? Unter Freundinnen ist das ja sehr üblich und lieblich, aber innerhalb der Beziehung? Da geht es noch verschärfter *(unerotischer)* mit Mutti, Vati, Oma, Opa …
Willst Du es *vermeiden*, **den Namen** Deines Partners auszusprechen? Fehlt Respekt? Woran hapert es? Nervt Dich der andere? Willst Du

ihn damit provozieren? Gehört es vielleicht in die Rubrik: „Wenn Du *das:* (Schatzi) nicht mehr hören kannst, dann hau doch endlich ab"? (Vollständiger) Name bleibt **Name** – der wichtigste Teil, der neben Körper/Seele/Geist **zu Dir** gehört!

Bodycheck

Wie achtest Du als Mann darauf, Dich zu kleiden? Ich meine *nicht* Deinen Stil, sondern z. B. frische Unterwäsche + Strümpfe. Eine Frau *riecht* es, *wenn* Du ungepflegt bist, da kannst Du noch so „schnucklig" aussehen. Warst Du zu Besuch bei ihr, sie begleitet Dich zur Tür, kommt in ihr Zimmer zurück und es riecht *nicht mehr* gut oder gar unangenehm, DANN stammt das von DIR!

Selbstredend macht Dich das ab diesem Moment *unattraktiver*, auch wenn sie deswegen nicht gleich **Schluss** mit Dir macht. Gut wäre, wenn sie es Dir sagen würde. Das bringen jedoch nur die wenigsten fertig. Der Grundgedanke ist hier: „Das muss er selber merken!" *oder* „Ich bin es ihm nicht wert, dass er sich ausreichend pflegt." Hier kann es auch sein, dass der Junge/Mann *beschädigter* ist als das Mädchen/ die Frau, was mit der Kindheit zusammenhängt (Buch 1).

Stichwort: „Außen hui, innen pfui"

Fühlst Du Dich unzulänglich, nicht schön genug für (D)einen Mann, bist Du es auch **nicht**. Seine Seele sagt es Dir deutlich. Wirst Du davon wütend, dass (fast) alle Männer – ja, EGAL, wie sie *selber* aussehen und sich über die Lebensjahre gehalten haben – wunderschöne, makellose Frauen **haben wollen**? *Kurze Frage:* Musst Du Dich immer noch schmerzhaft epilieren und mit Hautunreinheiten kämpfen? Dann hast Du Buch 1 wohl doch nicht (gründlich genug) durchgelesen.

Männer WOLLEN **schöne** Frauen, nach dem <u>individuellen</u> Typ, auf den **jeder** steht.

Jeder Mann jedoch, der seine Frau für *selbstverständlich* hält und ihr *zu wenig* Zärtlichkeiten schenkt, lässt sie am ausgestreckten Arm verhungern und muss mit allem rechnen, auch dass sie in ihrer ehemaligen Schönheit *verkümmert*.

Ein Mann ist manchmal in den eigenen vier Wänden NICHTS von dem, was er „draußen" scheint oder vorgibt, zu sein. Auf Arbeit markiert er den schicken, charismatischen **Mann** in Anzug, Hemd und Krawatte oder Uniform, zu Hause gibt es für Dich nur eine Erscheinung: fast ausschließlich in Jogginghosen und Sweatshirt oder Unterhemd? Ist er ein Macho noch dazu? Na, Hilfe! Wenn Du das tolerierst und damit leben kannst, bist Du allerdings perfekt für ihn!

Wenn Du mit solch einem Exemplar zusammenlebst und viel naschst, wer soll sich darüber wundern? Naschen IST Liebesersatz: Was ist besser: naschen *oder* vernaschen? Wer nascht bei euch mehr, Du oder Dein Mann? Wer liebt wen wie stark? Wer holt sich seine „Süßigkeiten" woanders? …

Wer nicht in der Lage ist, Frauen anderweitig zu beeindrucken, als **mit sich selbst**, der braucht ein teures Auto (möglicherweise auf Pump/Kredit) und *andere materielle* Dinge zum Vorzeigen …

Bist Du cool oder tust Du nur so? Mädchen merken es, und zwar ziemlich schnell, ob sie eine „Flasche" an der Angel haben. Merkst Du, wenn es vorbei ist (die **Neugier** seitens des Mädchens auf Dich) oder müssen andere Dich darauf hinweisen/aufmerksam machen? Wartest Du, bis Dein Mädchen fremdgeht, bevor Du aufwachst?

Fühlt sich ein Mann wie ein King und sieht jedoch *gewöhnlich* aus, hat er einen <u>Selbstwertkonflikt</u>. In so einem Fall war es die Mutter, die ihren Sohn verherrlicht hat, schon als er klein war.

Du denkst: Männer werden **8** Jahre alt und dann wachsen sie nur noch? Damit wirst Du in etlichen Fällen wohl richtig liegen. Es sei denn, ER hat **Buch 1 <u>gelesen</u>**. Dann dürfte dieser Sachverhalt Geschichte sein!

Baust Du Dich als Frau mit der **Wahrheit** vor einem Mann auf, verschaffst Du Dir **Respekt**.

Hier kann es sogar dazu kommen, dass er sich in Dich verliebt. Du bist stark – eine **Kriegerin**!

Die 1. Liebe ist Dein Vati. Um diesen Konflikt kommt kein Mädchen herum, das ihren Vater lieben gelernt hat **und** von ihm geliebt wurde. Überall suchst Du ihn – in Schauspielern, in Musikern, im „wahren" Leben. Findest Du ihn nicht, wechselt Dein Typ im Laufe der Jugendzeit. Es ist auch in der Tat die schwerste Übung, in einem Jungen das Potential des eigenen Vaters wiederzufinden. Die armen Männer – *aber* derjenige, der Dich kriegt, kann **sehr stolz** sein!

Gemeinsamer Aufenthalt im Bad?

Das ist eine Frage, wie sehr es Dich stört, was der Partner dort so alles veranstaltet. Erfahrungsgemäß ist es schön, wenn man in der Lage ist, sich gemeinsam die Zähne zu putzen. Bestenfalls lächelt man sich (*früher* im *Spiegel*) bedeutsam an … ;)

Es ist sicher auch nicht verkehrt, ab und an zu sehen, was (D)eine Frau so alles fabriziert, um **für Dich** schön & weich zu sein. In der Haut möchte „Mann" oft nicht stecken. „Wer schön sein will, muss leiden!?"

Es ist erhebend, wenn **D**ein Mann gelegentlich zuschauen darf, wenn Du Deine Brust wäschst. Ja, das ist sehr schön … Lass ihn auch zwischendurch mal Deine Brust küssen oder Dein Dekolleté, ohne albern zu werden oder zu zicken. Wenn DU ihm alles gibst, was er braucht, wird es ihn dann noch in irgendeiner Weise zu anderen Frauen hinziehen? Ich sage Dir die Antwort: **NEIN**!

Wie lange dauert „Liebe"? Wenn Du den richtigen, *tatsächlicherweise für DICH bestimmten* Partner an der Angel hast: **EWIG**!

Haben die **ZWEI richtigen** Seelenenergien zusammengefunden, hört die Liebe + die Begierde niemals auf. Wäre es *nur die körperliche Begierde*, spürst Du es: Die Liebe bleibt **aus** und das Begehren **verpufft**.

Schleichen sich Genervtheiten über kleine Angewohnheiten ein, dann bist Du **nicht** beim Richtigen. Es gibt <u>keine andere Ursache</u> für ein Verhalten, das den anderen (wenn auch nur unterbewusst) von dir **wegtreibt**.

Gerüche & Geschmack

Nur wer für Dich, möglichst PUR, ganz und gar **gut riecht**, ist für Dich RICHTIG!
So ist es wenig verwunderlich, dass eine Mutter ihren erwachsenen Sohn nicht riechen kann.

Wurdest DU von einem Mann geküsst, der Dir nicht „schmeckte", kann es nach Konfliktlösung passieren, dass Du am unteren Kinn auf der linken Seite kleine Flechten bekommst (also nicht nur Mitesser oder Pickel), weil es Dich im Nachgang **anwidert**. Es ist die <u>Ablehnung</u>, dass Du es zugelassen hast, dass ein *fremder* Mund auf Deinen Lippen war. Dies geschieht nur, **wenn** Du den anderen **nicht** geliebt hast. Falls Du solche Flechten *immer noch* hast, löst es sich jetzt und sie verschwinden.
Ähnliche Flechten entstehen, wenn Du sinnbildlich auf dem Asphalt gerutscht bist, mit Deinem Kinn. Wichtige *oder dringende* Hilfe wurde Dir **verwehrt**.

Verpackt oder nackt? – Ist teure Unterwäsche wichtig?

Dessous, Negligé & Co. sind zwar schön anzusehen und entfalten eine verführerische Wirkung, aber letztlich will der Mann Dich **nackt**. Bestenfalls bist Du (nach der Arbeit mit Buch 1 + 2) wieder so gut in Form, dass Du *nicht einmal* einen BH verwenden musst.

Natur pur ist in aller Regel das Highlight. So etwas gibt es ja kaum noch …
Ja, nicht aufregen, es ist nur MEINE Meinung. Jedem das Seine!! ;)

Kränkst Du eine liebevolle Frau in Bezug auf ihre Wäsche oder Nachtbekleidung, weil sie Dir sonst *nicht sexy* genug ist, bist Du selber nicht besonders viel wert. Sind Dir *Oberflächlichkeiten* wichtiger, dann gehe zu einer „Professionellen" und versorge Dich dort!
Die betroffene Frau wird sich jetzt ihrer <u>Kränkung</u> bewusst, wenn sie auf solch einen Ausspruch einmal **sprachlos** geblieben ist. Die Schilddrüse löst diesen Konflikt ab und er heilt innerhalb von ca. 24 h aus.

Beim Mann sind eng anliegende Boxershorts die coolste Variante. ;)

…und eins ist sicherlich richtig: Enge Klamotten sind schöner anzusehen als Schlabberlook, vorausgesetzt, die Figur wird ansprechend berücksichtigt und ggf. umschmeichelt.

Striptease?

Ob Dein eigener Mann es mag, <u>von Dir</u> einen Striptease hingelegt zu bekommen? Probiere es aus. Ein sehr gut geeignetes Lied weiß ich auch. ;)
Lee Marrow: „Shanghai" (1985)

Wie reagierst Du, wenn (D)eine Frau für Dich strippt? Sitzt Du nur verschüchtert da, kannst gar nicht richtig hinschauen? Begreifst Du nicht, was Dir geschieht? Dann produzierst Du in ihr Gedanken, wie **ihr Tanz** auf einen *anderen* Mann wirken könnte … Fährst Du auf sie ab, packst sie Dir danach und/oder tanzt mit, trägst sie ins Bett? Bewegt sich etwas in der Hose? Dann bekommst Du aller Voraussicht nach ein *besonders schönes* Liebeserlebnis.

Kurzes oder langes Haar?

Viele Frauen *wünschen* sich gesundes, *langes* Haar. Kurzes Haar kommt in den meisten Fällen nur oder erst dann zum Tragen, wenn es Probleme mit der Haarqualität gibt (Grund 1). Ist Dein Haar zu dünn oder spaltet sich an den Spitzen, beschäftige Dich bitte mit Buch 1. Dort wird das Thema ausgiebig bearbeitet und **alles** lässt sich *gesund* machen, auch Dein Haar!

Ein 2. Grund für zu kurze Haare bei Mädchen ist der Wunsch, ein Junge zu sein.

Ein 3. Grund ist: Deine Eltern wünschten sich einen Jungen und halten Dein Mädchenhaar kurz.

Ein 4. Grund ist die Unbequemlichkeit, sich um langes Haar zu kümmern und es zu pflegen.

Ein 5. Grund ist: Kurzes Haar steht Deinem Typ definitiv besser zu Gesicht. Dem ist *dann* nichts entgegenzusetzen. <u>Fühle Dich wohl</u>, egal mit welcher Frisur, und Du wirst Charisma ausstrahlen, mit einer *dauernden, anziehenden* Wirkung!

Bei Männern ist ein *stilvoller Kurzhaarschnitt* die anziehendste Variante. Alles andere ist ähnlich zu sehen, im Umkehrschluss auf Mann und Frau, wie oben benannt:

1. Du hast Probleme mit dünnem, im Alter immer mehr ausgehendem Haar (löse Deinen Einsperrkonflikt und/oder Deinen Verlust der Jugendliebe „Mönch" anhand Buch 1).

2. Deine Eltern wünschten sich ein Mädchen und lassen Dein Haar lang wachsen, so dass Du zumindest einen mädchenhaften Anschein machst. Hinzu kommt oft ein (sehr) weicher Gesichtsausdruck.

3. Die Bequemlichkeit siegt, bevor Du Dich um das Stylen, Pflegen und dauernde Schneiden eines adretten Kurzhaarschnittes kümmerst.

4. Langes Haar steht Deinem Typ tatsächlich besser zu Gesicht.

Wie auch immer, die Hauptsache ist das <u>Wohlfühlen</u>, um die Anziehungskraft auf das andere Geschlecht ausüben zu können.

Hast Du **beneidenswertes** Haar, wirst Du wohl – so lange bis die Menschen damit endlich aufhören – jeden Abend Haarkonflikte lösen müssen. Dies gilt für Neid, Stress und haarsträubende Dinge des Alltags. Marte kann ein Lied davon singen …

Nützt Sport/Training, Figuraufbau?

Bist Du unbeschädigt oder durch beide Bücher **gesund** geworden, wirst Du spüren, dass Dein Körper genau in die perfekt zu Dir passende Verfassung kommt. Es ist keine Unterdrückung durch andere mehr *sichtbar*, keiner macht oder hält Dich mehr klein – es ist unmöglich. Du wächst zu Deiner wahren Größe, bekommst die Muskeln, die Dir zustehen, und *Deine wahre Schönheit* nach dem Lösen aller Neidkonflikte.

Hast Du Dich gewundert? Du hast jahrelang trainiert, z. B. „Bauch, Beine, Po"? Nichts hat so richtig funktioniert? So viele Einheiten für Po-Muskeln und er bleibt einfach nicht stabil oder gar flach? Das hat nur einen einzigen Grund: „Du ha(tte)st KEINEN A… in der Hose" (Dich zu wehren!), was sich mit beiden Büchern grundlegend **geändert hat**! Plötzlich bekommst Du einen *schönen* Hintern, wie aus dem Nichts? Ja, **Du hast Dich bewiesen**, Deinen Mund **aufgemacht** und endlich mal gezeigt, wo der Hammer hängt! So geht das – nicht anders!

Mit Deinen Oberschenkeln ist es dasselbe: so lange die alte Unterdrückung darauf sitzt, sind sie wie gequetscht oder unförmig. Alles löst sich, wenn Du Deine entsprechenden Konflikte anpackst!
Der Bauch wurde und wurde nicht schlank?? Na, nein! So lange Dein Leid und alle Konflikte darin sitzen/saßen, welche Altkot-Ablagerungen mit sich brachten, war es **schier unmöglich**, mit Sport oder Diäten zu einem *schlanken Bauch* zu kommen! Das ist die Wahrheit – nur das!

Etwas nebenbei: Nach 27 Jahren trat Marte aus der Sportgemeinschaft aus, wo sie diszipliniert und regelmäßig bei Gymnastik-/Aerobic-Kursen teilnahm. Was meint ihr, ist *danach* passiert?
Nichts – es gab *weder* negative Figurveränderungen *noch* Muskelabbau.
Gewebeverklebungen und Schmerzen lösten sich erst, als ihr die Themen rund um die Konfliktlösungen **bewusst** wurden. Vorher konnte sie *diese* Woche für Woche mit Sport „bekämpfen" und es war schlussendlich nutzlos. Das Einzige, was in der Tat positiv war, ist die Stimmung, wenn *nette* Menschen getroffen werden und man

gemeinsam gleichen Interessen nachgeht sowie dass *diverse Erscheinungen* am Körper **durch den Sport** in der Tat **positiv beeinflusst** werden (z. B. die Verzögerung der Verläufe von Versteifungen, verkürzten Sehnen usw.).

Eine wichtige Erklärung: **ENERGIEN verschieben** Dein Gewebe, Fleisch, Knochen, Zähne, Sehnen, Knorpel ..., erzeugen Flüssigkeiten, wie Schweiß, Schleim, Ausfluss, Talg, Eiter, Wundwasser usw., verändern die Geschwindigkeit des Blutflusses (Blutdruck) und des Pulsschlags, verschlechtern Dein Hautbild, verzögern den Abbau von Hautschuppen und verhässlichen Deine gesamte Optik (aufgrund böser Taten, zugelassener Unterdrückung, Neidkonflikten etc.), lassen Deine Haare (partiell) ausgehen, Deine Nägel/Deine Haare spalten oder einwachsen – eben **alle** Erscheinungen, die als abnormal und krankhaft bezeichnet werden.

ENERGIEN bestimmen *ebenso*, ob Du Dich (tief) schneidest, verletzt oder ob das Messer nur aufsetzt und Dir *nichts* passiert. Die Energien sind *dafür verantwortlich* (also GOTT), OB Du hinfällst, Dir etwas prellst, zerrst oder Dir die Knochen brichst. Sie bestimmen, ob Du eine Lähmung davonträgst (als Strafe für Deine Lebensumstände) und letztlich auch, ob und DASS Du stirbst.

Alles entsteht in der Folge des universellen Prinzips von **Ursache-Wirkung** in **DEINEM** Leben.

Einen *Sündenbock* **im Außen**, wie im Buch 1 geschrieben, gibt es **nicht**, sobald Du 14 Jahre alt bist.

Alle Schmerzen, welche durch **ENERGIEN** erzeugt werden, haben **Konflikte verursacht**.

Löst Du auf, **WARUM** es zu Deinem Zustand kam (URSACHE), lösen sich diese schweren Energien von Dir **ab** und Dein Körper kommt wieder in seinen *unbeschädigten* Ursprung zurück. Deshalb heilt auch Krebs so schnell aus.

Alle Schmerzen, welche keine **Konflikte zur Ursache** haben, sondern z. B. die (insbesondere regel- oder übermäßige) Einnahme von Pharmazeutika, können nicht mehr abgelöst werden.

Hier müssten leider tatsächlich *Ausleitungen* stattfinden, wie sie beispielsweise ein **guter** Heilpraktiker mit seiner Erfahrung mit Dir durchführen kann. Schau Dir diesen Menschen, in dessen *vertrauensvolle* Hände Du Dich begibst, vorher OPTISCH gut an ... – Du weißt Bescheid.

Wer hat, der kann!

Wer sich seine Gesundheit, Schönheit und vielleicht sogar Reinheit hart erarbeitet hat, der kann sich im optischen Sektor *so gut wie alles* erlauben. Freut euch auf ganz neue Moden, die möglich sind, getragen zu werden, auf hübsche Kleider, coole Hosen, ausgefallene Farben und Schnitte. Es wird **allen** eine Freude sein, insbesondere denen, die gerne ausgehen! Wer richtig gut drauf ist, kann sich zeigen, so wie er Spaß dran hat!

Genieße mit FREUDEN – es bricht eine **neue, coole Ära** an!!!

Schwärmerei

„Sie ist **das** *Mädchen* von Kasse 4"
<u>Liedtipp:</u> **Die Ärzte: „Roter Minirock"**
Wenn Du unterwegs bist und Du kommst irgendwohin oder gehst irgendwo vorbei und denkst: **„Da** ist sie (drin)!" und freust Dich des Lebens, *schon dafür* ist ein Schwarm etwas wert!
Jungs denken: „So eine suche ich mir auch, genau!" **Ein** Vorbild *muss* es geben!
Wie wäre es mal mit einem Kompliment? Es braucht ja nicht gleich ein Liedgesang zu sein, obwohl es auch sehr cool ist, (D)einem Schwarm Dein Lieblingslied vorzuspielen. Möglich ist alles, was **Spaß** macht. ;)

Verliebst Du Dich in *realistische* Filmfiguren, z. B. den jungen Darsteller eines Kinderfilmes/einer Serie, musst Du heute nicht mehr wie früher Tränen darüber vergießen, weil Du keine Ahnung hast, wann Du diesen Film/diese Serie wiedersehen würdest und ob überhaupt. Die **gekaufte** DVD **steht in Deinem** Regal! Übertreibe es jedoch nicht, sonst bleibt Dir ein realer Partner aus …

Siehst Du jemanden und verlierst völlig die Übersicht, läufst vielleicht sogar gegen einen Laternenmast oder baust einen Unfall, dann zeigt Dir Deine Seele: „Du siehst den Wald vor lauter Bäumen nicht!" In so

einer Gedankenverlorenheit bist Du hoffentlich noch in der Lage, denjenigen **anzusprechen**, der Dich so aus der Fassung gebracht hat …
Je nachdem, was der Unfall für Folgen für Dich hat, wirst Du mehr oder weniger HART darauf hingewiesen, was in Deinem Leben nicht stimmt (Buch 1).

Konntest Du *nicht mehr* weiterfahren, mit Deinem Rad, Moped/Motorrad, Auto, LKW, Zug …? Dann bist Du schon an *vielen* Gegebenheiten, die Deinen Mut erfordert **hätten**, gescheitert – sozusagen „vorbeigefahren".

Umdenken brauchst Du hier nicht, Dir auch sonst keinerlei Zwänge auferlegen oder etwas bis zum Abwinken „üben". **Das Einzige**, was Dir auf Dauer und mit Bestand helfen *kann*, ist Buch 1 und *danach* Buch 2.

Bildküsse

Hast Du als junges Mädchen (zwischen 10 + 12 Jahren) das Passbild eines *älteren* Jungen (zwischen 15 + 18 Jahren), für den Du schwärmtest, bekommen (nicht zwingend von ihm selbst), kann es sein, dass Du es andauernd mit Dir herumträgst, es anhimmelst, sogar küsst, und zwar so lange, bis es *völlig zerknittert* ist und Du aufpassen musst, dass es nicht zerfällt.

Dieser Junge war mörderisch verliebt **in Dich** und Du hast es *nie* erfahren. Z. B. wohnt(e) so ein Mensch in der Nähe Deiner Großeltern, die Du besuchen kamst, manchmal hast Du ihn auch in einem Ferienlager oder Kinder- und Jugendcamp kennengelernt. Ob Du ihn noch finden kannst? Für gewöhnlich verankern sich solche Namen sehr gut in einem Gedächtnis, sie brennen sich sozusagen ein.

Mit Mädchenfotos verhält es sich natürlich identisch. ;)

Wer hat heute noch **Passbilder**, die er verschenken kann? Mh? Ein Trauerspiel ist das!

Du hast Dich in ein Foto verliebt – ein „echter" Mensch (kein Popstar oder Schauspieler) –, nur weißt Du nicht, **wer** das ist. Was tust

Du, wenn Dich die Gefühle zu diesem (Paß-)Bild nicht mehr loslassen? Versuchst Du, denjenigen zu finden? Denkst Du darüber nach, über eine Zeitung bis über das Fernsehen …, herauszubekommen, WER das ist? Hast Du nichts dergleichen getan oder versucht, ereilt Dich was? Ursache-Wirkung.

Denkst Du, für diese Frau/diesen Mann würde ich mich umbringen? Du kommst einfach nicht heran? Siehst, wie diverse, coole Männer oder schöne Frauen bei ihr/ihm ein und aus gehen, z. B. auf der Arbeitsstelle? Will am liebsten **jeder** mit *diesem* Menschen *zu tun* haben?? Wie gut kannst Du ihn **objektiv** einschätzen, vor allem mit einer *rosaroten* Brille? Bewunderung ist eine schöne Sache … sich darin **zu sonnen**, keine Kunst!
Manchmal werden solche Menschen idealisiert, oft stimmt aber auch, was Du zu sehen vermeinst. Probiere, denjenigen auf Deine Weise *näher* kennenzulernen, um Dir ein **wahres Bild** zu verschaffen. Unterhalte Dich mit ihm, ungezwungen. Achte auf Mimik und Gestik, auf Anzeichen im Gesicht und am Körper, so wie Du sie in Buch 1 gelernt hast. Stelle Fragen, auch offene, die ihn überraschen könnten. Was erzählt er über sein Privatleben? Ist dieser Mensch glücklich? Braucht er vielleicht *gerade Dich*, um glücklich *zu werden* oder endlich einmal *zu sein*? Zumindest kannst Du davon ausgehen, wenn **Du** eindeutige Signale von so einem Menschen bekommst, dass sie **Dich** ermutigen sollen, in den Startblock zu treten! Er *braucht* offensichtlich ein wärmendes Herz und ist *vielleicht* eine *verlorene* Seele.

Wer es bis in Dein *privates* Adressbuch schafft, **fühlt MEHR** für Dich! Ist das Dein Chef oder gar Dein Geschäftsführer? Das würde mir zu denken geben …

Liebesgeständnisse

Jeder weiß, wie schwer das ist: *Zugeben, Eingestehen, vielleicht sogar Vor-jemandem-darnieder-Sinken*, mit einem Zusammenbruch (auch unter Tränen), weil das Geständnis viel zu lange schon **überfällig** ist, es Dich über Monate oder gar Jahre eine Menge Energie + Charisma gekostet hat.

Eines Tages musst Du es *doch* tun, wenn Du im *schlimmsten* Falle nicht daran sterben willst …
Ihr Lieben, lasst euch gesagt sein: **Jeder** kann sich vom **Adonis** zum **unscheinbaren** Mann verwandeln, **wenn er LIEBE nicht gesteht!** Es wird immer schwerer, auf Deine Auserwählte zuzugehen, umso mehr Du an *eigener* Schönheit durch Deine **Feigheit** verlierst!

Fällt vor Dir jemand auf die Knie, rate ich Dir sehr, das **ernst** zu nehmen. Gesteht dieser Mensch die Liebe zu Dir *unter ihm selbst* unwürdig *scheinenden* Umständen, nehme ihn an und spreche mit ihm. Weist Du ihn ab oder verlachst ihn gar, kann er **schon** vor Deiner Tür **zusammenbrechen**.

Helfe, damit es dem anderen Menschen wieder gutgehen kann. Denn: EURE beiden Seelen haben sich angezogen! Vielleicht schon vor *langer* Zeit und egal, was dabei herauskommt. In jedem Fall wird der *Zusammengebrochene* danach in seine alte Form (Schönheit) zurückfinden und die Gesundheit zurückerlangen, da die **Konfliktaktivität gelöst** wurde.
ES wurde geradeheraus **ausgesprochen: „Ich liebe Dich!"**

Auf welche Weise Du es machst, überlege klug. Am *mutigsten* und auch für eure möglicherweise gemeinsame Zukunft *wirkungsvollsten* ist es **live**. Geh auf den anderen zu und sage es! Dass sich das nur die Wenigsten wagen werden, ist sehr wahrscheinlich. Deshalb ist **alles** *wunderbar*, ein *handgeschriebener* Brief mit Aufklebern, eine E-Mail mit Verzierungen, ein Zettelchen – etwas Schriftliches ist unter Umständen sogar noch sehr viel schöner, weil es aufgehoben werden kann. Denke daran, den **Absender** zu vermerken. ;)

Auch symbolische Geschenke, z. B. in **Herz**-Formen, sind zauberhaft (Talisman). Hier kann es sogar sein, dass sich der Beschenkte <u>heim-lich</u> *wünschte*, etwas (noch so Kleines) von diesem Menschen zu haben, zum Daran-Festhalten.

Achtung: Fühlst Du Dich *überfordert*, ist diese Frau eine oder mehrere Nummer(n) zu groß für Dich (in Deinen Gedanken nicht „Deine Liga", *vielleicht fernab* jeder Realität) und sie schreitet noch weiter voran, um **Dich** besser kennenzulernen, *kann* es passieren, dass Du auf den Gedanken kommst, ihr die kleine Gabe **zurückzugeben**. Tust Du das, sind **alle Deine Lichter** erloschen, die Du **je in ihr erzeugt** hattest. Dann hast Du nie wieder eine Chance bei ihr – und ich meine: **NIE**. <u>Liedtipp:</u> **Rammstein „Ohne Dich"**
https://www.youtube.com/watch?v=LIPc1cfS-oQ

Nebenthema HERZFORMEN

Ein Herz ist ein **eindeutiges** Symbol. <u>Zweifel</u> an der LIEBE sind hier **unlogisch**. Bekommst Du eines geschenkt und liebst den Schenker *nicht*, **musst** Du es zurückgeben. Andernfalls darfst Du es *für immer* behalten, als <u>Glücksbringer</u> – egal, ob ihr euren Gefühlen nachgeben könnt oder nicht.
Unter Mädchen/Frauen bedeuten Herzgeschenke: Ich mag Dich/ hab' Dich lieb. Zwischen Mann & Frau wird mit einem Herz **IMMER** <u>tiefe</u> Liebe symbolisiert! ❤
An **Kinder** geschenkt, bedeutet ein Herz ebenso IMMER Liebe!

Zu Dir zählt das:

Unlogik

Du willst nur unterschwellig, heimlich lieben, unkompliziert, platonisch, ein Objekt für Deine Phantasien, Deine Stimulation (vielleicht, um mit Deiner eigenen Frau *noch* schlafen *zu können*) und bist **zutiefst ernüchtert**, ja wie <u>schockgefrostet</u>, wenn DICH die Frau Deiner Begierde **plötzlich** im realen Leben anspricht und <u>aktiv WILL</u>! **Huch!** Was ist passiert?

<u>Ja, jetzt kommt es heraus:</u> Du **liebst** sie aus *tiefstem* Herzen und Deinem <u>Seelenabgrund</u> (vielleicht schon viele Monate lang)! <u>NUR dann</u> kommt **so eine Frau** auf Dich zu, niemals sonst. DENN:
Sie KANN <u>diese, Deine</u> Liebes-Energien **nur dann** <u>empfangen,</u> *wenn sie* sich ebenfalls stark in Dich verliebt hat. Anders geht es **nicht**, mein Bester!

Deine Phantasien **sind** in <u>ihrem</u> Geist **<u>gelandet</u>** und sie ist eine von der (ganz) *cleveren* Sorte. Sie weiß BEWUSST, dass es *nicht ihre eigenen* Gedanken SIND, sondern dass sie zwanqsläufig **von DIR** stammen *müssen*! Sie weiß, *wie* Du über sie denkst, auch wenn Du <u>nie ein Sterbenswörtchen</u> hast verlauten lassen. **Das IST Seelenkommunikation!** (Hier ist sogar davon auszugehen, dass **sie** eine Nymphe ist.) Sie weiß vielleicht sogar, dass Du Dir wünschtest, SIE wäre die Mutter Deiner Kinder!
Und JA: Sie wird *Deine leiblichen* Kinder **lieben** wie ihre eigenen (*wenn* es dazu käme)!

Seid ihr dafür **bestimmt**, in *irgendeiner Art* zusammenzukommen, kannst Du Dich winden wie ein Aal, in Deiner Ertapptheit. Es wird Dir *nichts* nützen: Deine Vorstellungen – DU hast die ZUKUNFT <u>gerufen</u> – **werden** sich <u>manifestieren</u>.

Das hast Du nicht gewollt? Dann schau mal **ganz tief** <u>in Deine Seele</u>. Nur: Ihre Frauenpower macht Dir Angst. Vielleicht ist es das **1.** Mal in *ihrem* Leben, dass **sie** auf einen Mann **zugehen** muss (oder endlich einmal WILL) – ihre eigene Seele zeigt ihr **die Dringlichkeit** auf. Im Normalfall ist sie <u>zu stolz und eher unnahbar</u>.

Aber **Du** kannst es ja nicht. Was soll nun werden?

Jetzt macht sie **bei DIR** eine (ihr selbst *befremdliche*) Ausnahme. Es hängt mit **euren Seelen** zusammen – sie **ziehen** aneinander, wie **Magneten**, in der *entsprechenden* Richtung gehalten. ;) Deshalb benehmt ihr euch beide <u>anders</u>, als ihr es im Normalfall tun würdet. Auch optisch *kann* es zwischen euch *eine große* Kluft geben. Es ist ein (harter) **Schwierigkeitsgrad** der Seelen, um die **wahre Liebe** in *anderen* Dingen deutlich(st) zu sehen, nämlich im *Verhalten zueinander* sowie der unerklärlichen Anziehungskraft.

In der Regel habt ihr in irgendeiner Weise miteinander zu tun, arbeitet *in der Nähe* oder begegnet euch aufgrund von Regelmäßigkeiten *innerhalb des Alltags* immer wieder, oft mindestens einmal täglich. Das ist **KEIN** Zufall – *falls das* noch jemand <u>gedacht hat</u>!!

Die Seelen ziehen so lange, entweder in Richtung Liebe oder in Richtung Tod. Du hast die Wahl.

Nun komme ich kurz darauf *zurück:* Gibst Du ihr <u>das kleine Geschenk</u> wieder und kommst ggf. einer Einladung (z. B. auf einen Kaffee) **nicht** nach, wird diese Frau einen Selbstwerteinbruch erleben (egal, wie hübsch sie ist), Schmerzen im unteren Rücken, Nierenschmerzen und eine **Grippe** (die sie hoffentlich lösen kann) bekommen, <u>WENN</u> sie tief <u>für Dich fühlt</u>. Es sind **BEWEISE echter Empfindungen** <u>für DICH</u>! Egal, in welchem Zustand Du an *diesem* Tag warst, Du *hättest* zu ihr gehen *müssen* – sie liebt Dich so oder so (SEHR).
Macht sie mutigerweise mehrere, verschiedene Annäherungsversuche, weil sie Deine Liebe deutlichst spürt und weiß, dass (später einmal banale) Dinge Dich zurückhalten (weil Du NICHTS fragst!!), wird sie jedes Mal Grippeerscheinungen bekommen, wenn Du ihr gegenüber feige *oder* eiskalt bleibst. **Wo** ist Dein Herz und woraus *besteht* es (**Stein**)?
<u>Liedtipp:</u> **Rammstein „Links 2 3 4"**

<u>Machst Du die Augen zu</u> und <u>siehst nur diese EINE</u> (oben Genannte)**???**

Darf ich es sagen?: Du Idiot! – Was ich an Deiner Stelle gemacht hätte? „Meinen Drachen steigen lassen!" Meine Fresse nochmal!
Liedtipp: **Puhdys „Geh zu ihr"** (1973)

Weist Du sie aus Feigheit – ja auch aus *Verantwortungsbewusstsein* für Deine jetzige Familie, was Dich ehrt – gänzlich ab, kann es passieren, dass Du ein **2. Mal** *schockgefrostet* wirst:
Wenn Du sie **mit einem anderen** siehst, der sie sich *aufrecht und mutig* **erworben** hat, und zwar SO, wie Du es hättest vormals <u>haben können</u>!! … und ihr müsstest dafür nicht einmal eure Familien verlassen. Du wirst es genau verspüren, diesen **tiefen**, fast todbringenden Schmerz.

Auch kann sich *so eine gerade beschriebene* Erfahrung <u>aufgrund Deiner Vergangenheit</u> als **Ursache-Wirkung** in Deinem Leben **nun** gezeigt haben: **DU hast** früher die Frauen (reihenweise) „abgeschleppt", KEINE konnte Dir widerstehen, weil DU so schöön warst. Du hast Dir die SCHÖNSTE von allen zur Frau *genommen* – **damals**, aber nun ist sie es optisch **nicht** mehr!?
Der anderen, neuen Schönheit, die **jetzt** auf Dich zukam, konntest **Du** *nicht mehr gerecht* werden, vor allem in der Optik Deines Gesichtes nicht. Was sagt Dir das? Ist zu Hause noch (ausreichend) Liebe, <u>damit Du optisch **hübsch** bleiben <u>kannst</u>? Nein??

Merkst Du nun, dass Du einen (**gewaltigen**) Fehler gemacht hast? Nun bist Du selber abserviert bzw. *hast Dich* selber abserviert.

Ach ja, gehst Du später **noch einmal** auf diese <u>beherzte Frau</u> zu, **nachdem** Du dieses Buch hier *gelesen* hast, **wird sie das wissen** und findet es überhaupt nicht mehr toll …
Es IST vorbei und nein, Du wirst auch nicht als eingereihte Liebe in ihrem Herzen wohnen, denn *genau das* hast Du Dir durch Dein Verhalten selbst zerstört. Das **Einzige**, was leider bleibt, ist **Verachtung**.

Warum? Weil <u>Du</u> **ihre <u>UND DEINE</u> wahrhaft empfundene Liebe** *verachtet* <u>hast</u> … und: weil Du ihr gegenüber ein **riesengroßer** *Feigling* warst.

Scheingründe – Wo ist der Bus (mit den Leuten, die das interessiert)?

Ist derjenige vergeben/verheiratet, hat Kinder/Enkelkinder? Gestehe Deine Liebe *dennoch*, es nützt ja nichts. Hast Du Respekt vor dem Ehepartner, dann bist Du <u>feige</u> – schützt Du denjenigen, den Du liebst, vor Ärger mit seinem Ehepartner, dann bist Du <u>mutig</u>. Was ist Deine Intention, nicht so loszulegen, wie es in Deinen Wachträumen stattfindet? Sei ehrlich!

Bist Du schon *im Vorfeld* der Meinung, dass Du Dich <u>bei einem</u> Liebesgeständnis **blamieren** *könntest*, suchst Du Ausreden. Fühlst Du Dich **nach** Deiner mutigen Aktion *tatsächlich* blamiert, dann wirst Du denjenigen schnell vergessen können. Die Gefühle verpuffen, wenn Dich eine andere Seele verlacht (das geht NUR aus *schlechten* Charakterzügen heraus).
Verpuffen Deine Gefühle **NICHT** und schlagen auch nicht um, dann ist etwas unstimmig: Der andere LIEBT Dich in jedem Fall. (Dieser Sachverhalt gilt **nicht** bei Fanatismus, Stalking und all diesen befremdlichen Dingen.)

Das Wichtigste ist und bleibt für Dich: <u>Sobald Du gestehst, siehst Du LAND!</u> Du bist **aus der Ungewissheit** in die **Gewissheit** getreten: „Der andere will **nichts** *von mir* <u>oder</u> ist eben **auch** (schon länger) in mich **verliebt**."
In jedem Fall bist Du SEHR cool!

Irgendeine **Reaktion** auf eine <u>erfolgte</u> Liebeserklärung sollte *spätestens* nach **drei** Tagen stattfinden, sonst beginnt der Frust, die Deprimierung beim Versender! Es gibt Anflüge von Wut, Traurigkeit, Rache und Reue – alles in einer schönen, explosiven Mischung! Hier kann es sein, dass Du im Inneren Bilder siehst, wie Scheiben zerschlagen werden. Sie zerspringen wie das Glück, das dem mutigen Liebesboten verloren *scheint*. Ist es zu spät?

Das Gleiche kann passieren, wenn der Gegenpart <u>cool bleiben will</u> und mit der **Wahrheit** hinter dem Berg hält. Die andere Seele weiß jedoch genau, **wie** es <u>in Dir</u> aussieht! Ha!

Du Absender (**egal,** wie schön + gut Du bist) bekommst einen Selbstwerteinbruch in Form von Schmerzen in der Lendenwirbelsäule, Nierenschmerzen, Hüftschmerz links (wenn der Wunsch schon sehnsüchtig groß ist, mit der *neuen Liebe* intim zu sein). Löse das auf und es geht Dir wieder gut.

Öffnet eine Frau in Deiner Nähe *die Frisur* und strubbelt ihr Haar durch, beugt sich vielleicht noch nach vorn und wirft es mit einem Kopfschwung in den Nacken, dann halte Dich fest! Es gibt kaum etwas Erotischeres, was sie in der Öffentlichkeit für Dich tun kann. Sie WILL auf DICH so anziehend wie nur möglich wirken! Aus meiner Sicht ist das *fast* eine Liebeserklärung.

Dir blieb die Bloßstellung erspart? Die Frau, die Du <u>seit vielen Monaten</u> **im Blick** hast, hat übernommen! Ist sie mutiger als Du? Dann **belohne** sie wenigstens *mit der Wahrheit* und **gestehe:** „Ich habe mich verliebt, vor … Monaten oder Jahren!" Um Himmels Willen – willst Du tot umfallen?
Ihr Liebesgeständnis bringt Dir **Dein** Charisma zurück. Du hast es ihr ausgeborgt (**weil** Du Dich **so sehr** verliebtest), damit sie *schön genug* <u>für Dich</u> werden **konnte**. Ja, so läuft das! Wärst Du recht schnell auf sie zugegangen, hättest Du diesen Prozess enorm verkürzen können.

Schluss mit den Privilegien und das gilt für **alle Bereiche** des Lebens: **Schönheit für ALLE!**

Selbstredend ist, dass mit *Liebeserklärungen* <u>kein Spiel</u> getrieben wird. Würdest Du auch nur ein einziges Mädchen oder einen einzigen Jungen damit **veralbern**, dann möchtest Du nicht wissen, was <u>in DEINEM eigenen Leben</u> nach dem **Prinzip der „Ursache-Wirkung"** <u>für Dich</u> losgeht!
Das Gleiche gilt für Racheaktionen (z. B. nach einem „Korb") und Geschlechter-feindliches Mobbing.

Unverhofft kommt oft

Hast Du schon fast *(verzweifelt)* aufgegeben in Deinen Bemühungen um einen Menschen und bist sehr mutig gewesen, auch standhaft (Du hast Dich NICHT umorientiert), dann kann es passieren, dass es plötzlich den neuen Beginn **gibt**, von dem Du geträumt hast. Die Seele der Wunschperson hat die Ampel auf GRÜN geschaltet: Du hast die Probe **bestanden** und ihr *dürft* starten!
Wie auch immer → *das ist euch überlassen* … Lohn muss sein.

Bleiben die Bemühungen **einseitig**, kann es passieren, dass es einen erschöpften Rückzug gibt, *obwohl* das Gegenüber vermittelte: „Es muss alles passen, **dann** …" Hier hast Du den Bogen der Selbstgefälligkeit überspannt. Das „Geben-Nehmen-Verhältnis" stimmt nicht mehr oder hat noch nie gestimmt. Wenn Du Pech hast, bist Du abserviert. Ich sagte es bereits *und* wiederhole mich: Mutige Frauen **hassen** Feiglinge!

Berührungen

Solche bleiben *nicht* ohne **Folgen**, egal, wie cool es sich erst einmal anfühlt.
Keine Frau fasst einen Mann *freiwillig* an, der ihr nicht gefällt. Irgendetwas hast Du an Dir. Dessen musst Du Dir bewusst sein, wenn sie Dich zum Beispiel im Gesicht anfasst oder Dich sogar küsst bzw. offen küssen *möchte* und ihr völlig **egal** ist, ob es jemand sieht oder nicht. Auch flüchtige, wie zufällig herbeigeführte Berührungen gehören dazu.
Stehst Du *nach* einer **engen** Berührung (Körper an Körper, egal ob nackt oder angezogen) *wie unter Strom* oder auch schon *dabei*, fließen die Seelen**energien**. Sie war Dir *näher*, als es gut für Dich ist. Eure beiden Seelen kämpfen: „Anzug" oder „Abzug".
Bei solchen Erlebnissen handelt es sich meist **um Altseelen**, die sich (sehr gut + sehr nah) kennen. Zudem kann es hier passieren, dass Du

Dich nach einem Kuss am nächsten Morgen sehr verändert im Spiegel wiederfindest (mit sehr viel mehr Charisma).

Ja, das **war** dann **S I E** und **nichts** <u>sonst</u>.

Besitzergreifende Liebe

Die Symbolik ist der Bär, besonders der Schwarzbär – ja, ich nutze die http://traumdeuter.ch!

Das Feuer der Rache ist Dein Begehr, wenn Du in der Liebe versagst. Du stehst vor ihrem Haus und brüllst es an: „**Gib sie** (an mich) **heraus**!" ... *Sehr begehrenswerte* Frauen träumen zuweilen von Bären. „Inwiefern ist Liebe für mich bedrohlich?" Wie das zutiefst beeindruckende Märchen vom „**Eisbärkönig**" (von Erik Borge & Ola Solum/Norwegen, Schweden, Deutschland, Jahr 2000) allerdings mit einem *weißen* Bären (Unschuld) zeigt, wandelt sich die Bedrohlichkeit, inklusive zerreißender Prüfungen, in **tiefe** Liebe.

Ganz oder gar nicht?

Musst Du eine zarte Pflanze zertreten, musst Du alles Schöne zerreden, musst Du die Dinge verkomplizieren? Ja? Dann willst Du den anderen <u>ganz</u> **oder** <u>gar nicht</u>.

Du *provozierst* so lange, bis Du Bescheid weißt. **Was ist, das ist!** Keiner von euch beiden kann es verleugnen – der **Pfeil Amors** <u>hat</u> euch <u>getroffen</u> – und dennoch macht ihr euch das Leben zur Qual. Ich weiß auch, woran es liegt: an konfliktaktiver Vergangenheit im Liebesgeschehen und an grandioser Feigheit.

Hier wird oft „Tschüss" gesagt, bevor es richtig beginnen konnte, obwohl man jahrelang aufeinander gelauert hat! In aller Regel hättet ihr, mit Mut zum Risiko, ein **Traumpaar** sein können, bei dem alle ein *bewunderndes* „**Aaahhh**" verlauten lassen, wenn ihr *gemeinsam* erscheint.

Du hättest sie z. B. **auf Deinen Armen** aus der Firma hinaustragen können, **VOR allen**. Bisschen kitschig, wie im Film, nicht wahr? Aber voller Langzeit-Wirkung!

Außer Spesen nichts gewesen

Ist ein Mann einer (überaus) **schlagfertigen** Frau *nicht* gewachsen, kann es passieren, dass er nicht oder nie zum Zuge kommt.

Schwanger vom Lover?

Wenn Du als Frau **sehr stark liebst**, kann es beim **1.** Mal passieren. Der Mann Deiner Begierde hat angebissen und das Bett in Wallung gebracht. Du **wolltest ihn** so sehr ganz nah, mit Haut & Haar, und es war Dir im Unterbewusstsein total EGAL, ob Du *dabei* **schwanger** wirst. Es ist sogar gut – falls Du ihn *nicht halten* kannst, hast Du **für immer** etwas von ihm, das Größte: **ein Kind!**
Gerätst Du in eine Verzweiflung, weil in Dir *durch Dritte* Gedanken über eine Abtreibung *erzeugt* werden oder es gar die Forderung dieses Traummannes danach gibt, dann **bleibe stark**.
So eine Mama bekommt das Kind **nie** wieder, denn Du wirst *all Deine Liebe*, die Du für den Vater dieses Kindes empfunden hast, *übertragen*. Es werden die optisch **schönsten** Kinder weit und breit.
DEFA-Filmtipp: **„Rotfuchs"** (1973)
Neuen Mann gefunden? Ratschlag: Der Weg zum Herzen der Mutter führt über ihr Kind.
UND: Bist Du in Bezug auf Deine Vergangenheit <u>nicht</u> ehrlich, z. B., dass Du schon einmal **verheiratet** warst, bekommst Du die Quittung.
DEFA-Serientipp, 7-teilig: **„Tierparkgeschichten"** (1989), *auch* **„Geschichten übern Gartenzaun" und unsere wundervolle „Rita von Falkenhain".**

Ich habe nie gebrannt!?

Wenn es Dich **Mann** kolossal erwischt hat, was meistens bei *sehr ausdrucksstarken* Frauen der Fall ist, kann es passieren, dass Du beim 1. Intimsein *weinen* musst. Dies zeigt Dir an: <u>Du hast einen Seelenpartner gefunden.</u> Ist dieser jedoch *konfliktaktiv* und von der Sorte „haben wollen" (oder „Schlange"), dann gibt es folgenden <u>Beweis</u>: **DU** wirst es **niemals** vergessen, dass Du damals *geweint* hast – ABER, diese Frau **wird vergessen**, dass **Du** beim oder nach dem Beglücken mit ihr **geweint hast**. Das ist schier unglaublich!
Wer sich **wahrhaft** verliebt, brennt **lichterloh**.
<u>Liedtipp:</u> **Thompson Twins „Doctor! Doctor!"** (1984)

Fliegender Wechsel

Wechselst Du die Partner wie die Hemden und spürst keinerlei Traurigkeit, wenn der andere wieder verschwindet? Du bist voll von Rachegelüsten und kannst nicht lieben.

Wie lange trauerst Du?

Man sagt, die *Hälfte* der Zeit, die Du jemanden geliebt hast, wirst Du, wenn es **beendet** ist, brauchen, um Dich einem neuen Menschen ganz widmen zu können. Das ist *nur dann* wahr, wenn Du konfliktaktiv <u>bleibst</u> oder der Schlussstrich *intrigant* hervorgerufen wurde (wovon Du <u>ohne</u> dieses Buch *vermutlich nie* erfahren würdest).

Neue Beziehung – alte Liebesbriefe

Musst Du alles vernichten? Nein. Niemand hat das Recht, Dir Deine Vergangenheit in Form von Erinnerungen, Andenken und herzwärmenden Dingen auszulöschen. Wenn Du es machst, dann *freiwillig* und vielleicht aus Liebe. Dass Du es später niemals bereust, kann ich Dir jedoch nicht versprechen.

Befinden sich auf Deinem heimischen PC **erotische** Fotos einer fremden Frau – heißt: Sie ist *nicht* Dein – wird es passieren, wenn Du diese in einem bestimmten Zeitrahmen **bewusst** nicht löschst, dass Dir Dein Computer *mit allem, was sonst noch Wichtigem darauf vorhanden ist,* **kaputt** geht!
Nun ist **alles** futsch!

Liebe über das Internet (z. B. Chatrooms)

Ich persönlich halte es für ein *riskantes* Spiel, auch wenn es sicher Fälle gibt, bei denen es **gut** geht. Lernt euch, verdammt nochmal, **draußen** kennen – im Park, in der Disco, im Café, im Jugendclub, in der Schule, beim Hobby/Sport, in der Freizeit, auf der Arbeit. Schaut euch in die Augen, hockt euch zusammen, beschnuppert euch, schmeißt euch in die Betten – ABER bitte nicht vor den PC! ;)

Einkäufe + Geschenke

Machst Du in einer Stadt Urlaub, in der Du zu Jugendzeiten *besondere* Erlebnisse mit anderen Menschen und auch *Liebesgefühle* hattest, kann es passieren, dass Du zum Shoppen in einen **Wäscheladen** gehst und Dir *ungeplant* Unter-, Nachtwäsche, Feinstrumpfhosen oder sogar Reizwäsche kaufst. *Hier sei gewiss:* In dieser Stadt wohnt *mindestens* **ein** Mensch, die Dich **liebt**. Ja, immer noch, auch wenn das schon **37 Jahre** her ist!

Die schärfste Symptomatik ist, wenn Du als Frau dann diesen *dort ge-kauften* BH trägst und er Dich <u>juckt</u>. Es war *unheimlich*, diesen Sach-verhalt zu erkennen! Der Mann, der Dich immer noch liebt, **will**, dass Du *diesen* BH trägst und dass er Dich *ärgert*, weil **nicht er** den Ver-schluss öffnen darf, sondern <u>ein anderer</u>! Ja, <u>mit **allen** BH's</u> war das identisch, welche diese Frau dort über mehrere Jahre eingekauft hat-te. Der 2. Sachverhalt war, dass diese Wäschestücke vom Stoff her re-lativ schnell in einen *traurigen* Zustand kamen (obwohl die Verkäufe-rin die hohe Qualität betonte). Es war ja **nicht** der *richtige* Mann bei der Trägerin … (Achte immer auf **Zeichen** und denke **nach**!)

Dennoch hängt sie an dem BH und kann sich nicht trennen. Als sie Kontakt zu diesem Mann aufnimmt – da wusste sie noch nichts über den Sachverhalt mit den Wäschestücken –, passiert es: Sie gesteht ihm ihre ganze Liebe von damals und der BH macht die Mücke. Er geht kaputt. Der Mann <u>kann nicht mehr</u>! Er sieht plötzlich KLAR, wel-che Chancen er **gehabt hat**, wenn er DAMALS mehr Mut, Durchhal-tevermögen (*ohne* sich eine *Andere* zu nehmen) und Kampfkraft an den Tag gelegt hätte. <u>SIE wäre</u> **SEIN** <u>gewesen!</u>

Bekommst Du einen Blumenstrauß geschenkt, machst ein Foto von ihm und die Farben sind *noch klarer und strahlender*, als Du ihn in Na-tur siehst, steckt <u>hinter dem Schenker</u> **viel Liebe** für Dich!

Machst Du **Fotos** von Geschenken an Dich und diese sind nur *unscharf* zu sehen, ist das Geschenk *nicht ehrlich* gemeint (egal wie toll es ver-packt war)! Glänzt alles **mehr** als in Natur, steckt viel Liebe drin. Ja, so-gar irgendwelche banalen Verpackungen **glänzen** dann regelrecht. Schenkt Dir jemand etwas aus *seinem eigenen* Haushalt, möchte er am liebsten zu *Deiner* Familie gehören. Das ist eine große Ehre!

Gesteht Dir ein Mensch <u>Liebe</u> *mit einem Blumenstrauß* und spätes-tens zwei Tage später ist eine einzige Blume, in dem sonst noch wie frischem Strauß, regelrecht **faul**, dann ist der Schenker <u>vergeben</u>! Wisse, worauf Du Dich einlässt, falls etwas zwischen euch beginnen sollte. Es kann sein, dass er seine Familie **nicht** für Dich verlässt. Hast Du diesen Strauß mit *nach Hause* genommen, wird geraume Zeit spä-ter eine **2.** Blume faul, nämlich *dann*, wenn Du Deinem Mann <u>gesagt</u>

hast, was geschehen ist (dass es ein Liebesstrauß ist). Er kann diesen Strauß nicht ertragen. Der Rest dieser Blumen wird *überdurchschnittlich lange* halten, *wenn* die Liebe des Schenkers **echt** ist.

Hier kann es sogar passieren, *egal in welchem Raum* Du den Strauß zu Hause postierst, dass Du Dich aus *unerfindlichen* Gründen vor diesem Strauß *entkleidest*. Das **wünscht** sich dann der Schenker! Achte auf verrückte Dinge, auch dass Du vielleicht eine Blüte im Strauß ab und an küsst oder sie streichelst. Diese wird am **längsten** stehen und es zeigt Dein Verhältnis zum Schenker, welches *auch* in einer liebevollen Art steht, unabhängig davon, ob ihr zusammenkommen könnt oder nicht.

Benutzt Du gern **Aufkleber** auf Briefen, Päckchen, Gebasteltem und der Empfänger fotografiert das, kann es passieren, dass es einen *regelrechten Glitzer oder glänzenden Schein* auf den Aufklebern gibt, WENN der Absender wahrhaft liebt. Auch ist hier alles sehr KLAR und deutlich zu sehen (Schrift, Farben und Formen). Dies ist ein **absoluter Beweis** der schenkenden Seele über die **Wahrheit** der Liebesgefühle. Schreibst du einen Satz, vor dem sich Deine Seele fürchtet, kann die Schrift zittrig aussehen oder die Farbe des Stiftes an den Rändern leicht verlaufen. Hier ist Gefahr durch **zu tiefe** Gefühle und die bestehenden Lebensumstände symbolisiert worden.

Anzumerken ist hier: Die **größte LIEBE** gibt es zwischen *denjenigen* Seelen, die im Himmel regelrechte Verabredungen getroffen haben, mit **schwer**(st)**en** Aufgaben im Seelenplan, die es auf der Erde zu erfüllen gilt.

Sprechfutter

So nannte man früher „Pralinen", wenn der Partner wieder **gut** mit einem sein sollte … ;)

Bringst Du *plötzlich* Aufmerksamkeiten mit nach Hause, Nascherei oder Blumen, was Du sonst nicht tust, musst Du immer damit rechnen, *verdächtigt* zu werden, etwas gemacht zu haben, was in Dir ein schlechtes Gewissen erzeugte.

Oder: „Was ich selber denk und tu, trau' ich gerne andern zu."

Musst Du Respekt haben?

Wenn Dein *Traumpartner* Familie hat, ist alles knifflig. Nun sage ich Dir: **Säße** er dort *richtig*, hättest Du Dich *nicht* in ihn verliebt. Das ist **Ursache-Wirkung**!
Im Leben dieses Traumpartners ist etwas unstimmig – vielleicht weiß er das selbst noch gar nicht so genau. Selbst wenn er <u>Buch 1</u> gelesen hätte, kann sein **Haupt**konfliktgeschehen im <u>Buch 2</u> liegen.
Entscheiden musst Du selbst, aber Kämpfen lohnt sich immer. Das Minimum ist die *Zugabe der Liebe*, damit Du **gesund** weiterleben kannst, auch wenn es einen „Korb" für Dich *geben sollte*!
→ Die Chancen stehen **fifty-fifty** …

Ob Du Mut genug für einen Neuanfang hast, ist die eine Frage und ob Du mit dem Trennungsstress klarkommen würdest (und willst), die nächste Frage. Das möchte gut durchdacht sein und nicht über's Knie gebrochen. Unglück über andere Familien zu bringen, ist wenig ehrenwert und **dennoch**: Das Unglück war dort schon VOR DIR zu Gast!

Niemand darf daran *gehindert werden*, sein **Lebensglück** zu *finden*, denn es wäre sowieso das Ende: *der Gesundheit* und irgendwann auch *des Lebens*. Bei dem einen später, bei dem anderen (mit starkem Liebeskummer) eher (Herzinfarkt)!
Alles **muss** sich richtig <u>sortieren</u>, wenn Dein Leben aus *vielen Fehlern* der Rubrik „Ursache-Wirkung" besteht. So ist es nun einmal, ob ich das hier aufschreibe oder nicht.

Gibst Du einer fremden Frau Dein Baby in den Arm, kann es sein, Du wünschst, SIE wäre die Mutter Deines Kindes. Ist sie dann auch noch lieblich mit dem Baby umgegangen, hast Du einen Konflikt. Ebenso gilt das im Umkehrschluss mit einem Mann, der sich aus Deiner Sicht als Vater **Deines** Kindes gut (bzw. besser) eignen würde.

Der richtige Zeitpunkt

Manchmal gibt es einen Zeitpunkt, da hättest Du bei Deiner Traumfrau *unheimlich viel* erreicht. Vielleicht war sie regelrecht verzweifelt, aufgrund von Lebensumständen. Wenn Du sie wahrhaft liebst, solltest Du davon gespürt haben, indem es Dir selber dreckig ging und Dir Dein Gehirn dabei Bilder von ihr lieferte. Die Seelen kommunizieren, sie rief nach Dir! Es wäre gut, wenn Du genau an solch einem Tag oder Folgetag **all Deinen Mut** zusammennimmst und auf sie zugehst. Schon wenige Tage danach kann es zu spät sein. Die Seele dieser Frau antwortet Dir:

„Sie **hasst** Feiglinge!"

Sagst Du Dir: „Ich kann nicht mehr", kommt von irgendwo ein Lichtlein her

Geht es Dir an den Kragen, weil die Liebe zu Deiner Frau, die Du zu Hause hast, auf der Strecke geblieben ist? Hast Du Dich neu verliebt? Schon vor Jahren? Ist dieses Gefühl sehr stark und kann Dich *keine andere* Frau, die für Dich *möglich* wäre, mehr beeindrucken, hat es Dich **richtig erwischt**.

Hier kannst Du *gesundheitlich großen* Schaden davontragen, wenn diese Gefühle über Jahre als Geheimnis in Dir herumgeschleppt werden. Du wirst Herzschmerzen bekommen, unregelmäßigen Puls, manchmal Magenbeschwerden, auch Gallenschmerzen oder Sodbrennen sind möglich.

Es kann sein, dass Du manchmal während der Autofahrt Selbstmordgedanken bekommst, nur ganz flüchtig, aber sie waren da! „Fahr' ich jetzt einfach gegen den Baum? Dann ist endlich alles vorbei …" Wer unglücklich verliebt ist, ist zu nichts (mehr) zu gebrauchen, aber zu allem fähig. Diese Liebe schickt Dich in die **Abgründe** Deines Seins. Manchmal und natürlich wenn Du Glück hast, kommt dann ein Licht zu Dir. Die begehrte Frau hilft!

Liedtipp: **The Verve „Bitter Sweet Symphony"**

Das Gleiche kann passieren, wenn Du in der Jugend leider etwas Wichtiges in Bezug auf die Liebe verfehlt hast, Dein Leben **dadurch** (als Ursache) in verrückte Bahnen kam, Du Dich verzettelt hast und letztlich nah dran bist, durch andere *komplett ruiniert* zu werden. Hast Du **seelisch** immer an Deiner 1. *bildhaften* Liebe festgehalten, kommt die Rettung zu Dir, genau dann, wenn Du vor dem aufgerissenen Maul des tiefsten Abgrundes stehst. So etwas gibt es in der Tat: Hoch lebe **das Licht** der wahren Liebe! Wo immer es auch *plötzlich* herkommt …

Das 1. Rendezvous – Münchener Freiheit: „Tausendmal Du"

Geht Dir alles schief? Liegen Deine Haare nicht? Hast Du über Nacht Pickel bekommen? Auch noch auf der Nase, als Beweis, dass man Dir die Verliebtheit an der Nase ansieht? Verschmiert Dir das Make-up, obwohl Du fast fertig bist? Bricht Dir ein Absatz ab? Ziehst Du Dich schick an und setzt dann direkt einen Fleck drauf? Willst Du unbedingt pünktlich sein und vergisst etwas Wichtiges, musst umkehren – nach Hause zurück?
Alle diese verrückten Dinge sind schon passiert … **Löse** die **Glaubenssätze auf**, welche Dich blockieren, und gelange ohne solche Umstände zu Deiner 1. Verabredung.
Erschrickst Du Dich beim nächsten Mal, dass es klappt, musst Du den Sachverhalt nochmals lösen! Immer schön cool bleiben. :D

Spielst Du gerne, lässt jemanden absichtlich warten? Damit tust Du Dir keinen Gefallen, denn hier tritt früher oder später das Gesetz der „Ursache-Wirkung" ein. Das kennst Du aus Buch 1 zur Genüge. Ab heute wirst Du auch keine „Masken" mehr „tragen" und *nicht nur* Dein Sonntagsgesicht auflegen, wenn Du verabredet bist, sondern SO sein, wie Du **wirklich** bist.
Das vermindert den Reinfall auf beiden Seiten und auf der ganzen Linie. DENN: *Wenn Du erst einmal in den Fängen bist, kommst Du so schnell nicht mehr wieder heraus, als wenn es sich schon am 1. Abend klar darstellt:* Die da/der da ist NICHTS für mich!

Kennenlernen ist der <u>Schlüssel,</u> zu kapieren, **wen** Du **wirklich** vor Dir hast und ob Du vielleicht **in eine Illusion** verliebt warst, in einen **Blender**! Die Verliebtheit verpufft dann, keine Sorge! Das geht schneller, als Du denkst.

Meine es **ehrlich**, wenn Du ein <u>Rendezvous</u> einrührst, damit Du *diesem schönen, französischen* Wort **alle Ehre** machst! Hier gehören *echte* Gefühle hinzu …

Repeat – Wiederholungsfehler

Nimmst Du *Deine* ganzen Konflikte aus **der alten** *in die neue* Beziehung mit hinein, wundere Dich nicht, wenn sich alles für Dich **fortsetzt**, was Du NICHT (mehr) haben wolltest!

Dein Ausspruch sollte sein: „Mea culpa" (lateinisch „durch meine Schuld") …

Kannst Du tanzen?

Denkst Du, jede Frau verliebt sich gleich in Dich, nur weil Du *gut tanzen* kannst? Kann es nicht auch sein, dass sie glücklich ist + strahlt, *nur* **weil** endlich mal <u>irgendeiner</u> richtig gut tanzen kann (was ihr eigener Mann vielleicht nicht kann … dafür macht der andere Dinge richtig hammergut!)?

Sicher wünschen sich viele Frauen einen Mann, der toll tanzen kann. Also schau mal, was Du daraus machst und ob Du es lernst, um nicht mehr mit ansehen zu müssen, dass sie *im Arm eines anderen* **so happy** aussieht, dass derjenige <u>denkt</u>, sie ist in **ihn** verliebt.

Auch Mädchen denken manchmal, sie *hätten* sich verliebt, *weil* ein Junge gut tanzt. Ein richtig guter, insbesondere **cooler** Tänzer betört sie alle. Das ist leider so.

Aber Achtung vor selbstverliebten Typen. Prüfe klug, ob Du nicht nur ein „One-Night-Stand" werden sollst! Wie Du das anstellst? <u>Warte, bis **er** Dich **küsst**</u>, dann wirst Du merken, dass er es **ernst** mit Dir meint. <u>Ohne</u> Liebesgefühle kann er es nämlich <u>nicht</u> **zuerst** tun, so einfach ist das. Dann müsstest *Du* auf ihn fliegen und <u>ihn küssen</u>. Überlege gut, was Du willst.

Falls Du ihn **doch** küsst und denkst: MIST, jetzt ist es passiert!, dann nimm die Beine in die Hand und verzisch Dich.

<u>*Übrigens stimmt es:*</u> Mit Mädel**z**, die *ausdrucksstark tanzen* können, kannst Du viel Spaß haben. Nicht nur in einerlei Hinsicht.

Können Klamotten auch Neidkonflikte davontragen?

In der Tat, wer hätte das gedacht!?
Hosen, die Dir besonders gut stehen, verschleißen schneller, wenn Du um sie, *und* Deinen perfekten Hintern darin, beneidet wirst. Manchmal verschwindet auch an einer Stelle am Po die Farbintensität der Hose … Schuhe, die als cool empfunden werden, gehen bereits nach wenigen Malen des Tragens kaputt. Wenn es Kunstleder ist, löst es sich buchstäblich auf. Die Schuhe, welche ich dazu kenne, wurden im Leben <u>fünf Mal</u> getragen, immer auf Party **zum Tanzen**. Danach waren sie hin! Das geht auf keine Kuhhaut! Geile, farbenfrohe Stiefel knacken plötzlich im Absatz und können nicht mehr benutzt werden, höchstens noch dort, wo es *sehr laut* zugeht. Schöne Oberbekleidung bekommt Beschädigung durch Neid**energien** in Form von Pilling und Qualitätsrückgang. Man glaubt es kaum. Mit Gürteln verhält es sich ähnlich, dem Verschleiß kann man zusehen.
Kauft euch *selbst* die Klamotten, die euch gefallen, regt euren Geschmackssinn! Beneiden ist eine ganz miese Tour!

<u>Weiter geht's:</u> Können auch Schmuck und Uhren Neidkonflikte davontragen?

Na, selbstverständlich! Superschöne oder megacoole Uhren gehen kaputt, wenn Du sie herumzeigst, weil Du **stolz** auf Deine Errungenschaft bist! Auch Ohrringe, Ketten und Ringe leiden, sie oxidieren, werden teilweise schwarz oder Mechaniken gehen kaputt, Stecker werden lose/locker, damit Du den schicken Ohrring verlierst usw. NOCH lauert der Neid (energetisch) überall!

Auch auf Deinen Haaren! Fällt Deine Frisur schnell zusammen, wird das Haar nach einer Verabredung struppig oder verändert sich sogar die Dichte der *einzelnen* Haare, hast Du Neidkonflikte davongetragen: „Ich wünschte, sie hätte auch mal so dünnes Haar, wie ich!" Abends wirst Du solche (auch noch) *ausgefallenen* Haare in der Hand halten – sie passen gar nicht zu Dir, so wie Du Deine Haare sonst kennst … Das, was die „Neiderin" *vorher nicht* wusste: Ihre eigenen Haare werden zur Strafe für diesen unausgesprochenen Fluch *noch dünner*.
PP (Persönliches Pech)!
Am besten halten schöne Frisuren nämlich dann, BISHER, wenn Dich **keiner damit sieht**. Blöd, oder? ;) Löse es auf und der Sachverhalt ist Vergangenheit!
Bist Du mit Deinen Haaren *unglücklich*, lese dazu im Buch 1.

Und: **Bitte** hört auf, euch gegenseitig zu beneiden … Es bringt allen **nur** Nachteile, das glaubt mir.

Ach ja, **Schmuck** an Jungs + Männern *kann* sehr reizvoll und auch extrem cool aussehen. Es zeugt von Selbstbewusstsein und Charisma, je nachdem … Zeige Deinen Geschmack (z. B. Thomas Sabo® – Hammer)! **Und Nein:** Der Anbieter weiß nicht, dass ich ihn hier reinschreibe – er hat einfach den *schönsten* Schmuck, den ich kenne.

Begegnungen

Ein Mädchen humpelt herum. Ja, Du *denkst*, sie ist ein <u>Mädchen,</u> in Wirklichkeit ist sie eine mittelalte Frau. Sie hat einen verletzten, linken Fuß und ist mit dem Rad unterwegs. An der Straße muss sie warten, umständlich ab- und wieder aufsteigen. Du siehst es und hilfst ihr, schaust, ob die Straße frei genug ist, damit sie gefahrlos hinüberkommt. Du hast sie angesprochen. Du warst schön und charismatisch. Sie fühlte sich mäßig, war geschlaucht und wenig strahlend. Sie sah Dir in die Augen, als Du ihr mit Deinen Worten halfst und ein *kleiner Blitz* traf **mitten** in ihr Herz.
<u>Liedtipp:</u> **Münchener Freiheit „Liebe auf den ersten Blick"** (Lange Version)

Au-weia! Nichts wie weg! „So ein *schöner* Mann *ist besorgt* um mich, er tut nicht nur so." Sie schaut im Fernsehen, wem Du ähnlich siehst, Du erinnerst sie an wen. Jaaa, jetzt weiß sie es: Du bist der *erwachsene* Jakub (Tobias Hoesl) aus dem Märchen „Frau Holle" (eine herrliche, tschechoslowakisch-deutsch-österreichische Verfilmung von 1984/1985). Ach ja und auch der <u>junge</u> Aron Strobel (1985!!) von der „Münchener Freiheit", nur mit kurzen Haaren! Oh mein Gott! Das ist ja irre.

Sie sieht Dich oft, aber ihre Augen sind *nicht* optimal (da lagen noch Seh-Konflikte drauf). Sie grüßt immer nur von weitem, spricht auch mal drei bis sechs Worte, so wie Du, von weiter weg.
Sie sieht **nicht**, wie Du Dich *immer mehr* zu Deinem **optischen Nachteil** veränderst, ja Dein *gesamtes* Charisma <u>verlierst,</u> sondern steht zu Dir <u>in der alten, damals erlebten Faszination.</u>

Eines Tages kommt sie **ganz nah** zu Dir – sie traut sich – und SIEHT Dich erneut. Was ist geschehen, um Himmels Willen? Du bist nicht mehr der Alte, ja, sie muss sich vergewissern und fragt: „Du bist das doch, der mir mal über die Straße geholfen hat?" … **Fuck!** *Das ist doch nicht zu fassen, das kann nicht wahr sein, wie geht das, was ist nur passiert!? Bin ich etwa mitschuldig?*

Eigentlich wollte sie Dich berühren oder auf einen Kaffee einladen, aber alles bleibt in ihr stecken. Das geht nicht, oh weh, auf gar keinen Fall!

Solche Geschichten gibt es sicherlich Viele. *Was ist nun passiert?* Ich sage es Dir:
Dieser Mann hatte sich **genau im selben Moment** verliebt, als diese Begegnung mit dem Fahrrad stattfand, und **sagte** dieser Frau über die Zeit? → **NICHTS!**

Es soll **allen** eine Lehre sein: Wer seine Liebe **nicht gesteht**, aus welchen Gründen auch immer (Ausreden = Teufels Großmutter): „Sie hat einen Mann, ich habe es gesehen, sie hat ein Kind, ich habe es gesehen, vielleicht ist sie zu jung/zu alt für mich usw., ich bin zu feige, auf sie zuzugehen und zu gestehen" ... Es ist IMMER ein Fehler, **wahre** Gefühle nicht zu gestehen! Immer!
Du wirst durch das Verschweigen konfliktaktiv, unweigerlich.

Davon abgesehen, dass solche schönen Männer an Charisma verlieren *können*, weil sie oft um ihr ausdrucksstarkes Gesicht und/oder den Körper **beneidet** werden (LÖSE Deine Neidkonflikte!), legt sich **aller Liebeskummer** über die Jahre auf Deine Gesundheit und Deine Optik fällt zusammen.

Hast Du noch *andere* gewichtige Konflikte, z. B. ein Kuckuckskind als Bruder oder Eheprobleme, so dass Du fast **ohne** oder eben nur mit dieser **einen**, *immer unglücklicher werdenden* Liebe leben musst, wird Dich das töten. Viel eher, als Du denkst.
Liedtipp: **RAMMSTEIN** (göttlich) **„Engel"** – Ja, Marte liebt es zuweilen göttlich & höllisch zugleich.
Die Videos sind jedoch mit Vorsicht zu genießen. *Es handelt sich um diese:*
https://www.youtube.com/watch?v=7TBYwpQtl5M
https://www.youtube.com/watch?v=N2T4kpAS5A4

Am schlimmsten fühlt es sich an, wenn diese Frau *aufgrund der Gefühle* **zu Dir für Dich** in demselben Zeitrahmen *immer schöner* geworden ist … Einer erkennt den anderen nicht mehr und die Verhältnisse haben sich <u>umgekehrt</u>.

Sie hat **hart** an sich gearbeitet (z. B. gefastet) *und* Konflikte gelöst, denn Du hast ihr bei eurer **1.** Begegnung *unterbewusst* vermittelt: **„Wenn Du** *schöner* wärst, **würde** ich Dich ansprechen." Aus dieser gewissen *Arroganz* heraus hast Du **nicht erkannt**, dass es zuvorderst auf die *inneren* Werte ankommt und *danach* auf die optischen. Diese verändern sich <u>sowieso</u>, im Falle dessen, dass ein schöner Mensch einen anderen, *weniger hübschen* mit seiner Anwesenheit und Zuwendung sozusagen **erhebt**! Der Abzug Deines Charismas ist *die Strafe Deiner eigenen Seele*, dass Du jemanden hast ziehen lassen, der himmlisch **gut** für Dein Leben gewesen wäre. Vor lauter Wärme hättest Du nie mehr einen Pullover gebraucht.

Bei der Frau kam *im selben Moment* seelisch an: „Ich **MUSS** schöner werden, **damit** *dieser* Mann sich für mich interessiert." Sie meint, *er sieht es,* wie sie sich <u>stark zu ihrem Vorteil</u> verändert hat – **JETZT KANN** er doch kommen!? Aber?

Aber er kommt <u>**NICHT**</u>, so oft sie auch **qualvoll** auf ihn wartet (ja es quält sie unheimlich, teils herzzerreißend) und ihm **mutigst** Gelegenheiten bietet! Sogar *mehr als* drei Mal, wovon die Schönheit begonnen hatte, zu ihm zurückzukehren. Aber wir wissen: **Ohne** einen **Kuss** wird das ein Satz mit X, nämlich nix!

Kann er nun nicht, weil seine Schönheit *verschwunden* war? ODER **IST** er in der Tat <u>trotzdem</u> so selbstgefällig + arrogant, dass er sich von ihr **nur** *umschmeicheln* lassen will?? OH ja, das tut mal wieder gut! (Vielleicht so wie *früher*, als er noch ein *Frauenschwarm* gewesen ist. Vielleicht musste er sich nie bemühen und wurde immer „angesprungen"?) Ist er *innerlich* eventuell **ein ganz anderer**, als **sie** es die liebe, lange Zeit über *von ihm* denkt? Mag sie ihn deshalb *weniger*, auch wenn es den **1.** Schreck der <u>zweiten, nahen</u> Begegnung gab? **Ist die Liebe nun fort?**

Denkste Puppe! Die beiden *Seelen* **lieben** einander, es bleibt dabei und ein neuer Kampfgeist wird geweckt: in diesem Mann *über* diese Frau, denn sie behandelt ihn **nach wie vor** <u>verliebt</u>!

Sie weiß es: Sie **will** ihn und die Optik ist ihr wurscht. Eigentlich gehört dieser Passus unter: „Unglaublicher Vorfall" Es ist herrlich wahr: Sie liebt **seine Seele**, *nicht* sein Äußeres.

Seine Seele kämpft praktisch ums Überleben, **indem** er <u>ihre Seele</u> in sein Leben **gezogen hat**, die Einzige, die **fähig** ist, ihn zu <u>erretten</u>! Das muss nicht heißen, dass die zwei Menschen zusammenfinden, sondern vor allem, dass beide **heil** werden.
Wie diese Geschichte ausgeht? Keine Ahnung! Mache etwas draus –
sei beherzt!
Eine *Umarmung* ist immer ein guter Anfang.

Es gibt Menschen, die SEHEN Dein Potential*, egal, wie Deine Optik (inzwischen) aussieht (Äußerlichkeiten). Diejenigen **lieben Deine SEELE** – die Art, wie Du mit ihm/ihr umgehst, wie Du Dich bewegst … Wundere Dich nicht, wenn Dir so ein (vielleicht sehr schöner) Mensch näherkommt und Du durch *seine* Anwesenheit in *Deinem* Leben immer *besser aussehender* **wirst**. Das ist eine **logische**, energetische Folge!
Ich kenne diesen Sachverhalt auch gleichgeschlechtlich: Hat eine weniger hübsche Frau eine schöne Freundin und GÖNNT ihr *die Schönheit* <u>von Herzen</u>, wird sich auch die Freundin im Laufe der Zeit durch diese **ehrliche** Zuneigung <u>verschönern</u>! Beneidest Du Deine (hübschere) Freundin jedoch, was passiert dann? Du wirst immer grauer neben ihr!

* Du wirst das *spüren*, sobald Du *durch* die **Auswirkungen** von Buch 1 + 2 **gesund** geworden bist, was **nach Buch 2** <u>bis zu drei Monate</u> dauern kann.
Die Seele ist dann faktisch **mit nichts** mehr zu betrügen.

Fühlst Du Dich **schuldig** an *negativen* Veränderungen *eines anderen*, kann es bei Dir zu einem Selbstwerteinbruch (Schmerzen) im unteren Rückenbereich kommen – löse das gleich auf!
Sei Dir ebenso bewusst, dass Du *möglicherweise* dazu <u>beitragen</u> *kannst*, damit ein Mensch wieder in seine **beste** Form zurückkommt.

<u>Nämlich:</u>

Küsst eine Frau einen Mann nach solch einer optisch negativen Veränderung, kann es passieren, dass er sich binnen von Stunden _zurückverwandelt_, so als wäre nichts geschehen. Er sieht dann praktisch wieder **genauso aus** wie BEI diesem **1.** oben genannten Treffen. **Zauberei?** Nein! **Liebe!**

Hier gibt es „nur" drei Schwierigkeitsgrade:

1. Diese Frau muss ihn immer noch _sehr lieben_, **obwohl** er aus Arroganz und danach aus Feigheit unattraktiv geworden ist.

2. Diese Frau kann sich unter keinen Umständen mehr auch nur im Geringsten _vorstellen_, nachdem sie ihm das **2.** Mal **nah** begegnete, dass sie ihn jemals küssen würde.

Tut sie es demnach …

Die größte Wirkung zeigt solch ein **Mundkuss**, wenn er in der **Öffentlichkeit** geschieht. Dieser Zusammenhang ist nur bei „Verhässlichung" **durch wahre Liebe** möglich – andere Konfliktgeschehen können mit _solch einem Kuss_ **nicht** aufgelöst werden.

Es ist **gut** für Deine Frau & Deine Familie, wenn Du wieder „der Alte" sein kannst, **der Schöne**, den sich Deine Frau ausgewählt hatte. Genieße es.

Diese Frau, die **Dir** mit IHREM Liebes-Kuss hilft, ist eine **(ganz) alte** Seelenliebe und der Kuss passiert ganz & gar uneigennützig, **ausschließlich um Dir** aus Deinem Leid **zu helfen**!

Es ist sogar davon auszugehen, dass so eine Liebe **unzerstörbar** ist und **ewig** anhält, egal, ob ihr zusammen leben könnt oder nicht.

3. Dieser Mann will sich _unter keinen Umständen_ und schon _gar nicht_ in der Öffentlichkeit von dieser Frau küssen lassen. **Zwingen** kann und wird _diese Sorte Frau_ ihn **nicht**. PP!

Möglicherweise gibt sie nach dem **1.** gescheiterten Versuch _endgültig_ damit auf und verschwindet aus Deinem Leben, sang- und klanglos. Sie beendet ihre Liebe zu einem Feigling. Jetzt weiß sie Bescheid.

→ Ihren Kuss hättest Du _nicht ablehnen_ dürfen, sondern _genießen_ sollen. Er wäre zu einem **Highlight** in Deinem gesamten Leben geworden!

Küsst eine *wunderschöne* Frau einen (wesentlich) älteren Mann auf den Mund und er verschönt sich **nicht**, dann liebt *ihre* Seele **nicht**. Hast Du eine schöne Frau gewählt und bleibst über die Jahre *nicht* attraktiv, liebt sie Dich nicht (mehr). Sie wollte Dich nur **haben**, weil Du (damals) der Schönste von allen warst. Das ist die Wahrheit.

Liebt ein Mann eine Frau, die ihm nicht „gehört" und er hat einen Sohn, setzt der Junge diese Liebe zur selben Frau fort, *wenn sie sich kennen*. Der Umkehrschluss von Frau zu Mann gilt ebenso – hier setzt die Tochter diese Liebe fort. *Wie lange?* **Bis einer gesteht!**

Hochleistungssportler

Ja, das sind optisch oft sehr anziehende Zeitgenossen. Mädchen, bist Du neugierig, weil einer Sportler ist? Tut derjenige so, als wäre er *besonders* begehrenswert? Stellt er sich vor Dir **dar** (schau nur, wie toll ich bin!)? Ist er wirklich verliebt in Dich? Gib Acht! Hier gibt es verführerische Aktionen seitens des Mannes. Lässt Du Dich darauf ein und Du *erlebst*, dass dieser Mann seinen Kaffee auch nur mit Wasser kocht oder vielleicht *nicht* einmal gut „bestückt" ist (so wie Du es **annahmst**), dann hat es ihn <u>voll erwischt</u>.

Er trifft sich mit Dir, **obwohl** er Deinen Erwartungen, die Du in ihn gesetzt hast, *nicht wirklich gerecht werden* <u>kann</u>. Er weiß es und dennoch kann er nicht anders, als Dich, so gut es ihm möglich ist, mutig zu verführen. Er benimmt sich wie ein Dreizehnjähriger und wird sanft, wie ein Lamm. Wenn Du bei solch einem Mann die Konflikte löst – ältere Geschwister oder anderweitige Unterdrückung –, kannst Du **alles** aus ihm herausholen! Mädel, mache etwas draus!

Kannst Du <u>nicht zugeben</u>, **dass** Du liebst, und markierst weiterhin (vielleicht über Jahre) den coolen Typen, dann schau, was mit Dir passiert (Optik). In jedem Fall verlierst Du den Respekt der von Dir begehrten Frau. Sie weiß es sowieso, **wie** Du fühlst.

Denkst Du: „Ich kaufe die Katze doch nicht im Sack", wenn Du (wie ein junger Mann) *verliebt* bist, Deine Begehrte jedoch zu keiner Gelegenheit **nackt** sehen konntest, bist Du ebenso auf einem falschen Dampfer.

Dasselbe gilt für einen <u>sehr plötzlichen</u> *Rückzug* ohne klare Ansage: Du liebst und siehst Deine Chancen schwinden, obwohl es einmal auf gutem Weg war? Du denkst: Anders komme ich von dieser Liebe nicht mehr los? Es ist kränkend gegenüber der Frau, der Du *ganz plötzlich* Deine Zuwendung entziehst und zudem ist es ein **Rachekonflikt**, weil Du zu einem echten Treffen selbst **zu feige** warst (und sie eben *nackt* nie zuvor sahst). „Wenn ich einmal Blut lecke, komme ich nicht mehr von ihr los."

Auch kann es sein, dass Du in 1. Linie *benutzt* wurdest, um einen anderen, <u>ihr Wichtigeren</u>, (rasend) **eifersüchtig** zu machen. <u>Ihr seid Kontrahenten!</u>

Wie Du spürst: Es ist **alles** konfliktaktiv!

Zusammenspiel

Die **Schönste** aus Deiner Klasse ging mit dem **coolsten** Typen der Schule, ein bis zwei Klassen höher? Ist doch logisch, oder? Ein anderer hätte viel besser zu ihr gepasst, aber keiner traute sich an dieses Mädchen heran? Du hast nichts gesagt und nichts getan? Ich kann euch nur immer wieder die Beispiele für Situationen aufzeigen, in denen sich **Dein** Mut gelohnt hätte!! Später wusste sie vielleicht, dass ein anderer zu ihr gehörte! Und ja: Manchmal klappt das auch am letzten Schultag, bevor die Wege (möglicherweise <u>endgültig</u>) auseinandergehen …

Wer zu spät kommt, den bestraft das Leben.

Machtest Du mit einem Mädchen **Schluss**, weil *Deine Mutti* es gerne so wollte? Kann es sein, dass sie Neidkonflikte mit Deiner *Freundin* hatte, in Bezug <u>auf Jugend und/oder Schönheit</u>? Das gibt einen **Rachekonflikt** in der Seele des Mädchens. *Du machst Schluss und willst* *es gar nicht.* Sie sinkt vor Dir darnieder und bittet Dich, zu bleiben … Bleibst Du dann tatsächlich und sagst ihr **nicht**, <u>dass **Deine Aktion** eine **Idee** Deiner **Mutter** war</u>, wird Dich der Effekt „Ursache-Wirkung" *bitter* treffen: Genau dieses Mädchen WIRD fremdgehen und letztlich **<u>Dich</u> verlassen**, aller Voraussicht nach sogar **unehrenhaft**! Pikst Dir jetzt der **Blinddarm**? Dann ist das <u>Dein</u> Konflikt. Auch Altkot sitzt in Dir von der Handlung, *hinter der Du nicht gestanden hast*, von der Reaktion Deiner damaligen Freundin (Schreck) und auch Deine Mutter trägt Altkot in sich, von ihrer <u>intriganten</u> Handlung, die sich später vielleicht noch in **abfälligen** Äußerungen *über dieses Mädchen* verstärkte. Sie hat ihr ja (damals) den Jungen <u>weggenommen</u> … Dem betroffenen Mädchen wird, wenn es diese Zeilen liest, ebenfalls der Blinddarm piksen, denn sie sieht jetzt *ihre eigenen Reaktionen* in einem <u>anderen</u> Licht. „War sie denn blind gewesen?"

Hier kann es sein, dass Dir eine Frau schreibt, dass sie Dich *nie geliebt* hat, dass sie nur mit Dir zusammen war, weil Du eben der Begehrteste von allen warst und ähnliche Dinge (z. B., weil Du etwas Besonderes konntest). Sie hat einen alten **Rachekonflikt** mit Dir (UND Deiner sich einmischenden Mutter).

Prahlst Du mit Deinem Mädchen vor anderen, **mangelt** es Dir an Liebe!

Künstler, Tänzer, Sänger etc.

(Meist) abweichend vom Sportler bewegen sich die Künstler. Sie sind oft weich in ihren dennoch männlichen Zügen, sind romantisch, was den Sportlern oft abgeht, und können z. B. singen, ein Instrument spielen. Tanzen ist ein beliebter Glanzpunkt in der Frauenwelt, das ist schon mal ein Riesenvorsprung für Dich. Fehlt es Dir jedoch an *männlichen* Charakterzügen und auch an Durchsetzungsvermögen, wirst Du bei den Frauen möglicherweise nicht den bahnbrechenden Erfolg erzielen. Frauen brauchen die starke Schulter, vorausgesetzt, Du **lässt** sie *anlehnen*! Sie brauchen den starken Arm, der sie auch mal heben kann. Sie brauchen auch technisches/handwerkliches Geschick und sind eher stolz, wenn ihr Mann einen Nagel <u>selbst</u> in die Wand bekommt.

Ja, es ist, wie so oft: eine goldene Mischung zwischen Sportler + künstlerischem Typ – das wäre wohl das Ideal für eine **anspruchsvolle Frau**.

Und ja, ich weiß: Von dieser Sorte Frauen gibt es viele, jedoch auch solche, die den Anspruch **an sich selbst** nicht ausreichend stellen und so einen Wunschmann gar nicht verdienen.

Was tun? Konfliktlösung wird Dich voranbringen!

Benehmen – Gentleman like, „Sitten & Gebräuche"

Wie benimmst Du Dich in der **Clique** (obercool) und wie, wenn Du **alleine** unterwegs bist (schüchtern)? Wie zuvorkommend, respektvoll bist Du gegenüber dem weiblichen Geschlecht, ohne aufdringlich oder angeberisch zu wirken? Alles, was <u>übertrieben</u> zelebriert wird, kommt nicht an. Richtig cool ist ein Kerl erst dann, wenn er **überall gleichermaßen** auftritt, egal in welcher Konstellation. **Authentisch** zu sein, ist immer besser, als *gekünstelt* irgendwelchen teils *befremdlichen* Vorschriften nachzukommen. Sei, wie Du wirklich bist, so weiß jeder, woran er mit Dir ist und Du kannst Dich wohl und angenommen fühlen, wenn Du mit anderen zusammen bist.

<u>Liedtipp:</u> **Voxxclub „Donnawedda"**

Schüchtern, aber in Behandlung

Arbeite mit Buch 1 und Du kannst **unmöglich** weiterhin schüchtern sein!

Auf welche Art gibst Du einen Korb?

Reagierst Du abfällig, wenn Dich ein *körperlich nicht so attraktiver* Mensch anspricht und Dich kennenlernen möchte? Gehst Du *nur* mit einem „sexy guy" auf die Tanzfläche? Bist Du respektlos und lachst einen anderen aus, wenn er so mutig war, auf Dich zuzukommen? Speist Du jemanden ab oder bist du aufrichtig und ehrlich mit Deinen Gefühlen? Machst Du jemandem liebevoll **Mut**, nicht aufzugeben, nur weil es mit Dir nicht klappen kann *oder* hältst Du Dir jemanden (am langen Arm) warm, weil er Dir noch nützen könnte? Wie berechnend bist Du?

Rechne damit, dass **alles zu Dir zurückkehrt**. Jede Verhaltensweise, die andere verletzt/kränkt, holt Dich bitter wieder ein und fällt in das Prinzip der Ursache-Wirkung!

Erinnere Dich an Buch 1: **Jede Ursache zieht mindestens eine Wirkung nach sich.**

Lernst Du beim nächsten Fehler nicht, potenziert sich die Wirkung und kann sich in Deinem Leben vertausendfachen. Zudem **wird** – Herzlichen Glückwunsch – in der Tat *über die Zeit hinweg* **aus der** kleinen **Mücke ein Elefant** (oder ein Riesennashorn)! Die erste, noch relativ *geringfügige* **Ursache**, welche Du **nicht erkanntest**, wird zu einem „Untier" (1.000.000-fache **Wirkung**), welches Dich sogar das Leben kosten kann.

Erst recht in der Liebe!

Das ewige Rätsel „FRAU"

Männer meinen, Frauen nicht zu verstehen, dabei ist es ganz einfach. *Hier kommt der Aufschluss:* Jede Frau will für ihren Mann **die Einzige** sein. Behandelst Du sie entsprechend, wirst Du kaum Probleme bekommen. Wenn Du etwas nicht verstehst, was sie tut oder sagt, dann frage nach: **Kommuniziere!** Frauen interessieren sich im Allgemeinen und fragen gern: „Was denkst Du gerade?" Antworte ihr aufrichtig und wenn es „Nichts!" ist, dann sollte es auch stimmen.

Wenn sie Dir gegenüber dämlich reagiert, Dich auflaufen lässt, sich keine Mühe gibt oder Deine Anstrengungen nicht sieht, negiert oder nur ausnutzt, ohne etwas an Dich zurückzugeben, was ist dann? Sie ist NICHT die Richtige für Dich. So einfach ist das.
Nehme Dir das Thema **Fotos** zu Herzen und nutze diese Erkenntnisse!

Bei Jugendlieben, die in den Sand gefahren wurden, gab es Einfluss durch Dritte. Ansonsten sollte dieses Thema „Rätsel Frau" bei Jugendlieben *eher* **hinfällig** sein, dass sich Mann & Frau nicht verstehen. Hattest Du noch keine Freundin und denkst: „Weiber sind wie eine andere Welt", dann wird Dir dieses Buch hier sehr helfen, Land zu sehen. ;)

Bist Du mit Deiner Eroberung unterwegs und schaust schon wieder nach der Nächsten (Achtung Glubschaugen), die „in Deine Sammlung" aufgenommen werden *könnte*, wirst Du das Mädchen aller Voraussicht nach *schnell wieder los* sein. Es sei denn, sie ist eine **Kämpferin** und will Dich **Macho** endgültig **für sich** behalten. Dann schau mal, was so alles passieren kann. Vielleicht überzeugt sie Dich … Falls ja: Gratuliere Dir selbst zur Traumfrau!

Bist Du so, dass Du *nach anderen* schaust, *obwohl* Du ein Mädchen hast und sie lässt Dir alles ohne sich zu sträuben durchgehen, hast Du einfach nur eine *traurige Figur* neben Dir, die Du sowieso früher oder später verlassen wirst. Dann mache es lieber gleich! Sie ist Dir nicht gewachsen.
Kann Dir eine Frau **nur** optisch und/oder auf dem *erotischen* Sektor etwas bieten und ist sonst strohdumm? Na, wer es mag …

Gibst Du gern mit Deinem Partner an, ist er ein Vorzeigeobjekt für Dich, mit dem Du andere hauptsächlich neidisch machen möchtest? Spare Dir solche Intentionen von vornherein, denn ich **weiß** es: Es bringt Dir aufgrund der Thematik „Ursache-Wirkung" nichts als Unglück in der Zukunft, insbesondere genau DANN, wenn **Du** Deinen Wunschpartner **gefunden** hast.

Spätestens ab diesem Zeitpunkt ginge *für Dich alles nach hinten* los: zur STRAFE, was **Du** <u>anderen</u> gefühlsmäßig angetan hast!

Vernachlässigst Du **Deine** Frau, insbesondere *wenn* sie schön ist, musst Du **immer** damit rechnen, dass im Außen etwas geschieht, was sie <u>Dir entfernt</u>!
Eiskalte Frauen sind *verletzte* und sehr *stolze* Frauen. Wenn Du es *schaffst*, so eine **aufzutauen**, dann halte sie fest. Sie ist herrlich und treu!

Bester Freund/Kumpel?

Was *bist Du* **für** eine Frau? Denkst Du, es ist besser, ihr ein toller Kumpel zu sein, als gar nichts mit ihr zu tun haben zu können? Hältst Du das aus, wenn sie Dich nur brüderlich behandelt, obwohl Du (viel) mehr willst? Das ist eine schwere Übung, zumindest über längere Zeit. Wenn Du Glück hast, bringt **Geduld** Dich voran und schlussendlich zum Ziel, vor allem, wenn dieser Frau andere Beziehungen stetig scheitern.
<u>Liedtipp:</u> **Klaus Lage Band: „Tausend mal berührt"**

<u>Mädchen:</u> Wenn sich ein Junge oder Mann zurückzieht, kannst Du davon ausgehen, dass er Deine Gegenwart *nicht mehr* aushält, ohne Dich **küssen** zu wollen. Es sei denn, Du bist ihm anderweitig auf die Nerven gegangen. Ansonsten zieht er die Konsequenzen, um aus seiner Verliebtheit herauszufinden, so weh es Dir auch tut, einen guten Kumpel verloren zu haben. Das musst Du einstecken. Willst Du ihn zurück, hältst seine Abwesenheit nicht durch? Dann denke nach, ob Du nicht *auch,* (unterschwellig) schon lange, verliebt bist!?? GEH ZU IHM!

<u>Junge:</u> Wenn sich ein Mädchen oder Frau zurückzieht, kannst Du davon ausgehen, dass Du es vergeigt hast. Du hast **zu lange** gewartet. Ihre Neugier auf Dich ist verpufft. Jungs und Männer, die **warten**, *bis* das <u>weibliche Geschlecht</u> startet, füttern entweder ihr EGO oder sind Waschlappen!

Mit wem wünschst Du Dir ein Kind?

Hier geht es oft um die **1. große** Liebe oder Jugendliebe. Es ist alles noch **so rein**, keiner hat sich bisher großartig von einem *anderen* Geschlechtspartner anfassen lassen, zumindest nicht *bis ins letzte Detail.* Ihr wisst schon. Die Seelen erkennen, wie beschmutzt der andere ist. Deshalb wundere Dich nicht, *falls* Du schon **viel** ausprobiert HAST, dass Du keinen so reinen Partner mehr für Dich gewinnen kannst. Hier ist es nicht einmal wichtig, wie alt jemand ist bzw. Altersunterschiede im Allgemeinen, die sowieso immer unwichtiger werden. Probiert, wie gut ihr zusammenpasst und liebt euch. Das ist alles, worauf es ankommt.

Ja, in dieser Liebeskonstellation wünschen sich die meisten Frauen *Nachwuchs* von genau diesem Partner, der so **rein** ist, wie es nur geht.

Gehörnter Ehemann – betrogene Ehefrau

Ist Dein Ehemann (ggf. Jugendliebe) im Alltag *relativ kalt* und *vernachlässigt* Dich mit Zärtlichkeiten und liebevollen Worten, wurde er vom Elternhaus kühl erzogen. Obwohl er Dich unheimlich liebt, ist er nur in der Lage, Dir seine Gefühle über handwerkliche Taten und Unterstützung im Alltag zu zeigen/zu beweisen. Er *weiß*, dass Du mit den anderen Dingen im Mangel bist. Du hast es ihm *nicht nur* einmal deutlich gesagt. Ändern konnte er sich bisher nicht, denn DAS kann NUR **Konfliktlösung**! Durch Deinen Mangel gibst Du *unbewusst seelische* Signale an fremde Männer, dass sie sich *ersatzhalber* um Dich „kümmern" sollen …

Dies zieht Folgendes nach sich: Du bekommst die Komplimente, die Du brauchst, im Außen, Du erhältst auch Liebeserklärungen oder bekommst Versuchungen im Außen Deiner Ehe. Hältst Du nicht allem Stand, obwohl Du ursprünglich **nur** DEINEN Mann willst und liebst, kommt es zu dem Glaubenssatz: „Wenn ich mir die Zärtlichkeiten jetzt woanders hole, hat das mit meinem Mann nichts zu tun!" Hier *gibt* es den Konflikt, dass genau dieser Mann einmal etwas *verschwiegen* hat, was seine Frau (Dich) dazu bringt, genau **so** zu denken.

Hast Du „Mist gebaut" und beichtest es Deinem Mann nicht, setzt sich **in seinem** Darm Kot ab, so wie auch in Dir, wenn Du *fremdge-gangen* bist und es nicht gut lösen konntest/es **konfliktaktiv** bleibt (bis jetzt). Beichtest Du Deinem Mann, wird sein Darm davon befreit – tust Du es nicht, wird er über die Jahre an seinem Bauch unweiger-lich *immer dicker*. Bekommst Du wenige Zeit nach Deiner Beichte *ein Ziehen im Blinddarm*, ist auch Dein Mann **nicht frei** von Geheimnis-sen und hat Dir etwas zu berichten! Hake nach!! **Ohne MUT kommst DU aus dieser Nummer nicht heraus!**
Hier gilt das **nicht**: *„Was ich nicht weiß, macht mich nicht heiß!"*

Fragst Du ihn (hast es vielleicht *bereits* mehrfach, **weil** Du etwas *Unstimmiges* fühltest) und er bleibt ewig standhaft, dass ca. 3 Jah-re **VOR** *Deinem* 1. Fehlverhalten nichts, aber auch gar nichts mit ei-ner anderen gewesen ist, Du Dir jedoch **sicher** bist, dass Du IHM **so gern treu** sein möchtest, dann **ist** etwas faul! Du bekommst immer wieder neue Versuchungen, *so lange*, bis Dein Mann endlich mit den Schmalzstullen herausrückt. *Jedes Verschweigen zieht Probleme nach sich, und natürlich Altkot!* Herzlichen Glückwunsch!

Mache einen Test: Lege Dein Portemonnaie **lose** in Deinen Fahr-radkorb und fahre eine *mindestens* einen Kilometer lange, holpri-ge Wegstrecke (z. B. Waldweg). Schau dabei nicht im Korb nach und nicht zurück auf den Weg, **erst** wenn Du am Ende der Wegstrecke angekommen bist, prüfe, ob die Geldbörse noch da ist. *Ist sie heraus-gesprungen, lügt Dein Mann. Das funktioniert immer!* Bleibt sie trotz holpriger Strecke fast am selben Platz liegen, so, wie Du sie positio-niert hast, ist alles **wunderbestens**! Unsichtbare, **gute** Energien hal-ten Dein Portemonnaie FEST!

Die Seelen wollen zwangsläufig **frei von Konflikten** sein und wer-den Dir *immer* die richtigen Zeichen geben, *damit* Du Fortschritte machst. Die starke Energie der LÜGE(N) erzeugt das Herausspringen der Geldbörse. Nichtsdestotrotz ist Dein **Blinddarm** der *körperliche*

Beweis, dass Dir die Zusammenhänge fehlen, aufgrund der Unaufrichtigkeit Deines Partners! Dann tut er so, als wäre er vom Stern „St. Nimmerlein".

Bei diesem Rad-Experiment kommt es vor, dass **zwei** Vögel auf der Strecke, die Du auswähltest, plötzlich *vom Boden, aus einem Gewässer oder den Bäumen* heraus losfliegen! Umso **größer** diese Vögel sind, desto besser: Deine Ehe ist durch nichts zu erschüttern, eher würdet **ihr beide gemeinsam** abhauen (fortfliegen), **bevor** euch jemand trennen kann!
Jagen sich die beiden Vögel jedoch im Flug und sind dabei aufgeregt mit ihren Tönen, gibt es Streit und es kann sein, dass einer von euch den anderen Partner praktisch aus seinem Leben *verjagen* wird.

Fliegt ein größerer Vogel in Deiner Nähe und versucht, auf hartem Grund, z. B. Asphalt, eine Nuss zu knacken, dann IST es DAS Zeichen, DASS Du eine Nuss geknackt hast, und zwar in Deinem Alltag oder Deinem Arbeitsleben. Toll! Das Gleiche trifft zu, wenn Du von Tieren geknackte Nüsse siehst (die Hälften der ausgeleerten Schalen). Du erinnerst Dich? Zufälle gibt es NICHT.

Alles *hängt zusammen*, deshalb **achtet Buch 1:**
Seid GUT zu TIEREN und der **NATUR!**
Im Frühjahr und Sommer 2021 gab so wenige *Singvögel* wie noch nie in der Natur, genauso gab es *kaum* das *romantische Grillenzirpen* zur Erntezeit. Es war **höchster ALARM**, insbesondere **für die LIEBE** und alles, was in die Jahreszeiten der Gefühle mit hineingehört!
Dafür gab es *jede Menge* Nacktschnecken, als ägyptisches Symbol des Spermas und der Feuchtigkeit. Ja, wieso denn nur? Logik!!
Hässliche Insekten haben in ihrer Existenz zugenommen – ich habe im September 2021 Lebewesen gesehen, die noch nie in Erscheinung getreten sind. Dies steht deutlichst im Zusammenhang mit den *immer hässlicher werdenden* Personen, insbesondere denen, die auf dem *falschen* Wege weiterwandeln. ñ(Ich darf nicht darüber nachdenken, was mit uns passiert ist und erst recht nicht darüber, was geschehen SOLLTE (Ausrottung **sehr vieler** Menschen) und **zum Glück** vereitelt wurde.)ñ

Wer haut sich noch einfach so auf eine Wiese oder in ein Kornfeld?
Liedtipp: Jürgen Drews „**Ein Bett im Kornfeld**"
Angst, Angst, Angst! Es könnte ja ein Käfer …
Wer fährt unbeschwert Fahrrad oder Moped ohne Helm und lässt die Haare im Winde wehen?
Angst, Angst, Angst! Es könnte ja ein Unfall …
Davon abgesehen, dass jeder Mensch **eigenverantwortlich** IST, bleibst Du konfliktfrei **immer** HEIL! Das ist ein Naturgesetz!!!
Wer isst noch Beeren aus dem Wald? Was meint ihr, warum die Sträucher so verkümmert sind und kaum noch Beeren tragen (Him-, Brom,- Blaubeeren)? Weil sie so lange *verschmäht* wurden!
Mit Pilzen ist es identisch – es wachsen ja kaum noch welche. Natürlich können wir leckere Pilze essen, denn alle schädlichen Aussagen darüber wurden erfunden, damit wir unser Essen gefälligst im Laden KAUFEN! Ja, Du hast es erkannt: „Alle wollen nur Dein Bestes, nämlich Dein GELD!"
In der Forschung ist die größte Triebkraft was? **Antwort:** der **EGO-ISMUS** = Ruhm + bedeutsame Preise verbunden mit hohen Geldsummen.
Wann hast Du das letzte Mal in die Seiten eines alten Buches hineingerochen? Herrlich, sage ich Dir … Ein GUTER Lehrer will seine Saat aufgehen sehen, also mache ihn STOLZ!!

Aus meiner Sicht ist diese *herrliche,* unglaublich *liebenswerte* **13-teilige SERIE** eine „**Pflichtlektüre**" für jeden im Lehrerberuf: „**Das Haus mit tausend Gesichtern**" – ČSSR 1984

Verlässt Dich *der* Mann oder *die* Frau, den/die Du **immer haben** wolltest – der **Einzige**, von dem Du Dir *jemals* ein Kind gewünscht hast (meist 1. große Jugendliebe!), gibt es einen **starken** Augenkonflikt, der bis hin zur *Erblindung* führen kann! Hiermit erhältst Du den **Beweis**, dass der andere genau Dein Gegenpart IST: *Dein Leben wird sich ohne ihn verdunkeln, ja finster werden.*

Demütigungen der Seele sitzen im Bauch und zeigen sich ebenso am immer stärker werdenden Doppelkinn eines Mannes. *Umso länger* Du ein **Geheimnis** in Dir trägst, was eure Partnerschaft (und auch Kinder) betrifft, desto mehr werden Deine Zahnhälse freigesetzt, geht das Zahnfleisch zurück. Wenn Du nichts herausrückst, kann es passieren, dass Dir irgendwann die Zähne ausfallen.

Wenn der **Sohn** den Vater *vor die Tür* setzt, weil er seine Mutter betrogen hat, ihr untreu wurde, ist das eine **beachtliche** Tat, die anzeigt, dass die Mutter-Sohn-Verbindung *unheimlich* **stark** ist. Mutti, sei stolz auf Dich! Die Rückendeckung eines Sohnes zu haben, ist der allergrößte Trost.

Komplimente

Wie arbeitest Du mit Komplimenten? Finde ein Maß und vor allem: Arbeite nur mit Ehrlichkeit.
Die Seelen spüren es sowieso. Machst Du es nicht – Komplimente verteilen – bei Deiner *eigenen* Frau, bist Du dann sicher, dass es *kein anderer* macht? Auch so etwas *Banales* kann eine Frau von Dir abziehen. Vorsicht bei Komplimenten an die Freundin(nen) Deiner Frau. Gefahr! Die Seelen wissen alles und lassen *nichts* durchgehen: Ursache-Wirkung. Es ist leider so.

Vergeben, vergessen, verzeihen

Jeder weiß, der wahrhaft liebt und mit Grund eifersüchtig ist, wie unheimlich schwer es ist, **Zwischenfälle** in Partnerschaften zu *vergeben*. Es fordert Dir *alle seelischen Kräfte* ab und dennoch lohnt es sich. Übersteht ein Paar, vor allem eines aus der Jugendliebe (aber nicht nur!), seine gesamten Konfliktgeschehen, wird es erstens nicht nur wieder **sehr schön**, sondern macht sich frei für nicht geahnte Gefühle, welche über die Handflächen, die Lippen, den Mund, die Zunge und bei Intimitäten fließen.

Auch sage ich Dir, Du gewöhnst Dich an den Gedanken, *wenn* es Vorfälle gab, weil DU **mitschuldig** bist und *nicht* **ernst** *genommen* hast, auf welche Weise Dich Dein Partner wirklich braucht (Flechte hinter den Ohren).
Liedtipp: **Heinz Rudolf Kunze „Dein ist mein ganzes Herz"**

Gemachtes Nest?

Ist eine Trennung vonstattengegangen und einer der *neuen* Partner hat Haus/Hof/Garten, dann gehe in Dich und *prüfe*, wie stimmig sich das für Dich anfühlt.
Wie schläft es sich im Ehebett, wo vorher ein anderer drinlag, wie wohl fühlst Du Dich im Bad, mit demselben Spiegel, in der Küche, wo alles schon anderweitig berührt wurde …?
Kannst Du Dich **skrupellos** ins gemachte Nest setzen, vielleicht noch nach dem Umstand, jemandem seinen Traumpartner (eventuell intrigant) abgezogen zu haben? Hast Du gar nur auf solch eine Gelegenheit gewartet? Könntest Du auch fremdgehen im eigenen Ehebett? Du bist **voll** von Rachekonflikten!

Gehst Du hausieren, z. B. auf (D)einer Arbeitsstelle oder da, wo Du ein Praktikum machst? Suchst Du Dir *mehrere mögliche* Typen aus (I. Wahl, II. Wahl, III. Wahl) und baggerst sie alle *nacheinander* an? *Bei* **einem** *wird es schon klappen …?*

Ja, und zwar genau bei dem, der **im Mangel** ist. Jede Aktion zieht im Normalfall eine *Reaktion* nach sich – **ohne** *diese* wird der Fall konfliktaktiv! Auch für die Frauen der **erfolglos** „angegrabenen" Männer, die Dich *negiert* haben. Mann, erzähle Deiner Frau von diesem Vorfall (egal, wie lange es her ist) und **dass** Du Dich **tapfer** geschlagen hast! Dann befreist Du den Bauch Deiner Frau von nicht gerade wenig Altkot! DENN: Sie hatte genau in **dem** Moment, als die andere Frau auf Dich zukam und Dir *eindeutig* signalisierte, worauf es ihr ankam, sehr große (unbewusste) Angst **in ihrer Seele**, Dich an sie **zu verlieren**!!

Mann + Frau = Freundschaft – geht das?

Hier sollte Dir klar sein, dass dies die Wahrheit ist: <u>Mindestens einer</u> von beiden fühlt mehr. So ist die Regel. Es gibt in jedem Fall Frauen, die einem Mann gegenüber *ausschließlich* Freundschaft empfinden, ohne jemals in ihn verliebt gewesen zu sein. Für Männer, auch dann wenn sie in fester Bindung stehen, gilt dies oft nicht. Eine Freundschaft an sich ist also möglich, wenn der Mann auf Intimitäten verzichten kann.

Hat diese Freundschaft eine starke Bedeutung, kann es Stress im Beziehungsleben der Beteiligten geben und Eifersucht erzeugen. Hier allerdings tritt die Regel in Kraft, dass *dieses Gefühl* <u>nur dann</u> erzeugt **wird, wenn** etwas dran ist. Prüfe daraufhin, wie Du *wirklich* empfindest, ob es durch das tiefe Kennenlernen (+ Vertrauensverhältnis) *im Laufe der Zeit eine Veränderung in Dir* gegeben hat, weil Du von dem anderen Menschen *inzwischen sehr viel* weißt und (vom Charakter) begeistert bist.

Frage auch Deine „Kumpeline" <u>offen</u> danach. <u>Habe den Mut zur Klärung,</u> sonst gibt es einen Konflikt, der Deiner Gesundheit auf Dauer sehr schaden wird und auch Deiner aktuellen Partnerin, falls Du eine hast!

Fühlt einer **mehr**? Was nun? Entscheiden & handeln!
<u>Liedtipp:</u> **Münchener Freiheit: „So lang' man Träume noch leben kann"**

Wie steckst Du Blamagen weg?

Entschuldigst Du Dich *aufrichtig*, wenn etwas schiefgegangen ist? Erhältst Du Dir, trotz allem, was geschehen ist, den **Respekt** Deines Gegenübers?

Versteckst Du Dich hinter einer Maske und zeigst, so lange es geht, nur Deine Sonnenseite? Wenn Dich dann jemand ERKENNT, heißt deutlich <u>sieht</u>, wie Du **wirklich** bist, kannst Du Dich frisch machen.

Hier zerbrechen jahrelang geführte, vermeintlich schöne Freundschaften, wenn es einen Vorfall gab, der **Dein wahres Gesicht** an die Oberfläche brachte.

Redest Du über jemanden, der **gut zu Dir** ist, schlecht hinter seinem Rücken? Neidest Du ihm alles Mögliche, egal, was derjenige schon für Dich getan hat? Dann hast Du Dich verzettelt und Dir ins eigene Fleisch geschnitten.

Trennst Du Person *und* Gesprächsthema *und* Reaktion? Das ist unlogisch. Logisch wäre, wenn es hier Neid-, Eifersuchts- oder Rachekonflikte gäbe. Denke darüber nach.
Wer verliert schon freiwillig eine(n) tolle(n) Freund(in)?

Redet Dein Partner schlecht über Deine *Verflossenen*? Gebiete ihm Einhalt, denn es **kränkt** *auch* Deine *eigene* Seele, weil *diese* Menschen einmal zu *Deinem* Leben *gehörten*. Zudem wird Dein Partner von diesen *verächtlich* über seine Lippen gekommenen Worten selbst optischen Schaden nehmen, auch an den Zähnen. Löst das auf!

Wunden

Verletzt Du Dich oft an Deinen Händen + Fingern, schneidest Dich oder haust Dir auf den Daumen, klemmst Dir Finger im Türrahmen ein …? Schaue Dir die Seitigkeit an (links – DU, rechts – Partner) und die Finger-Bedeutungen! Du bist schlimm dran, denn irgendetwas **läuft** dauerhaft **schief** in Deinem Leben und Du bist noch nicht darauf gestoßen. Möglicherweise hat Dein Partner einen schlimmen, tiefgreifenden Konflikt mit seiner **1.** Jugendliebe (nur Kuss, ohne intim gewesen zu sein), den es zu lösen gilt, damit alles aufhört und für Dich ins **rechte** Lot (Partnerseite) kommt.

Gibt es (noch) wahre Freundschaften?

Das ist ein ganz schweres Thema, denn in die Tiefen der Seelen zu blicken, in alle Nuancen, ist die schwerste Übung! Hast Du eine Freundin, die alles mit Dir überstanden hat, ganz schwere Zeiten, schlimm(st)e Erkenntnisse, Selbstwerteinbruch durch Dich, obwohl Du es IMMER gut/ehrlich mit ihr meintest und sie genau DAS spürte, dann kannst Du von **wahrer** Freundschaft sprechen. Hier ist es so, dass es Kränkungen zwischen euch beiden *nicht wirklich* gibt: Ihr könnt euch alles sagen, weil einer vom anderen weiß: Es **dient** der Weiterentwicklung **&** dem Glück der Freundin, **inklusive** Familie, **nichts sonst**!!

Streit um potentielle Partner, auch um (beste) Freundinnen

Nach einem *heftigen* Streit kann es durch die im Raum entstandenen, negativ oder aufgeregt geladenen Energien zu leichten Unfällen kommen. Hier kann Dich ein Gegenstand am Kopf verletzen, etwas, das plötzlich durch die Gegend fliegt wie ein Eimer oder der Deckel einer Flasche, der abspringt, ein Korken. Die Räumlichkeit bleibt identisch. Hier gibt es den symbolischen Hinweis, ob Du „etwas am Kopf hast", dass Du Dich mit so einem (oder mehreren) Menschen überhaupt auseinandersetzt! Dieser Mensch ist **es** für Dein Unterbewusstsein **nicht wert**.

Überlege gut, wie Du hier weiter vorgehst! Willst Du immer noch um diesen „Jemand" kämpfen? Vielleicht ist er ein potentieller „Niemand"!? Das Thema „beste Freundin" ist konfliktaktiv, wie Du aus Buch 1 weißt. Sobald es um Jungs geht, kann sich eine Freundschaft so schnell in Wohlgefallen auflösen, wie Du gar nicht gucken kannst!

Fühlst Du Dich unwiderstehlich?

Grabschst (respektloses Angefasse) Du Mädchen einfach an? Denkst, keine kann Dir widerstehen? Du bist zu forsch und willst nur haben, flachlegen. Im Endeffekt wirst Du ein Verlierer sein – großkotzig, aber irgendwann *ungefragt*, von Männlein wie Weiblein. Pass' auf Dich auf!

Liebe ohne Erfüllung

Unerfüllte Liebe kannst Du *nur dann* in Deinem Herzen tragen, *wenn* Du Dir **keine Klarheit** verschaffst. Liebst Du einen Menschen immer noch, über Jahre, obwohl Du nicht an ihn herankommst, sage ich Dir: Liebe lässt sich *nicht abschalten* – Du kannst Dir einzig und allein **die Gewissheit** holen, um aus diesem Deine Zukunft blockierenden Konflikt herauszufinden.
Hier kann es zur Bindehautentzündung kommen, wenn Du den Liebsten eine Weile nicht siehst und Deine Sehnsucht enorm stark ist. Dazu gehört natürlich, dass Du nie weißt, ob er Urlaub hat, krank ist usw. Bei der Liebe ist es **knifflig** mit dem Spruch: „Aus den Augen, aus dem Sinn!" Es quält.

Ich habe nichts erwartet und bin trotzdem enttäuscht

Bittest Du Deinen Ehepartner um die **Scheidung** und er weint im Anschluss daran, vielleicht auch erst einige Stunden nach seiner 1. Empörung, so gut wie tränenlos, handelt es sich um Selbstmitleid, nicht um Liebe. Du hast Deinen Partner durchschaut. Er will Dich „nur" behalten (er wollte Dich **immer** nur HABEN, ohne *tatsächliche* Liebe), ansonsten wäre Dir ein totaler Zusammenbruch seinerseits sicher, vielleicht würde er auch vor Deinen Augen sterben, wenn er *ohne Dich nicht leben* **kann,** *weil* er Dich **so unendlich** liebt. Beweishaft ist das Rumpeln in Deinem Bauch nach solch einem Geschehnis. Du meinst, auf die Toilette zu müssen, es rumpelt, aber **nichts** bewegt sich. Deine Seele zeigt Dir über den Darm, dass Dein Partner an Dir festhält, er will Dich *behalten*, er gibt Dich *nicht heraus*. Löst Du diesen Sachverhalt nicht, kann es zu einer Verstopfung kommen. Nach der Lösung dauert es auch noch einige Stunden, *bis* der Darm alles loslässt, oft *inklusive Altkot* aus den vergangenen (nicht mehr so prickelnden) Ehe-Jahren. (Eine Scheidung macht dich **frei**.) Ebenso gibt es nach solchen Erlebnissen häufig *Sodbrennen*: Todesangst um Dich (falls Dein Partner im 1. Schreck mit dem Gedanken spielt, **Dich** zu töten), Todesangst um ihn (falls Dein Partner Dir noch etwas bedeutet und in Gedanken durchspielt, **sich** zu töten) und im Dritten Todesangst um Deinen *neuen* Partner, falls es bereits einen gibt (wenn Dein Partner darüber nachdenkt, den **NEUEN** zu töten). Das war's.

Hat Dein Partner am Folgetag *keine* Rückenschmerzen, vor allem im Bereich der Lendenwirbelsäule, hat ihm Dein „Scheidungsantrag" nicht einmal einen *Selbstwerteinbruch* verursacht. So einfach wäre zu erkennen, **ob** wahre Liebe im Spiel ist oder nicht.

Hast **Du** am Folgetag der o. g. Erkenntnisse Nierenschmerzen (beide Seiten), weißt Du, dass der Revier-Entscheidungskonflikt in vollem Gange ist.

Ja, es ist **qualvoll** zu erkennen, dass man nicht lieben kann, obwohl man *gerne* mit einem Menschen zusammenlebt und ebenfalls ein erfülltes Intimleben hat. Die wahren Liebesgefühle können sich jedoch tatsächlich erst **nach** Lösung aller diesbezüglichen Konflikte einstellen!

Ist ein Leben zu dritt vorstellbar?

Könntest Du Deinen Partner mit einem anderen **teilen**, vielleicht sogar im selben Haus? Ein Albtraum, oder? Ich könnte speien …

Wenn Du **konfliktfrei** bist, ist das vielleicht möglich. Schau, was auf Dich zukommt. Vor allem, wenn Du einer der *großartigen* Menschen bist, die **verstehen**, dass **Seelen**, die ganz & gar *besonders* ZUSAMMENGEHÖREN, **verschweißt** sind! Finden sich solche Seelen und werden blockiert, kann es den Tod bedeuten. Dann hast du *gar nichts* mehr.

Willst Du mit Deinem **Ehe**-Partner zusammenbleiben, obwohl er Dich **nicht** liebt, dann lasse Dich scheiden. Sonst hören die körperlichen Symptome seiner Fehltaten <u>an Dir</u> **nicht** auf!

<u>Sonderfall:</u> Hast Du einen Partner, der im Laufe eures gemeinsamen Lebens verunfallt (Rollstuhl) oder so krank geworden ist, dass er Dir *keine intime Erfüllung* (vielleicht damit auch <u>keine Kinder</u>) mehr *schenken* kann, dann solltest Du über gewisse Dinge nachdenken, damit Du *eventuell* wieder *rundum* glücklich sein kannst. Weil ich damit keinerlei Erfahrung habe oder dieses Thema mit jemandem hätte besprechen können, möchte ich Dir einen <u>Serientipp</u> ans Herz legen: **„Feuerwache 09"** (7-Teiler, **DFF** 1991).

Soll man einen Menschen im Stich lassen, wenn er *verunglückt* und zu nicht mehr vielem *fähig* ist? Was ist der Grund für den Unfall gewesen (<u>Ursache</u>)? usw.

Von Kindern **könnten** wir lernen, dass es die *leichteste Übung* wäre, in so einem Fall zu dritt (oder viert/fünft, mit Kindern) zusammenzugehen … Vielleicht würden dann alle Beteiligten tatsächlich glücklicher werden und es wäre einen Versuch wert??

Lobe Deinen Mann in den Himmel, wenn er es schafft, etwas zu <u>respektieren</u>, was **das Schwerste** im Liebesleben überhaupt ist: <u>einen Rivalen als Freund</u>. Gelingt so eine *Konstellation*, dann nur **aus einem Grund**: Sie ist **für alle drei** <u>überlebenswichtig</u>!

<u>DEFA</u>-Filmtipp: **„Insel der Schwäne"** (1983) – Hier wird das Thema von zwei jungen Mädchen angerissen, ob es möglich ist, den *begehrten* Jungen zu teilen bzw. zu dritt zusammen zu sein.

Liebst Du ZWEI (<u>oder noch mehr</u>) Menschen <u>gleichermaßen</u> und weißt *verzweifelt* nicht, was Du tun sollst, werden Dir auf der rechten (Partner-)Seite **alle Zähne** schmerzen. Löse es auf.

Wirst Du noch über andere URTEILEN, nun wo Du weißt, *welche* Lebensumstände zu *bestimmten* Entscheidungen führen können? Lasse den Mensch Mensch sein.

„Man darf nie einen im Stich lassen – das ist mehr als Liebe und Freundschaft zusammen."
Zitat aus dem wunderbaren Buch **„Meine Schwester Tilli"** von **Hans Weber** (DDR, Verlag Neues Leben, Berlin 1972, 8. Auflage von 1983)
Ich danke dem Menschen von ♥en, der sein altes Buch in die Telefonzelle am Schwielochsee Goyatz zum Verschenken hineingestellt hat! ;)

Erteilst Du Lektionen?

Manchmal ist es sinnvoll, Deinem Partner eine Lektion zu erteilen. Dass Du dazu **mutig** sein musst, ist eine Grundvoraussetzung, welche Du durch Buch 1 <u>erhalten hast</u>.

Das Motto *für Dich* heißt: „Verschwinde und komme (instinktiv) *im richtigen* Moment wieder."
Ist Dein Partner fremdgegangen oder hat sich zu Dingen hinreißen lassen, die eurer Gesundheit und/oder Beziehung schaden, dann ziehe <u>Konsequenzen</u>.
Lässt Du alles durchgehen, denkst, die Lage beruhigt sich wieder? – Hauptsache, er verlässt Dich nicht? Wenn sich die nächste Möglichkeit ergibt, stehst Du vor demselben Problem, **bis** Du es löst!
Verharrst Du weiterhin in Passivität, gibt es extrem wenig Hoffnung, auch potenzieren sich die Auswirkungen.

Gebranntes Kind scheut das Feuer und wer einmal lügt, dem glaubt man nicht … Wer erst einmal „Blut geleckt" hat, ist schwer zu bekehren – es sei denn, er kann, so **schmerzhaft** wie es von Deiner Seite aus nur geht, selbst **erspüren**, WO er hingehört.
Auch wenn es Dir im 1. Moment selber weh tut: Wenn es DEIN <u>zu Dir gehörender</u> Partner **ist**, erhältst Du den *wahren Lohn* für Deinen Mut: **Respekt** von Deinem Partner!
Auch wird *in der Zukunft* **niemand** mehr so mit Dir umspringen (können), weil Deine Energien *für immer* anzeigen, **was Du in der Lage bist zu tun**, <u>wenn es **darauf ankommt**</u>! **Cool!**

Wie begrüßt Du Deinen Partner, wenn er nach Hause kommt?

Läufst Du ihm entgegen und fällst ihm um den Hals? Küsst Du ihn (und zwar nicht nur beiläufig und megakurz)? Sagst Du etwas? Muffelst Du irgendwas in Deinen Bart, den Du nicht hast? Tust Du so, als wäre er gar nicht weg gewesen? Tust Du so, als wäre es Dir vollkommen gleichgültig, ob er nun zu Hause ist oder nicht? Was passiert, _wenn Du_ nach Feierabend daheim ankommst? Gibt es gleich Stress und/oder Ermahnungen/Vorwürfe?
Du weißt selbst, warum es Dir (bis heute) **genau so** geht, _wie es_ Dir geht – **mit** UND **in** Deiner Beziehung. **Ohne Fleiß kein Preis!** Ohne Mühe kein Wohlgefühl und kein Glücksempfinden! Kommst Du heim und **bist** in Deiner Oase, am besten, wenn alle da sind, die Du liebst, dann ist alles in bester Ordnung? Puh, Schwein gehabt!

Haben Männer Sinn für Dekoration?

Es ist eher nebensächlich, aber sie fühlen sich gern wohl, in einem gemütlichen, sauberen Zuhause. Dieser Sachverhalt ist subjektiv zu sehen und jeder empfindet das Ergebnis anders: „Über Geschmack lässt sich nicht streiten."
Überfrachtet eine Frau das Zuhause mit Dekorationsgegenständen, kann es Stress geben und auch dazu führen, dass Dinge (ohne Absicht, aber dennoch) beschädigt werden oder kaputt gehen. Dies ist ein deutlicher Hinweis, wenn Dein Mann nichts sagt, obwohl es ihn stört und er alles duldet.

Kommunikation! – Point 1!

Fragst Du Deinen Partner, wenn Dir etwas komisch vorkommt oder unklar ist (und zwar auf dem *schnellstmöglichen* Weg)? Sagst Du, was Du Dir wünschen würdest? Wie formulierst Du es aus? Lässt Du Dinge *auflaufen*, wartest lieber ab oder *spekulierst*, reimst Dir etwas zusammen?

Horrorszenarios, wenn Du ein fremdes Haar, einen Zettel findest? Zerbrichst Du Dir erst *tagelang* den Kopf und handelst Dir Kopfschmerzen ein? Sei offen, **sage**, *was* Dich bewegt, *wovor* Du Dich fürchtest, was Du tun würdest, wenn …! Dein Partner **wird** Dir antworten.
Wie, wird aufschlussreich sein, denn wenn er lügt, kannst Du beobachten, dass er in den nächsten Tagen eine längere Nase bekommt. Er wird Zahnziehen oder Zahnweh bekommen, wenn er öfter lügt!
Nutze Deine Kenntnisse aus Buch 1 und sei wachsam!
→ **Nur** die Wahrheit bringt Dich im Leben **vorwärts**!

Freunde oder Familienmitglieder, die Dir *nur nach der Nase* reden, werden Dich kaum **entwickeln**. Deshalb schätze es immer wert, wenn jemand aufrichtig zu Dir spricht, auch wenn es im 1. Moment unangenehm oder unbequem ist … **Denke nach**, was dran ist!

Sagt Dein Partner etwas über Deinen *nackten* Körper, was Dich sehr kränkt und wofür Du nichts kannst, dann passieren Dir ein Kränkungs-, Peinlichkeits- und Schamkonflikt in einem Zug.
Vielleicht ist es sogar etwas, das Du *über Jahre* zu **verbergen** versuchtest, wie ein Muttermal, welches Dich selbst ekelt oder abstößt. Das Konfliktgeschehen ist hiermit komplett gelöst.

Denke auch nach: Ein *liebender* Partner verkneift sich in dieser Hinsicht für gewöhnlich jegliche Bemerkung, aber bei einem Schreck ist es nicht immer zu verhindern.

Wie kommt es zu intrigantem Verhalten/respektlosem Einmischen in bestehende Beziehungen?

Die **Ursache** liegt im **Verfehlen** der Kinder- oder Jugendliebe. Es ist ein unbewusster Racheakt, weil Du **den** Menschen, den **Du** haben wolltest, nicht *oder* nicht so einfach, wie Du dachtest, für Dich gewinnen konntest. Du hast Dich damals **kampflos** ergeben und warst ein **Verlierer**! Der andere sprang nicht auf Dich an und Du gabst einfach auf …

Hat sich Deine Jugendliebe *wenig später* für einen *anderen* Partner entschieden, vielleicht weil genau dieser um ihn kämpfte, bist Du ernüchtert. Versuchtest Du nun bei einer passenden Gelegenheit, diese beiden Menschen auseinanderzubringen und die Beziehung intrigant, aber **ERFOLGLOS** zu beeinflussen, passierte Folgendes: Du fingst an, verführerisch auf *potentielle* Lustgewinner einzuwirken. Du willst den Menschen <u>ab sofort</u> nur noch HABEN, weil Du aufgrund **einer** intriganten Handlung nicht mehr fähig bist, Dich zu verlieben. Deine Liebe **sitzt** <u>konfliktaktiv</u> noch immer bei Deiner Jugendliebe **fest**!

Hast Du dann nachfolgend einen Menschen für Dich *eingenommen* und ihn *bekommen*, ist das Spiel für Dich *beendet*. Du hast es geschafft und nun kann der andere wieder abtreten (wird von Dir fallen gelassen) **und leiden** (so <u>wie Du</u> damals gelitten hast!). Das nächste Ziel ist schließlich bereits in Sichtweite!

Machos, Frauenhelden, Verführerinnen/„Schlangen" sind <u>**Verlierer**</u> <u>ihrer Jugendliebe</u>!
Ihre Taten zeigen an: sie haben *nichts mehr* zu verlieren, DENN das **ist bereits** geschehen!

Geht aus einer Verführung ein Kind hervor, kann es passieren, dass Du heiratest, aber **kein Partner** wird glücklich bei Dir, egal, wie schön Du bist bzw. einmal <u>gewesen</u> bist. Die Intrige hat aus Dir einen *optisch hässlichen* Menschen werden lassen: Ursache-Wirkung!

Gibt es noch etwas anderes als die Jugendliebe?

Ja: Die Hoffnung stirbt zuletzt.
<u>DEFA-Serientipp, 7-teilig:</u> **„Zimmer mit Ausblick"** (1978) – We love it.

Natürlich ist dieses Buch für die Jugend besonders hilfreich, sich direkt in die *richtige* Spur zu begeben. Leider gibt es, aus welchen Umständen auch immer, viele Menschen, die ihre Jugendliebe verloren/nicht genutzt haben oder spurlos an sich vorbeigehen ließen.

Siehst Du Dich als **Mann** in der Lage, nach all Deinen (vielleicht eher negativen) Erfahrungen mit dem weiblichen Geschlecht, **alleine** zu leben, dann baue Dir ein *schönes* Nest. Du kannst auf eine erfüllende Beziehung mit **einer** Frau hinarbeiten, *ohne* zusammenzuziehen. *Weil:* Du kennst das Gemecker über dreckige Socken, die irgendwo herumliegen, über die offene Zahnpasta-Tube und all diese klassischen Dinge und hast damit *abgeschlossen*.
Hier kann ich Dir nur empfehlen, <u>besonderes Augenmerk</u> auf Deine **Körperpflege** zu legen (Finger- und Fußnägel kurzhalten ist hierbei extrem relevant – Frauen hassen „Schaufelradbagger" als Nägel, auch an den Füßen). Wenn Du dann noch **gut** riechst, hast Du *jede Chance* auf ein angenehmes *und* **hübsches** Betthupferl. ;)
Der **Wert der Freude** im Leben ist bitte *niemals* zu unterschätzen. **Die Freude & das Lachen** halten Dich beschwingt/motiviert für jeden neuen Tag und machen alles **<u>lebenswert</u>**.

Bist Du eine **Frau**, die auf eigenen Beinen steht, ein ausgefülltes Arbeitsleben hat, ihr eigenes Geld verdient? Auch Du kannst *unabhängig* leben, wenn es Dir besser gefällt als alles, was Du bisher ausprobiert hast. Nicht für jeden ist Familiengründung die wahre Erfüllung.

Mitesser auf dem Nasenrücken/den Nasenflügeln wirst Du auch nach der Pubertät *nicht los*, wenn Dich Dein Partner *nicht „frei"* lässt. Bist Du **verheiratet**, stellt es sich noch *drastischer* dar. „Was man liebt, lässt man frei." Die Seele kommuniziert Dir mit dieser Art Mitesser, dass Du eben vom anderen **nicht** frei bist. Ein **klares** Hautbild ist leichter zu erhalten, wenn Du keinen Trauschein hast. Das ist die traurige Wahrheit.

Ebenso kommt es zu <u>unreiner Haut</u> auf *Rücken + Dekolleté*, wenn die Partner einander **nicht hergeben** wollen/würden, weil (energetisch) <u>stetig Gefahr</u> **von außen** droht. Hier wird dafür gesorgt, dass die Attraktivität leidet, um Kontrahenten abzuwehren!

Die Gedanken dazu, ausgesprochen *oder* nicht: „Wärst Du *noch schöner*, dann …"

Auf den Nasenflügeln kann es sogar Flechten geben. Dann würde Dich Dein Partner am liebsten wegsperren (sicher ist sicher) – es sei denn, die Flechten entstehen, weil Dich in der Tat jemand ins Gefängnis bringen möchte (Warnung der Seele vor dem Verlust Deiner Freiheit).

Starten statt warten?

Wie lange willst Du <u>warten</u>, bevor Du startest, auf einen Menschen zuzugehen, den Du ansprechend findest? Bis Du **schwarz** wirst, heißt, **tot** bist? Nicht?

Na, dann **fang an → auf** ins *eigene* **Leben**. Nach Buch 1 müsstest Du **diesen Mut** *längst* in Dir gefunden haben!

Du bist zu alt? Dann hast Du Buch 1 *nicht gründlich genug* gelesen und betrügst Dich selbst.

Du hast sie endlich im Arm, die Begehrte oder auch Deine langjährige Ehefrau (vielleicht *endlich* einmal wieder)?

Wo berührst Du eine Frau zuerst, wenn Du sie begehrst? Gehst Du ihr gleich an den Hintern oder an die Brust? Oder streichelst Du ihr Haar, nimmst ihr Gesicht in die Hände, küsst ihren Hals, ihre Schultern …? Rutschst Du nur drüber, steigst ab und schläfst ein? Um Himmels Willen – und das soll Liebe sein?

Willst Du Dir wahre LIEBE **ansehen**?:

DEFA: „Beschreibung eines Sommers" (1963) – **der blanke Wahnsinn** mit Manne Krug (ihr wisst, Marte liebt ihn!) & einer lieblich-frechen Christel Bodenstein (die schöne Prinzessin aus „Das singende klingende Bäumchen" – Neidkonflikte im Ausmaß)

Um alles wettet Marte, dass *diese Film-Liebe* **ECHT** war!

Machst Du **verrückte Dinge** für ein Mädchen/eine Frau, wird sie *nie mehr* vergessen, was für ein **cooler Typ** Du bist! Deine Chancen, *mehr* von ihr zu bekommen, steigen durch Taten sehr viel mehr, als durch Worte. Die Seelen wissen Bescheid. Frauen wollen, dass *Männer* die <u>Initiative</u> ergreifen …

Arbeitet eine Frau mit vielen oder nur mit Männern zusammen, wundere Dich nicht, wenn sie immer schöner wird. *Und ja:* Passe auf sie auf.

Drehst Du wegen einer Frau fast durch (inklusive Drehschwindel), sprich sie endlich an oder tu etwas! Wenn Du diesen Konflikt nicht löst, wird Dein eigenes Charisma auf der Strecke bleiben.
<u>Liedtipp:</u> **Münchener Freiheit: „Ohne Dich"**

Berührungen

Hat Deine Freundin eine *Übersensibilität* auf der Haut, so dass *jede anfängliche* Berührung zum Intimsein von ihr sehr schwer auszuhalten ist, hat sie einen tiefen Konflikt. In aller Logik wurde sie im Alter **unter 7** Jahren <u>unsittlich + ungewollt</u> angefasst, und zwar *länger als eine* Minute. :(
(Ein mutiger Mensch hatte Marte dazu einmal offen gefragt.)

Kämpfen statt dämpfen?

Kämpfst Du um eine Frau/einen Mann oder hältst Deine Gefühle *zwangsläufig* auf Sparflamme oder im Zaum und dämpfst sie nach *jeder* Begegnung, jedem *Sichtkontakt* wieder?? Boah!
Muss ich Dir sagen, dass das nicht nur feige ist, sondern auf Dauer Deiner **Gesundheit** schadet, weil Du in der **Ungewissheit** leben musst, wie in der Verbannung?

Muss ein Mann/eine Frau alles wissen?

Verschweigen ist, wie im Buch anderweitig beschrieben wird, so eine Sache, die extrem fatale Auswirkungen haben kann. Deshalb empfehle ich ganz klar, *immer* mit der Wahrheit zu handeln.

Die Seelen wissen **sowieso** *direkt* <u>beim</u> *Vorfall* schon Bescheid. Küsst Dich also ein anderer Mensch <u>von Dir</u> *ungewollt* auf den Mund, erzähle es Deinem Partner auch dann, wenn Du unfähig warst, dem, der aus Begierde handelte oder weil es ihn übermannt hat, Dich zu küssen, eine Ohrfeige zu verpassen. Das Beste ist natürlich die Abwehr, es sei denn, Du hast es so gewollt oder sogar provoziert. Dann steht für Dich eine Entscheidung im Raum, wie es weitergehen soll. Möchtest Du eine **neue** Beziehung, dann **beende** die alte. **Sei FREI!**

Bekommst Du <u>ein Jahr nach</u> solch einer „Kuss-Attacke" einen **Heuschnupfen** (meist Frühjahr/Sommer), weißt Du sowieso Bescheid, dass dieses Ereignis für Dich *eher abstoßend* war. Hast Du in Abständen zwei solcher Erlebnisse hinter Dir, wird sich Dein Heuschnupfen *bei erneuter Ablehnung* verstärken (und **war** früher, vor Buch 1 *oder* einer unbewussten Lösung des Konflikts, *vielleicht* sogar <u>tablettenreif</u>).

Wie kommt es zum Jagdtrieb?

Gekämpft wird untereinander nur, BIS die wahre Liebe Dich <u>erreicht</u> hat. Danach ist die Jagd vorbei. So einfach ist das.
KLUBBB3: „Du schaffst das schon" – Prost, Jungs! ;)

Wer wird (wie) glücklich?

Wenn Du **JUNG** bist: **Kämpfe** um Deine Kinder- oder Jugendliebe! Halte sie fest, egal wie schwer es anfangs vielleicht erscheinen mag: **Besteht eure Proben & Prüfungen!** Ihr habt das **größte** Potential, miteinander für immer glücklich zu werden. Alles, was nach einem <u>Versagen</u> dessen folgt (aus Feigheit!), wird nämlich steinig.

<u>Filmtipp:</u> **„Gritta von Rattenzuhausbeiuns"** (DEFA/1985) – Gritta, Du warst spitzenmäßig! ❤

Marte singt Dein Lied heute noch, für den, den sie **liebt**:

„Ach, wie ist's möglich dann, dass ich Dich lassen kann, hab Dich von Herzen lieb, das glaube mir!

Du hast die Seele mein so ganz genommen ein, dass ich kein And're(n) lieb, als Dich allein ..."

Selbst wenn es kein intrigantes Verhalten deinerseits gab, wirst Du diese „offene" Sache (**1.** Liebe) in Deinem Leben <u>nie vergessen</u> können. So lange, bis Du es aussprichst, schreibst, zugibst – **vor demjenigen**, den es <u>betrifft</u>. Vorausgesetzt, er lebt noch. DANN kannst Du frei werden, die Liebe in Deinem Herzen beruhigt einreihen, und glücklich werden.

Falls derjenige **nicht mehr leben** sollte, schreibe einen <u>Liebes-**Brief**</u> und **verbrenne** ihn. So kommt die *Liebesenergie* bei dieser Seele an und verzeiht Dir. Vertraue mir! Du wirst es stark erfühlen, indem Dein Intimbereich zum Dank *energetisch* <u>von der Empfängerseele</u> *aufgeladen* wird. (Das kann bis zum Orgasmus führen.)

Bist Du schon älter/**ALT**: Versuche, Deine Jugendliebe zu finden und Deinen Konflikt zu lösen. Bist Du verwitwet und der andere ist es auch, tut euch zusammen. Möglicherweise verlängern sich eure „letzten Meter" im Leben sehr und ihr habt euch enorm viel zu erzählen!

Bist Du **MITTELALT**: Nicht zu selten hören wir, dass jemand seine Jugendliebe wiedersah und seine Familie dafür „ganz plötzlich" verließ. Ja, das ist sehr hart und schwer für diese Familie, aber leider die **logische Folge** von allem, was schiefging.

Nun ist die **allergrößte** Motivation zur schon längst *überfälligen* Trennung bei Deinem Partner angekommen: **seine Jugendliebe.**

Es tut **sehr weh**, ist jedoch zu respektieren. Der Wahrheit ist **nicht** aus dem Weg zu gehen, egal wie viele Jahre dazwischenliegen. Ich hoffe, ihr schafft es, **das Beste** aus allen Konstellationen zu machen …
→ So, wie wir!
Andernfalls gibt es nur *eine* Alternative – ohne dieses Buch: den TOD!

Romantik
Geht das nur bei *unerfüllter, aussichtsloser* Liebe und *unerklärlichen* Sehnsüchten?

Liedtextschreibern von Liebesliedern liegt eine wahrhaftige **Melancholie** inne, wenn die Lieder Dein Herz berühren und Du vielleicht davon herzzerreißend weinen kannst. Marte schrieb von Manfred Krug & Günther Fischer. Auch Uschi Brüning gehört dazu. Was diese drei Menschen, und natürlich die Band, gemeinsam vollbrachten, gibt es *für uns* **kein 2. Mal.** Texte, Melodien und Stimmen sind unbeschreiblich stimmig, eindringend und voller **wahrhaftiger** Gefühle. Keiner, der das hört und MENSCH **ist**, kommt darum herum, etwas zu *empfinden.*
Vielleicht haben Uschi & Manne zusammengehört …?

Liebeskummer wird so *eindringlich schmerzhaft* beschrieben wie in **„Ade"** (Textauszug siehe unten), dass es Dir den Magen umdreht, *falls* Du selbst betroffen bist. Anhand solcher Lieder kannst Du <u>erkennen</u>, WO Deine Liebeskonflikte liegen, **wen** es betrifft (Dein Gehirn wird Dir Bilder liefern) und wo Du ansetzen musst, um **Dein Leben** zu **klären**, was die Liebe betrifft:
„Schreib mir, wo Du bleibst, ob ich Dich noch seh', irgendwann im Leben. Das tat gut und weh, dieser letzte Gruß, dieser letzte Kuss, den wir uns gegeben.
Ach es fällt mir schwer und was gäb' ich her, könnt' ich Dich in meinen Armen halten, noch ein Leben lang. Du, schau mich nicht so an. Was ich noch fragen kann: Willst Du mir vergeben?
Ade, mach es nicht so schwer, tu uns nicht so weh, ich bin längst gegangen.

Es ist viel zu spät, mit dem letzten Gruß, mit dem letzten Kuss, Liebe an-
zufangen …"

Ich sage Dir: **Es ist NIE zu spät!**
Lass Dein Herz weinen + bluten, **erweiche den Stein** in Deiner möglicherweise *längst verhärteten* Brust und entlasse den Druck des Kummers endlich ins Freie. Du wirst sehen, wie gut das tut. → Sind immer
die anderen schuld? … Ohne aufrichtiges Verhalten DIR gegenüber
wirst Du in Gefühlsdingen krank bleiben!
Hast Du ein „zu großes" **Herz** und jemand sagte Dir einmal: „Davon
habe ich noch gar nichts bemerkt …", dann **heule** jetzt *endlich*, und
zwar so richtig!

Heiratsantrag

Musst Du Dich dafür völlig verausgaben, einen Heißluftballon in den
Himmel aufsteigen lassen, ein Lied komponieren, im Stadion *vor al-*
len Gästen um die Hand Deiner Auserwählten bitten …?
Wer so einen **Mut** an den Tag legt, wird sicher am erfolgreichsten
sein. Hat der Gefragte jedoch so richtig die Wahl, **NEIN** zu sagen –
in *so einem* Moment? Wer brächte das fertig?
Also, es ist recht knifflig, damit eine Ehe *von Dauer* zu erzeugen.
Manchmal ist etwas Schlichtes, Traditionelles hilfreicher als aller
Prunk. Ein Schmuckstück wird jedoch immer Wirkung tragen, vor-
ausgesetzt, DU selbst hast es ausgewählt und gekauft, **ohne** Hilfe.
Die Seelen wissen es.

Billy Idol: „White Wedding"

Weiß ist die Farbe der **Unschuld**. Heiratest Du in **Weiß** und hattest schon *viele* verschiedene Partner, kann es sein, dass es anderen Seelen lächerlich vorkommt.

Das Gleiche trifft leider zu, wenn Du schon ein gesetztes Alter hast – es *wirkt nicht mehr* so wie in der Jugendzeit. Das ist schade. Ein schickes Kostüm dürfte für Dich die schönste Alternative sein.

Warum vergessen Männer den Hochzeitstag?

1. Weil es ihnen im Inneren ihrer Seele vollkommen egal ist, ob sie verheiratet sind oder nicht?
2. Weil sie nur dann heiraten, um eine Frau „vom Markt" zu nehmen?

Wer auf Antwort **2.** getippt hat, liegt richtig.

Unnahbar?

Bist Du <u>schön</u> **UND** <u>freundlich,</u> dann hast Du ein Problem. Das können Männer nämlich schwer verstehen. Du denkst, oh je, hier kann mich niemand so richtig leiden? Dann kann es sein, dass sich *viele* Menschen *ringsum* in Dich <u>verliebt</u> haben und Deine Gegenwart scheuen, weil sie es kaum aushalten, **falls** Du bereits vergeben bist. (Hier nähern sich <u>nur die</u> Männer an, die es aufrichtig von sich annehmen können, zum Ziel zu kommen.)

Es kann auch sein, Du ziehst sie an wie die Motten das Licht und bist stets umgeben vom anderen Geschlecht – DANN bist Du <u>innerlich</u> frei! Selbst wenn Du vergeben bist, wärst Du für <u>den Richtigen</u> noch zu haben! Du willst nur *gefunden* werden …

Küsst ein Junge, der sich für *unwiderstehlich* hält, ein Mädchen (weil er denkt, dass er **jede** küssen **darf**) und der Kuss gefiel ihr **nicht**, kann es sein, dass sie sich zurückzieht, vor allem, wenn sie noch jung und recht unerfahren ist. Hier kommt es häufig zu einem **Rachekonflikt**. Der Junge verbreitet über dieses Mädchen dann z. B., dass **ER** von ihr fortgegangen ist, weil sie zu wenig lacht und tut so, als wäre **sie** schuldig, dass beide *nicht mehr gemeinsam* gesehen werden. Hat er (ziemlich zügig) eine neue Freundin gefunden, präsentiert er sie vermutlich **vor** der anderen und will damit etwas beweisen … Nun ja, ein schlechter Charakter hat sich noch selten durchgesetzt. Das ist die ganze Moral aus der Geschichte.

Kleiner Trost an betroffene **Mütter**: Bei geliebten Söhnen, die *nicht optimal* gelingen, liegt der mangelnde Part beim Vater. Er hat **nicht** dafür gesorgt, dass aus *seinem* Jungen ein stolzer, **echter Mann** werden konnte (Unterdrückung, siehe Nasenformen in Buch 1, und/oder Kleinhalten, z. B. *Abnahme* von schwierigen Aufgaben). Oft ist hier der folgende, *teils unterbewusste* Neidfaktor als Hintergrund zu finden: „**Warum** soll mein Sohn ein besserer, klügerer, mutigerer … Mann werden/sein, **als ICH** es bin?" Ja, das ist sehr schade. *So* werden wir in der Männerwelt niemals Fortschritte erzielen.

Der **DEFA**-Film „**Das Mädchen und der Junge**" (1982) vermittelt auf *sehr liebevolle, ja liebliche* Art und Weise die **1. Liebe** sowie deren **Zerwürfnis**. Alle Darsteller verhalten sich authentisch und der Film ist von *beachtlicher* Eindringlichkeit – lässt **tief** in die Seelen blicken. Aus diesem Grund, da er hier aufgeführt werden sollte, stand er *nicht* in Buch 1.
Zerstören durch die Kindheit erlernte (konfliktaktive) **Charakterzüge** eine *junge, behutsame, wundervolle* Liebe **mit** Egoismus, Selbstgefälligkeit, Vereinnahmung des Partners und Bestimmung über ihn, die zarten Bande, dann wirst Du aller Voraussicht nach *nirgendwo* mehr ankommen.
Sie wäre es gewesen, die Dich **ins Glück** geführt hätte und Du hast sie mit Deinen *oberflächlichen, unberechtigten, ja schmerzvoll verletzenden* Forderungen von Dir fortgetrieben!

Der **DEFA**-Film „Grüne Hochzeit" (1989) zeigt **brutal** auf, was alles passieren kann, wenn man sich auf einen Partner einlässt, den man nur *vermeintlich* liebt. Auch haben die damaligen Baby- und Kleinkinddarsteller sicher <u>oder hoffentlich</u> erkannt, dass sie durch <u>die Filmhandlung</u> beschädigt wurden!? Der Funke zwischen den Darstellern springt <u>nicht</u> über und macht den Film dadurch leider missverständlich. Was am besten gelungen ist: die Darstellung der verführerischen Schlange, die den jungen Ehemann + Vater aufnimmt, ohne Rücksicht auf die „Freundin" sowie die Konsequenzen von zerstörerischen Energien zwischen den Partnern, inklusive Überschwemmung und Zerstörungswut. Paul, die *Kinderliebe* von Susanne, spielt authentisch – sehr gut (endlich kommt <u>alles heraus</u>)! Der **Verlust der Geldbörse** ist hier symbolhaft für ein schwerwiegendes Problem zum Weiterleben OHNE diesen Partner (Suizid).

Findest Du **sie** wieder, in Deinem <u>wahren</u> Leben, ist es nur *eine Warnung* gewesen. Bleibt Dein Portemonnaie verschwunden, ist es zu spät: Die Liebe zu Deinem jetzigen Partner ist tot.
So passiert es auch **Kindern**, die ihre <u>Wohnungsschlüssel</u> verlieren, **symbolhaft** für die <u>Nachricht ihrer Seele</u>: In dieses Zuhause möchte ich <u>nicht mehr zurück</u>! :(

Überlege reiflich in Beziehungsfragen. Eine **Rückfahrkarte** inklusive des Klebens aller Scherben gibt es in den allermeisten Fällen nicht, zumindest nicht in das vorher *mit Leichtigkeit* empfundene Glück. Ein Schatten bleibt … Leider!

Es gibt **Filme**, die **VERURSACHEN** etwas, für viele (insbesondere jugendliche) Menschen, z. B., dass Du nicht (mehr) heiraten und keine Kinder (mehr) bekommen willst. Dazu zähle ich den schwierigen DEFA-Film „Grüne Hochzeit" (über eine *vermeintlich* 1. Liebe).
Auch kommt in diesem Film deutlich zum Tragen, was ich bereits <u>vorab</u> herausfinden musste, wobei es **unheimlich** war, <u>hinter diesen Sachverhalt zu steigen.</u> Seht selbst.

Mehrlingsgeburten gibt es NUR aus **zwei Ursachen** heraus:

1. Ein Mann/eine Frau **verbleibt** bei einem Partner, den er/sie *nicht wirklich* liebt.

2. Ein **Paar** erzwingt die Schwangerschaft auf künstlichem Wege, obwohl es naturgegeben in dieser Konstellation **nicht** Eltern werden sollte.

Ich habe überlegt, diesen Passus aus dem Buch zu entfernen – immer wieder –, aber die **Wahrheit** muss auch hier ans Licht, denn sie steckt im Innersten aller Beteiligten dieser Familien als **Konfliktaktivität**! Schaut, was es nach der Lösung mit euch allen macht. Es wird **Erleichterung** geben, über das Verstehen, warum die Dinge im bisherigen Leben **so** waren und *nicht anders*.

Mehrlingsgeburten sind eine Strafe für Vorangegangenes und **sollen** Dein Leben erschweren, so wie Du anderer Menschen Leben im Vorfeld erschwert hast.

Verliebt sich die *jüngere* Schwester in den **Freund** der *älteren* Schwester, gibt es einen Eifersuchtskonflikt. Hier ist es wichtig, dass der (vielleicht) angehende Schwager **klare Fronten** schafft, damit Unstimmigkeiten vermieden werden können.

Buchtipp: „**Liebesperlen**"/1983 von **Eckhard Rösler** mit 15 perfekt stimmigen Liebesgeschichten ab 12 Jahren. Hinreißend!

Frauen, die Männer mit dem Nachwuchs erpressen, tun sich in keinster Weise einen Gefallen damit, denn sie **zerstören** die Basis des *gesunden* Aufwachsens ihres *eigenen* Kindes.

Selbst wenn ein Paar sich trennt, sollten die Kinder Mutter & Vater gleichermaßen **lieben** können. **Eine Mutter hat die Pflicht, die Liebe ihres Kindes zu seinem Vater zu bewahren!**

Siehe **vorbildhaft** im **DEFA**-Film: „**Plantagenstraße 19**" (1979) mit einer zum o. g. Thema herausragenden Barbara Dittus.

Überflieger

Wenn Du Deinen Traumpartner **hast**, wirst Du ein *sensationelles* Liebesleben führen. Denkst Du dann: „Mh, vielleicht sollte ich doch einmal ausprobieren, ob ich andere, (noch) schönere Frauen ebenso beglücken kann …", dann irrst Du leider. Es ist illusorisch, denn **nur** die *passenden* Seelenenergien <u>strömen so viel Kraft</u> für die Beglückung aus. Es lohnt sich sehr, treu zu bleiben, denn alles, was folgt, bringt Dich ins Unglück.

Nie wieder wirst Du das erleben, was Du einmal bei Deiner 1. (großen) Liebe hattest, *wenn* Du von ihr **fortgehst**. Was folgt, sind *Beschmutzung* und die *ewige Suche* … sowie die **Reue**, möglicherweise. Entscheide selbst.

Weißt Du, wie wahnsinnig schön das ist, wenn Dein Partner noch nie mit jemandem, außer Dir, „zusammen" war? **Er ist REIN & DEIN!**

Eine Ausnahme mussten wir lernen: Seelen, die sich im Himmel vor Gott für gewichtige, die Menschheit betreffende Aufgaben, verabredet haben, sind ein Sonderfall. Hier kommt es zu unglaublichen Liebesenergien, sobald der (teils übermenschliche) Plan **erfüllt** wurde. **Buch 3** wird euch alle Antworten liefern – seid gespannt und neugierig. Es ist in Arbeit; eine harte Nuss, die es zu knacken gilt. Alles wird GUT, *wenn* wir **die Trilogie** <u>schaffen</u>.

Du siehst jemanden und es funkt. Drehst Du Dich um und gehst? Gehst Du einfach weiter, ohne etwas zu sagen? Ich muss Dir kaum erklären, dass das ein großer Fehler ist. So steht es schon in Buch 1. Zueinander passende (oder vielleicht sogar <u>gehörende</u>) Menschen haben auf diese Weise keinerlei Chance, sich kennenzulernen. Die eine *kurze* Möglichkeit wurde leider vertan.

„Man sieht sich immer zwei Mal im Leben"? – Na, *wenn* Du Glück hast und hoffentlich *nicht erst* in **30** Jahren … ;)

Bist Du unbeholfen, hast noch keine Erfahrung? Na und! Denk Dir etwas aus, <u>sei erfinderisch und phantasievoll</u>, ohne abzugucken. Mache Dein eigenes Ding! Lass Dir Zeit für gewisse Sachen, reize Dein

Gegenüber. Letztlich ergibt sich alles von selbst, auch oder insbesondere **der 1. Kuss**. Schmeckt er Dir **nicht**? <u>Finger weg</u> von diesem Menschen! Es ist verschwendete Lebenszeit mit jemandem zusammenzugehen, bei dem der 1. Kuss **versagt**.

Nebenthema für 2 Frauen: Bist Du einer Freundin gegenüber offen, dass es nur <u>dieser eine Grund</u> des 1. (nicht gefallenen) Kusses *sein kann*, weshalb die neue Beziehung zu Ende ist, bevor sie beginnen konnte, wird es in den meisten Fällen einen **Rachekonflikt** geben. Anstatt den *entsprechenden* Mann mutig zu fragen, ob dem so ist, wird die Freundin abgestoßen, die aufrichtig ihre *Vermutung* offenbarte ...

Buch 1 + Buch 2 enthalten **Unmengen** von Aussagen, auf welche Menschen (extrem) sauer und böse reagieren könnten, wenn sie im Außen jemand <u>ehrlich</u> **ausspricht** (z. B. innerhalb Familien, zwischen Freunden, Kollegen usw.). Du weißt ja, **WER** den Part des **Sündenbocks** übernommen hat: die Buchautoren! *Wir haben nichts mehr zu verlieren.*

Kann man küssen lernen?

Wenn der Partner für Dich *stimmig* oder gar *bestimmt* ist, wirst Du von allein küssen wie ein Weltmeister. Taste Dich zart vorwärts, lasse die Energien fließen, wie es sich gerade <u>gut</u> anfühlt, und folge *Deiner ersten Eingebung*. Das ist sowieso stetig die beste Idee!

Nur *wenige* Menschen *passen* **zu Dir** und um diese aussortieren zu können, wenn Du es selbst *nicht gleich* erkennst, ist **der Kuss** <u>mustergültig</u>. Wie weiter vorn geschrieben: Ist der Kuss **nicht** gut, wird die Beziehung scheitern. Das geht **nicht** zu üben. Es ist so.

Die Kuss-Energie, welche Du in einer „heißen Situation" aufgeladen hast, aber *nicht* (durch einen **echten** Kuss) *loslassen* konntest, fließt manchmal zu einem *anderen* Menschen über. Zu einem, den Du eigentlich *gar nicht küssen* wolltest, jedoch *leichter* küssen kannst als das Objekt Deiner <u>vorherigen</u> Begierde. Dies gilt insbesondere für Wangenküsse, aber *nicht nur.* Hier wird der Wunschmundkuss zum Wangenkuss an *einem anderen* Menschen umgewandelt und ausgeführt. Wenn der „Wangengeküsste" nun denkt, der andere sei **in ihn** verliebt, wäre ich sehr vorsichtig!

<u>Liedtipp:</u> **Die Ärzte: „Mach die Augen zu"**

„Sag niemals NIE"

Sage NIE, wenn Du NIE **meinst**, und halte Dich daran. Der Spruch hat ausgedient!

→ Sage das, was Du meinst, und Du wirst geschätzt.

<u>Körperliche **Beweise** der Seelenkommunikation:</u>
Hier geht es um *Beziehungsprobleme,* von denen Du <u>bewusst nichts</u> weißt, und zu beachten ist <u>die Lage, wenn Du *mitten in der Nacht* oder *am Morgen* erwachst.</u> Verschiedene Bein-, Fuß-, Arm- und Handstellungen verraten Dir, was für die Beziehung, die Du gerade führst, relevant ist.

Es sind **körperliche Signale Deiner Seele**, was passieren <u>wird</u>, *wenn* Du **nicht** einschreitest, nichts änderst und/oder Dir alles gefallen lässt. Die Stellungen passieren automatisch/unterbewusst, **ohne** dass Du Einfluss hast. (Ein bewusstes Stellen wäre praktisch sinnfrei.) Die linke Seite vermittelt Dir Dinge, die Dich selbst betreffen, die rechte Seite Dinge, die Deinen Partner betreffen. Nehme Dir bezüglich der *Fingerbedeutung* das Buch von **Louise L. Hay** mit zur Hand.

Hier nun viele Beispiele für Dich zum Begreifen:
Krallt sich Deine linke Hand fest in die Bettwäsche, könntest Du vor Wut in die Tischkante beißen. Dein Partner ist schlecht zu Dir. Es ist eine Warnung Deiner Seele: „Willst Du wirklich weiterhin mit ihm zusammenleben?"

Drückt der linke Zeigefinger schmerzhaft gegen den Mittelfinger, dann sollst Du in Bezug auf Intimitäten ihm gegenüber den warnenden Zeigefinger erheben. Er tut Dinge, die eurer Beziehung schaden und von denen Du nichts weißt (z. B. Pornos schauen).

Ist Dein rechter Zeigefinger von der Bettdecke in eine Schieflage gedrückt worden, ist euer Intimleben in eine Schieflage geraten. Hier kannst Du weiteres im Buch 1 unter „Zähne" finden.

Liegt beim Erwachen Deine rechte Hand unter Deinem Gesicht und der Zeige- sowie Mittelfinger drücken gemeinsam auf den Daumennagel, so dass er schmerzt, ist die Fürsorge seitens Deines Partners in Gefahr. Es ist eine Warnung, dass Du Dich (für ihn gefühlt) gehen lässt.

→ Nur **der** Mann pflegt sich *nicht ausreichend*, der meint, es *lohne sich nicht* für seine (aktuelle) Partnerin.

Befindet sich Deine **Daumenkuppe zwischen** Mittel- und Zeigefinger, wie *hineingesteckt*, **ist** Dein Partner fremdgegangen. Die Wahrheit wird Dir hier durch die Folgereaktion, dass Dir JETZT übel und Dein Darm sofort **aktiv** wird (vor Angst), bewiesen. Ein leichter Drehschwindel folgt zusammen mit einem Herzschmerz, weil Du in aller Logik ERKENNST, was passiert ist. Löse alle Symptome sofort als *zum Thema stimmig* auf – das hast Du in Buch 1 gelernt –, damit Du von Konsequenzen, wie Dich übergeben zu müssen, verschont bleibst.

Diese *gerade genannte Stellung* wird bewusst im Wachleben benutzt und zwar **von der** Frau, die von ihrem Mann betrogen wurde und es **nicht** weiß und auch *der Mann* macht es, der mindestens einmal **die Frau** betrogen hat, mit der er aktuell zusammenlebt. (Diese Symbolik wird unbewusst angewandt, wenn man jemandem die Daumen drückt!) Dieses Verhalten wird so lange an den Tag gelegt, bis das Geständnis **erfolgt** – egal, wie lange der Vorfall des Betruges her ist!

Drückt Dir die Bettdecke den rechten Zeigefinger ab, so dass es schmerzt, ist es eine Mahnung, dass sehr bald alles zu spät ist. Dein Partner ist *kurz davor*, fremdzugehen.

Drückt Dein rechter Daumen auf den oberen Teil des rechten Mittelfingers, wünschst Du Dir *mehr Fürsorge* seitens Deines Partners im Bereich der *Sexualität*. Es ist Dir zu wenig!

Steckt Deine rechte, flache Hand in der Seitenlage oft ausgestreckt zwischen Deinen Oberschenkeln, ist alles bestens. Dein Partner will NUR DICH im Intimbereich.

Steckt Deine linke Hand in der Seitenlage zwischen Deinen Oberschenkeln, allerdings mit der Handfläche *nach oben* und alle Finger krallen sich im Schlafzeug fest, gibt es große Gefahr von außen. Jemand ist stark in Dich verliebt und hat fest vor, auf Dich zuzukommen. Hier kann es passieren, dass sich *nach dem Wachwerden* Dein rechter Arm mit der Faust auf Deine Herzgegend legt und Dich regelrecht nach unten presst. Dein Partner will Dich abhalten, denjenigen kennenzulernen. Die Gefahr ist ernst.

Hast Du die Hände (egal welche Körperlage) zur leichten Faust geballt, auf der linken Hand schließt der Daumen lang und flach die Öffnung der Faust, in der rechten steckt der Daumen in der Faust, bedeutet es: Du *schließt* Deinen Schoß für Deinen jetzigen Partner und **er** zieht den Schwanz ein. Die Gefahr von außen ist groß für Dich, verführt zu werden.

Pressen der linke Daumen und der linke Zeigefinger die Bettdecke regelrecht zusammen und die anderen Finger liegen gekrümmt hinter dem Zeigefinger, symbolisiert es das Zwicken in die Eichel des Mannes, weil er Dir beim Intimsein weh tut. Es ist ein Zeichen unterdrückter Wut.

Drückst Du Dir an der Bettdecke die Nagelkuppe des linken Zeigefingers schmerzhaft ab, wird es höchste Zeit, Deinem Partner etwas zu sagen (z. B., dass eure Beziehung für Dich gefühlt nicht mehr intakt ist und warum).

Liegst Du auf der linken Seite und der rechte Daumen drückt stark gegen den Zeigefinger, nach dem Motto: „Wehe, Du machst das!", dann denkst Du darüber nach, etwas zu tun, was Deiner Partnerschaft/Ehe schaden könnte.

Liegst Du seitlich angewinkelt und schlägst im unteren Beinende die Füße ineinander (links über rechts), würdest Du Deinen Partner am liebsten an Dich ketten (weil Du ihn so sehr liebst). Frage ihn, ob er diese Stellung auch kennt – macht ihr das beide, könnt ihr **ohne** einander *nicht leben*.

Liegt in der Seitenlage *ein Bein* angewinkelt wie *in Pfeilstellung* (Knie ist die Spitze) und das andere Bein liegt auf, im Bereich *zwischen Knöchel und unter dem Knie*, hält der eine den anderen fest. Liegst Du in dieser Stellung **links**, willst Du fort und der Partner hält Dich fest, liegst Du **rechts**, will Dein Partner fort (geschwind wie ein Pfeil) und Du hältst ihn fest. Hier ist es die Regel, dass sich Dein Partner oder Du *frisch verliebt* ha(s)t. Umso höher das festhaltende Bein liegt (in Richtung Knie), desto **mehr** will Dein Partner Dich **behalten** oder Du ihn.

Liegen die **Knie** *übereinander* und die *Zehen des rechten* Fußes <u>berühren</u> *den linken Hacken* (heißt, die Füße liegen <u>hintereinander</u>), lässt Dich Dein Partner *gewähren* und verlässt Dich *nicht*, egal, was passiert. (Es kann für euch beide *überlebenswichtig* sein.) Liegt dagegen der rechte Fuß **vor** dem linken Fuß und das rechte Knie ist *über das linke* leicht nach vorn gerutscht, geht Dein Partner fort, *wenn* Du Deine Phantasien umsetzt und es herauskommt.

Liegen die **Knie** und Beine *einfach übereinander*, ist das keine Symbolik, sondern eine normale Seitenlage.

Drückt sich der rechte kleine Finger in die Bettdecke, so dass die Fingerkuppe schmerzt, ist die Familie durch Deinen Partner in Gefahr. Ist es der linke kleine Finger, besteht die Gefahr durch Dein eigenes Tun.

Liegst Du auf der linken Seite, hältst den linken Arm angewinkelt mit der Hand in Richtung Gesicht und die rechte Hand liegt zur Faust geballt am linken Ellenbogen, würde Dein Partner Dir am liebsten einen Kinnhaken geben. Liegst Du seitenverkehrt und die linke Hand ballt die Faust gegen den rechten Ellenbogen, trifft der Schlag symbolhaft Deinen Partner. Hintergrund ist eine starke Frustration.

Liegt Deine rechte Hand beim Aufwachen so, dass die Fingerkuppen des Daumens (Fürsorge/Sorge + Intellekt) und des Mittelfingers (Wut + Sexualität) schmerzhaft aneinanderpressen, wirst Du in die *Versuchung* des Fremdgehens gebracht. Wenn Fingerkuppen auf diese Weise gegeneinanderdrücken oder das Nagelbett schmerzhaft gepresst wird, denke aufgrund der *Bedeutung* dieser Finger nach, worum sich der Sachverhalt handelt!

Liegt in der Seitenlage Dein rechter Arm mit der Handöffnung *nach oben* vor Deinem Schambein (an den Oberschenkeln), fängst Du gern den Samen auf. Dein Partner bevorzugt die Befriedigung durch die *Hand* und Du magst es.

Steckst Du in der Seitenlage Deinen Zeige- und Mittelfinger, wie das Halten einer Waffe, zwischen Deine Oberschenkel, mag Dein Partner das *Eindringen* lieber.

Schmerzt Dir das Hüftgelenk nach dem Wachwerden im Liegen, bist Du von einem Menschen, von dem Du dachtest, er **liebt** Dich, *benutzt* worden (siehe Hüfte, Buch 1).

Liegst Du auf der linken Seite und umfasst Dich selbst mit der linken flachen Hand unter der Brust entlang zum Rücken, willst Du *Deinen Partner* festhalten. Du wünschst ihm weder Gefahr durch andere Männer, noch würdest Du ihn jemals freiwillig verlassen.

Liegst Du auf dem Rücken, das linke Bein angewinkelt, das rechte Bein gestreckt darüber gelegt, so dass das rechte Kniegelenk fast schmerzhaft auf den Knöchel des linken Fußes drückt, ist dies die Symbolik eines Galgens! Hier bist Du dabei, Deinen Partner mit Deinem Verhalten ins Grab zu bringen. Ist das rechte Bein angewinkelt, ist Dein Partner dabei, Dich ins Grab zu bringen.

Liegt die rechte Hand auf Deinem Bauch flach über der linken, schützt Dein Partner Dich. Liegt die linke oben, schützt Du ihn.

Liegst Du auf der linken Seite, den linken Arm angewinkelt, die Hand am Gesicht und Deine rechte Faust liegt auf Deinem linken Oberarm, ist Dein Partner nach dem momentanen Stand der Dinge bereit, für Dich **zu kämpfen**.

Liegt die linke Hand mit *nur* dem Mittelfinger nach *innen* geknickt, symbolisiert es: „Ich ziehe den Schwanz ein", wenn dieses Problem auf mich zurollt.

Umfasst Du mit dem *rechten* Daumen + Zeigefinger den *linken* kleinen + Ringfinger, will Dein Partner die Familie, welche derzeit besteht, schützen und unverändert wissen. Diese Haltung kommt zustande, wenn draußen eine harte Versuchung auf Dich wartet. Du weißt es schon …

Liegt Dein rechter Daumen wie unter einem Flügel im Schutz der anderen, ausgestreckten Finger, möchte Dein Partner die Fürsorge *durch Dich* nicht verlieren, was auch immer geschieht.

Sind alle Finger der rechten Hand abgeknickt (oberhalb einer Faust), so dass das 1. Glied am 3. Glied anliegt, dann sind alle Funktionen Deines Partners durch Dich beschnitten.

Du liegst auf der rechten Seite, den Ellenbogen angewinkelt, die Hand am Gesicht. Deine linke Hand liegt *bis zur Hälfte* flach ausgestreckt *unter der Mitte* des rechten Oberarms: Du ergibst Dich Deinem Partner, weil er *alle Deine Wünsche und Träume symbolisiert,* insbondere die von seelischer **und** körperlicher **Treue**. Das dürfte die schönste Aufwachstellung überhaupt sein.

Gebe also acht, *wie* Du liegst, *genau wenn* Du erwachst. So kann die Lage **nicht manipuliert** werden. Es muss also *unbewusst* geschehen sein und es gibt noch etliche andere Stellungen, die Du in der Lage bist, anhand der Finger-Bedeutung, Seitigkeit der Arme/Hände selbst zu erklären. Es stimmt immer, Du wirst staunen!

Das ist Seelenkommunikation:
„Jeder ausgesandte Gedanke ist eine nie endende Schwingung, die ihre Bahn durch das Universum zieht, um uns genau das zurückzubringen, was wir ausgesandt haben." (Jasmuheen)

Männerfallen – „Der lachende Dritte", Herausforderungen + Trugschlüsse

Kommt Dein Mann in die Prüfung der Standhaftigkeit seiner Beziehung oder Ehe mit Dir, wird er am ehesten einbrechen, wenn er im (starken) Mangel von *körperlichen* Zärtlichkeiten **ist**.
So bekommst Du eine der *härtesten* Strafen für Vernachlässigung, auch Deiner selbst und schlimmstenfalls zerstört dies Deine ganze Familie, inklusive Haus und Kind(er).
Männer sehen *ihre* Frau *subjektiv als schön* und *Du selbst* musst dafür Sorge tragen, dass es so bleibt. Pflege Dich, mache Dich schön, sei zärtlich. Viel mehr braucht es nicht, um einen Mann zu (be-)halten. Ja, genau: Kochen, Backen & Handarbeiten sind Nebensache.
Welchen Satz hört ein Mann noch lieber, als „Das Essen ist fertig"? →
„Gekocht habe ich nichts, aber sieh mal, wie ich da liege …" ;)
Liedtipp: **Marianne Rosenberg „Er gehört zu mir"** – Martes Tanz-Liebling ❤

Hat eine Frau die Beziehung ihrer Tochter zum Vater beschädigt, z. B. aus Neid auf Jugend, Schönheit und die Vaterliebe, kann es passieren, dass diese Frau ihren eigenen Mann an eine andere verliert, die *ähnlich alt ist* wie die Tochter.
Das ist Ursache-Wirkung: Du zerstörst etwas und wirst selbst *umso härter* bestraft.

Kannst Du Deinem Mann das Gesicht und den Rücken massieren? Dann wirst Du es ab sofort in Abständen TUN, vor allem, wenn er es nötig hat! Liebst Du ihn, spürst Du das! Du kannst ihn aber auch zu einer Masseurin gehen lassen und schauen, was passiert, wenn eine fremde Frau ihn auf diese Weise am nackten Körper verwöhnt …

Zeige Deine Brust **nur vor Deinem Partner** komplett (jedoch nicht auf eine Weise, die ihm Überdruss verschafft). Sie ist **für IHN** & *Deinen* Nachwuchs bestimmt und eben nicht für fremde Augen … Achte auf Ästhetik, so fängst Du ihn immer wieder neu. Das Gleiche gilt für den Po.

Apropos Augen: Hast Du zwei *verschiedenfarbige* Augen, zeigt *Deine Seele* ganz offen: Ich HABE **zwei** Gesichter, ein gutes und ein furchtbares. David Bowie hatte das auch, jeder weiß es. Marte liebt seine Musik – sie geht ihr durch Mark und Bein.

Perfektion

Muss ein Mädchen (oder auch ein Junge) perfekt sein, Tag für Tag? Es ist ein großer Aufwand, gefallen zu *müssen*. Unsere Gesellschaftsform (**2021**) ist so: oberflächlich und kalt.
Zählt nichts mehr als Reichtum, Egoismus und Schönheit? Die oft zu Herzen genommenen „Vorgaben" aus Zeitschriften/Katalogen, mit teils retuschierten Fotos, sind fatal.
Liedtipp: **The Chemical Brothers „Hey Boy Hey Girl"**

IDEEN

Gibt es noch **individuelle** Ideen zu **Mode, Tanzstil, Intimleben**? Fast alles wird *abgekupfert* …

Beglückst Du Deinen Partner *nach Buchanleitung* oder Filmen oder Bildern, wie eine Stellung zu sein **hat**? Sagte schon einmal jemand im Nachgang: „Na, das hast Du wohl in einem Buch gesehen/gelesen?" Ja, *auch mit diesem* Buch kann das passieren. Die Bemerkung würde ich mir dennoch verkneifen, denn: **Sei froh**, dass *oder* wenn in Deinem Liebesleben *überhaupt* etwas Ungewöhnliches stattfindet!

Denke Dir selber *etwas Spielerisches* aus, um Deinen Partner zu überraschen – verstecke Dich zum Beispiel, vielleicht sogar (schon) nackt, und lass Dich finden … ;)

Mache einige *Liegestütze über* Deiner Liebsten und hauche ihr bei jedem Tiefgang nach unten schöne Dinge ins Ohr und KÜSSE ihre Lippen, auf dass ihr Hören & Sehen vergehen!! Die Shorts hast Du *noch* an. Ihren Rücken mit einer kraftvollen Hand zu umfassen, ist in jedem Fall extrem wirkungsvoll, ebenso wie ein überraschender, heißer Kuss im Fahrstuhl. Bäng!

Woran scheitert ein Kennenlernen?

In 1. Linie an Feigheit, in 2. Linie an Oberflächlichkeit. Ist ein Mädchen mit *ungewaschenem* Haar weniger wert? Weißt Du, warum sie es nicht mehr geschafft hat, es zu waschen? Haben Männer Sinn für Schönheit? Was meinst Du, was sie brauchen? Eine Kunst-Beauty oder eine Naturschönheit? Musst Du Dir erst ein Gesicht „anmalen", damit Du Männerblicke auf Dich ziehst? Hast Du Haarverlängerungen, Kunstfingernägel, trägst diverse „Push-ups", hast vielleicht schon Schönheitsoperationen hinter Dir? Ich bin nicht sicher, ob Männer das wirklich wünschen.

Mann, gehe ran, schau Dir die Frau **aus der Nähe** an! Hier ist so manches Mal **der 2. Blick** entscheidend, um eine Naturschönheit zu erkennen und keine bösen Überraschungen beim „Auspacken" zu erleben … Gefühlsechtheit ist gefragt. Wir alle sind Prüfungen unterlegen!

„Hinten Kolosseum, vorne Mausoleum?" Frauen, die dieses Buch lesen und davon heilen, wird so eine Bemerkung niemals (mehr) widerfahren! Falls es geschehen ist, löst sich jetzt die Kränkung von Deiner Schilddrüse (Buch 1).

Warum bleibst Du beim Partner? … in diesem Beruf, auf der jetzigen Arbeitsstelle …?
Aus Liebe? Perfekt!

Aus Bequemlichkeit, weil Du Dich an alles *gewöhnt* und Dich *arrangiert* hast? Weil Du im Laufe dieser Beziehung immer *unattraktiver* geworden bist und sowieso keinen Besseren mehr findest? Weil Du vergessen hast, Deinen Marktwert auf Stand zu halten? Weil Du Angst hast, was sonst auf Dich zukäme? „Was ich habe, weiß ich, was ich bekomme, steht in den Sternen"? Na Hilfe!
Ja – ich weiß es – viele, viele *lange bestehende* Beziehungen sind ein **Trauerspiel**!

Das Gleiche gilt für die Arbeitsstelle. Dich kotzt es an? **Wie groß** muss der Leidensdruck noch werden, damit Du Deiner Gesundheit auf die Sprünge hilfst und *endlich* glücklich wirst, auch im Beruf?!

Unauswischbares

Achtung vor **Tattoos** mit **Namen** (auch Deiner Kinder) auf Deinem Körper. Kommst Du in die Lage, Dir einen *neuen* Partner suchen zu müssen/zu wollen, wirkt das eventuell *sehr unerotisch* und schlimmstenfalls *scheitert* eine neue Liebe daran, weil es diesen Menschen abstößt.

Nervtötung

Erst fängt sie Dich (Achtung Kuss!) und später wird sie zänkisch und zeternd? Sie will Dich wieder loswerden, kann jedoch **nicht Schluss** machen, weil der 1. Kuss in eurer Beziehung **von ihr** ausgeführt wurde und sie damit konfliktaktiv an Dir klebt.

Bedrängt Dich eine Frau auf eine Weise mit Text- und Sprachnachrichten, die annähernd etwas mit Stalking/Telefonterror zu tun hat, damit Du ihrem Willen folgst, dann prüfe genau, ob es sich lohnt, schwach zu werden. Für *eine* Nacht ist sie sich vielleicht zu schade und Du bist Dir vielleicht zu schade, eine kalte Suppe wieder aufzuwärmen (*falls* schon einmal etwas zwischen euch war)? Umgekehrt gilt das *auch* von Mann zu Frau.

Achtung bei Textnachrichten: Diese könnten mit Unterstützung verfasst worden sein und sind letztlich nicht mehr (ganz) original vom Absender! Auch wenn Dir jemand helfen möchte, ist es bedenklich, da die Seele des Empfängers weiß: *Daneben war jemand, der mehr* Gefühl zeigte (z. B., wenn der „Helfer" den Empfänger kennt und/oder vom Erzählen **auch** gut findet) bzw. bessere sprachliche Fähigkeiten besitzt, als der Absender. Meine klare Empfehlung: Mache es in jedem Fall **selbst**. Hilfe von anderen sollte hier vermieden werden, damit in der Tat **DEINE** *wahren* Gefühle mitgesendet werden und *nichts*, was Dich in der Authentizität verfälscht. **Jo**, es kommt sowieso heraus, **wie DU wirklich** bist!

Achtung bei Sprachnachrichten: Hier kann die *süffisanteste* Stimme aufgelegt worden sein, die möglich war – Verführung pur. Wird **das** Dein Alltag mit dieser Frau/diesem Mann oder …?
Ich weiß ja nicht.

Was ist Dir wichtiger: Haus, Hof, Garten, Feld, Wald, Wiese, Tiere (Besitz, verbunden mit viel Arbeit und Aufwand) oder **ZEIT für** Abenteuer & **Liebe**? Ja, auch **das** geht *stundenlang*!
Wer *zeitaufwändigen* Hobbys nachgeht, sucht Zerstreuung, weil anderweitig (so gut wie) *nichts* (mehr) läuft …

Presst Du beim Orgasmus *Geräusche* weg und auch vorher beim gemeinsamen körperlichen Einstimmen, hast Du einen Peinlichkeitskonflikt. Du bist einmal *gehört worden* und es wurde Dir gesagt. Kunststück, z. B. beim Zelten. ;)

... und 2. kommt es anders, als Du denkst

Wenn Du der (eigentlich für Dich befremdlichen) Annahme bist, etwas Bestimmtes habe mit Deinem Partner nichts zu tun, **war er selbst** schon einmal in so einer Situation und hat dabei festgelegt: „Das hat *mit meiner Frau* **nichts** zu tun."
Das kann z. B. der Kuss einer anderen Frau gewesen sein, den er **nicht ernst** nahm. Es ist die Seelenkommunikation über *seine* Wahrheit: „*Deinem Mann ist es egal,* **von wem** *er geküsst wird, es hat* **mit Dir nichts** *zu tun und Du kannst es* genauso *handhaben!"*
Dinge zu **verschweigen**, um den anderen nicht zu beunruhigen, ist ehrenwert, bringt jedoch, wie Du weiter vorn gelernt hast, nur Unglück (Ursache-Wirkung).

Bist Du bekannt als jemand, der vermeintlich(!) fremdgeht, kann es für andere die Sache *spannend* machen: „Macht sie/er das **auch** mit MIR?"
Hier gibt es den Jagdtrieb bei Männern und den Kampfgeist bei Frauen, inklusive der Bekehrung: „**Ich** läutere ihn – wenn er erst einmal **mich** hat, braucht er keine andere mehr." Vergiss es. So ein Mann wird IMMER wieder nach anderen Frauen schauen, weil er einer gegenüber schnell überdrüssig wird. ES SEI DENN, seine **Jugendliebe** tut sich (wieder) auf!

Vaterersatz!? visits Mutterersatz!?

Dies zu durchschauen, ist nicht immer einfach, deshalb: **!?**
Werde Dir klar darüber, auch *rückblickend* auf Dein Beziehungsleben.

Bist Du eine Frau und andere Männer *denken* von Dir, **dass** Du fremd-gehst, kommen jedoch nicht an Dich heran, weil Du **unnahbar** wirkst, hast Du es <u>nur ein Mal</u> getan → aus **Liebe**!
Alle anderen sind Dir *vollkommen gleichgültig* und werden im *Höchst-fall* als Kumpel(s) angesehen.

Gibt es *keinen* Orgasmus, ist entweder die Hemmschwelle zu hoch (konfliktaktiv) oder Du musst davon ausgehen, dass Du ein **Vater-ersatz** für sie bist/warst und sie es nur über sich ergehen lässt, um Dich und Deine Aufmerksamkeit *behalten zu können*.

Schenkt Dir eine <u>vergebene</u> Frau etwas, dann möchte sie in einer ge-wissen Art und Weise gern viel in Deiner Nähe sein. Einen *anderen* Grund gibt es dafür <u>nicht</u>.

Entsprechend gibt es auch einen **Mutterersatz**. Verliebst Du Dich z. B. als Lehrling in Deine Lehrausbilderin, bist Du *nicht nur* dankbar für das vermittelte Wissen, die Hilfe und vielleicht auch die liebevol-le Zuneigung, welche Du <u>durch diesen Menschen</u> bekommst, son-dern hast vermutlich selbst eine Mutti, die Dir *nicht die Liebe schenken* konnte, die Du **gebraucht hättest**, um das Beste aus Dir herauszu-holen. Gehe davon aus, dass diese Frau Dich auch *sehr gern* hat(te), sonst wäre sie nicht so mit Dir umgegangen, dass Du **stärkere** Ge-fühle zu ihr entwickeln konntest.

Hatte sie einen Sohn im ähnlichen Alter, wird sie <u>an Dir</u> so gehandelt haben, wie sie es sich im Außen für ihren eigenen Jungen wünscht! Das Gleiche gilt für Lehrer-Lieben.
Auch können ältere Frauen jüngeren Frauen gegenüber sehr auf-bauend und fördernd handeln, so dass bestimmte Aussprüche nie mehr vergessen werden.
<u>**DEFA**</u>-Serientipp, 7-teilig: <u>**„Johanna"**</u> (1987–89)

Begegnest Du als Junge zum Anfang der Pubertät oder als Jugend-licher *älteren* Frauen, die Dir (sehr) gefallen *(manchmal funkt es auch, mächtig)*, dann soll diese wohl ein **Vorbild** für die Frau abgeben, wel-che Du erwählen wirst.

Macht sich eine Mutter Sorgen um die Ehe ihres Kindes, ist dies *berechtigt*, sonst würde sie dazu *nichts* fühlen (Seelenkommunikation)!

Mutter-Sohn-Verbindung

Wenn diese Ur-Liebe Risse bekommt, zieht es die **Schönheit** auf *beiden Seiten* ab: bei der Mutter **und** beim Sohn! Hier handelt es sich **immer** um <u>Intrigen von außen</u>: Mutter wird beim Sohn schlecht gemacht, Sohn wird bei der Mutter schlecht gemacht. Redet miteinander und stellt die entsprechenden Fragen, damit Unstimmigkeiten aufgelöst werden können, **bevor** euch das schadet.

Der Junge, der an Schönheit verliert, ist manchmal auch selbst schuld. Du kämpfst gegen Deine Mutter an (konfliktaktiv aus Kindertagen), obwohl sie immer nur das Beste für Dich WILL. Vertraue ihr.

Machst Du *Deiner* Mutter absichtlich, unterschwellig oder auch unterbewusst **Ärger**, mischt sie sich in Dein Liebesleben *zu Deinen Ungunsten* ein.
Kämpfe immer für **Deine** Liebe, so wie <u>**DU**</u> sie **fühlst** und egal, in WESSEN Richtung Du sie fühlst.
Es ist alles richtig, *wenn* Du **wahrhaft** liebst.

Der „Wahnsinn"

Bist Du **alleine** und meinst es **ERNST**, dann *verschenke* Deinen <u>Wohnungsschlüssel</u>.
Das dürfte wohl das Größte sein! ❤

Frauenfallen

Mann, bist Du zu Hause **brav** und markierst draußen den **coolen Hengst**? Deine Frau hältst Du sicher, sie ist Dein ein & alles und *dennoch* reizt Du andere, Dich zu lieben? Fremde Frauen sehen Dich so, Du Glücklicher! Vielleicht solltest Du <u>zu Hause</u> auch *mehr von dem Hengst in Dir* herauslassen? Deine Frau würde staunen!

Willst Du 10 Jahre älter aussehen, lass Dir einen **Vollbart** stehen. Was steckt dahinter: ein Milchreisbubi? Ein zum Rasieren zu fauler Hund? Was ist für (die meisten) Frauen schöner: ein weiches, geschmeidiges Gesicht oder ein derbes, möglicherweise kratziges? Aber ja, das ist in der Tat Geschmackssache! Es sei denn, Du möchtest die Frau von Dir abwenden, die Du um Dich hast. Auch das ist möglich. Zugegeben, optisch kann ein Vollbart sehr reizvoll und todschick aussehen, aber sobald eine Frau nah dran ist … Vielleicht ist es sogar eine Art unterbewusste Rache von Dir, dass sie sich unten herum nicht rasiert, nicht geschmeidig genug ist!? Es ist ein Konflikt, wenn Du Dich nicht traust, darum zu bitten, wonach Du Dich sehnst. Verzeih mir, wenn Du Dich angegriffen fühltest, und bitte erkenne: Ich HELFE Dir!

Auch kann es sein, dass Du Dir einen Vollbart stehen lässt, weil Dich *vor geraumer* Zeit eine begehrenswerte Frau auf die Wange küsste. Es ist wie ein Schutzschild – dort küsst keine andere mehr hin! <u>Motto:</u> „Sie hat mich angefasst, nun wasche ich mir nicht mehr die Hände."

Küsst Dich eine schöne Frau *aus Dankbarkeit* auf die **Wange** (egal wie Du aussiehst), <u>verschönt Dich das</u>! Hier kann es sein, dass Du ihr *aus vollem Herzen* eine **Wahrheit** gesagt hast, die sie selbst bisher, heißt: *ohne* **Deinen** Ausspruch, **nicht erkannt** hatte! Es ist ihr Lohn an Dich!

Der **3-Tage-Bart** ist eine sehr coole Variante, wenn Du in der Lage bist, ihn ansprechend zu formen.

Uniformen

Uniformen (ver-)locken immer – jeder Mann, der eine trägt und vor allem, der sie **in Erscheinung** zu setzen vermag, mit seinem Auftreten und seinem Gang, wird zur Falle für eine Frau.

GENAU **den** will sie haben! Umso *gefährlicher* der Beruf, desto besser – aber nur, wenn sie *nicht* wahrhaft liebt, sondern vor allem begehrt und HABEN WILL!

Die *andere* Sorte Frau an der Seite eines Mannes mit Uniform ist die Jugendliebe:

Du **wirst** erst **zu dem** mit einem *gefährlichen* Beruf. Sie hat Angst um **Dein** Leben und kann sich dadurch verändern, indem sie *Gefühle* verschließt, damit sie überleben kann, falls Dir etwas zustößt! Sie hat einiges an Altkot in der Angst um Dich in ihrem Bauch angesammelt, der sich jetzt löst, *wenn* sie das liest.

Erkennung

Den u̲r̲s̲ä̲c̲h̲l̲i̲c̲h̲e̲n̲ *Einfluss der Mutter* (ggf. angehenden Schwiegermutter) kann eine Frau an ihrem Auserwählten erkennen: Entweder **liebt** der Mann Frauen und achtet sie ♥ oder er **benötigt** eine, die ihm die Wäsche wäscht, den Haushalt sauber hält und kocht (anzunehmen ist, dass derjenige auch noch eine Geliebte braucht: für die *körperliche* Zuwendung). Die 3. Variante ist, dass der Mann gleich bei Mutti wohnen bleibt, so ungefähr, bis sie stirbt. Eine 4. Variation gibt es auch noch: Das verwöhnte, weiche *Muttersöhnchen* mit solch einer *Selbstüberschätzung* (Stupsnase mit großen Nasenlöchern), dass einfach keine Frau bei ihm bleibt – dieser wird ein ewiger Single im eigenen Haushalt sein.

Schickt Dir ein Mann (Liebes-)Briefe, kleine Geschenke und/oder Schmuck, kannst Du davon ausgehen, dass er **Dich stark begehrt**. Ob dies eine Falle ist, Dich a̲l̲s̲ ̲G̲e̲l̲i̲e̲b̲t̲e̲ zu gewinnen, kannst Du nur erfragen, solltest Du Dich überhaupt so weit geschmeichelt fühlen und ihn Dir an Deiner Seite (egal wofür) vorstellen können. Na, **Tom Cruise** wird es nicht gerade sein, ihn gibt es nur **einmal**: im Original …

Mann: Wundere Dich nicht, wenn eine Frau Dein Geschenk zurückweist, insbesondere wenn es sich um Schmuck handelt. Sie kann ihn **nur dann** tragen, *wenn* sie etwas für Dich empfindet. Andernfalls liegt er brach oder wird einen neuen Besitzer finden. Also, respektiere ihre Entscheidung. Das ist das Beste, was Du in solch einer Lage tun kannst, um *ihren Respekt* zu behalten.

Party-Geflüster

Denken andere, Du hättest mit einer gewissen Frau *etwas gehabt* und das entspricht NICHT der Wahrheit, DANN wünschtest **Du** es Dir inniglich! Vielleicht tust Du vor anderen auch noch groß, so, als ob Du der Hengst bist, der dieses Mädchen geknackt hat! Erfährt sie davon, kannst Du Dich warm anziehen … oder sie **lacht Dich aus**!

Die Ärzte: „Lass die Leute reden"

Das geniale Lied der „Ärzte" trifft den Nagel auf den Kopf und dem ist nicht viel hinzuzufügen.
Höre es Dir an und Du weißt, was ich meine. Lebe Dein Leben so, wie **Du** es für richtig hältst und lasse Dir so wenig wie möglich (unsinnige) Vorschriften machen. Wichtig ist „nur", die Regeln des Zusammenlebens zu beachten, was **Deines Respektes** bedarf.

Sonderthema dazu: **Geschäftsführer in Firmen**
Willst Du das **Charisma** einer ganzen Firma **anheben**, dann gebe ihr einen Geschäftsführer mit Charisma **und** Fachkenntnissen! Die Menschen arbeiten besser und erfolgreicher zusammen, wenn sie

(auch manchmal) etwas *ihrem Chef zuliebe* tun! Er hat sie spürbar alle GERN! Wenn nur die Neidkonflikte nicht wären … und natürlich *sein Eindruck* auf so gut wie alle Frauen, ob Jung **oder** Alt! Legst Du ein <u>wahrhaftes</u> Verhalten an den Tag, dass Dich alle Menschen in der Firma, der Du vorgesetzt bist, etwas angehen, sie Dir nicht egal sind, Du aus offenem Herzen oft aufmunternde Worte für sie hast, kommunizierst, Dich sehen lässt und auch immer willkommen bist – alle strahlen, wenn Du im Türrahmen erscheinst – DANN bist **DU <u>die TOP-Besetzung</u>**!

In kleinen Firmen ist es identisch: Wer Dir dort zeigt, dass **nicht** egal ist, was für die Kundschaft geschieht und **wie** (liebevoll) derjenige (Chef oder Mitarbeiter) zu den Menschen steht, egal ob arm oder reich, dann bedeutest Du ihm etwas <u>als MENSCH</u>!

Vor allem **Neidkonflikte** treiben **wunderbare Menschen** von ihren <u>perfekten Einsatzorten</u> im Berufsleben fort!

Lässt Dir jemand etwas *Unkorrektes* im Dienst *durchgehen* oder *übersieht* <u>absichtlich</u> etwas, das gemeldet werden *müsste*, mag Dich dieser Mensch sehr oder ist verliebt.

Sagst Du etwas Schlechtes über Jemanden, den Du (eigentlich) magst, ist das die **Wirkung**. **Ursächlich** hat *diese* Person im Vorfeld etwas Schlechtes über Dich geäußert und Deine Seele weiß es.

Versucht Dich jemand *lächerlich* zu machen, *nachdem* Du Deine Kündigung **abgegeben** bzw. bekanntgegeben hast, <u>halte Dich tapfer</u>. Schließlich bist DU der **Verräter**, der die Firma verlässt (und damit alle, die Dich mochten, im Stich lässt). Wenn Dir noch jemand *im Ansehen* **schaden** will oder das vielleicht für wenige Momente geschafft hat, ist das **Rache**. Nicht mehr aber auch nicht weniger.

Liebe zum Beruf

Du wirst **immer** merken/schmecken/sehen …, welcher Bäcker seine Ware *mit Liebe und Stolz* backt, welche Firma Mitarbeiter hat, die ihre Artikel/Produkte *mit Liebe* herstellen. Je nachdem, wie es in diesem Betrieb zugeht, wie die Vorgesetzten handeln/agieren, wie jeder selbst zu dem steht, was er tut (tun **muss**), werden die Liebe & der Stolz in ein **qualitativ hochwertiges, reklamationsfreies** Produkt oder Nahrungsmittel einfließen! Dasselbe trifft auf *handwerkliche oder zwischenmenschliche* Dienstleistungen zu, wie beim Friseur/Kosmetik, Zimmerfrauen. Du wirst immer *spüren*, wer nur abarbeitet *oder* bei wem *die Liebe zum Beruf* (und auch zu den Menschen, die es erwerben/bezahlen/nutzen) mit in die Ausführung seiner Arbeit einfließt!

Die *schönste lehrreiche* Serie der liebenswerten **Tschechen** dafür ist: **„Die Frau hinter dem Ladentisch"** (Žena za pultem; **1977**, Jaroslav Dietl/Jaroslav Dudek)

Ist Dein Partner *lieber* auf der *Arbeit* als zu Hause? Kann es sein, dass Du daran mit Deinem *Benehmen* daheim nicht ganz unschuldig bist? Hast Du eifersüchtige Gefühle, schreibe das nicht Deinem Partner zu, sondern seinen *ArbeitskollegInnen*. Treu kannst Du nur dann sein, wenn Dein Leben erfüllt ist (mit Liebe/Zärtlichkeit, Interesse, Respekt, Zuwendung …).
Es kann sein, dass ich mich wiederhole: Eine Partnerschaft ist eine **dauernde** Aufgabe, wenn ihr beständig bzw. für immer glücklich sein wollt.

Bewunderung ist **nicht** gleich **Verliebtheit.**
Hier geht es um die **Achtung** vor dem Menschen und einer erbrachten Leistung, egal ob im Sport, im gesellschaftlichen Leben oder im Betrieb.

Hast Du immer froh im Team gearbeitet und bist inzwischen auf einem Arbeitsplatz, der nur **ganz allein** und einsam funktioniert, gelandet? Mit Dir hält es *keiner* aus: Du bist zu gut für diese Welt.

Liebe und Wertschätzung gegenüber dem Arbeitgeber

Sei dankbar – das hast Du sicher schon *oft* gehört … Wenn Du im Inneren Deines Herzens spürst, dass Dein Arbeitgeber, *auch* ein *ehemaliger*, Dich sehr gefördert hat, dann **danke ihm** auf Deine Weise. Insbesondere natürlich mit hochwertiger Erfüllung Deiner Arbeitsaufgaben, aber auch per Wort oder Brief, wenn viel Geld für Dich ausgegeben wurde, um Deine Entwicklung zu begleiten. Es gibt Firmeninhaber, die sind von **väterlicher** Güte.

Weist Du jemandes Vertrauen **ab** (eher im dienstlichen Bereich), kann es Dich schlimm treffen, denn das zählt zu den *stärksten* **Kränkungen**.

Dresscode: Schätze Dich glücklich, wenn Dir Dein Arbeitgeber nichts aufzwingt, Du Dich für Deine Arbeit nicht „verkleiden" musst, sondern Dich wohlfühlen darfst – in den Sachen **Deiner** Wahl!

Ach ja, schön wäre auch, wenn Dein Partner und Deine Familie Deine Berufswahl respektieren. Es soll vorkommen, dass aufgrund dessen die Liebe „abgezogen" wird. Was ist das dann vorher gewesen? **DEFA**-Serientipp, 7-teilig, erneut: **„Tierparkgeschichten"** (1989)

Einzelgänger

Bist Du **nicht** für das Familienleben geeignet? Ist Dir alles andere wichtiger? Bist Du kampfbereit, klug, clever und charismatisch? Du bist die **ideale** Führungskraft, egal *in welche Interessen* es Dich hineintreibt. Aus Dir kann man **alles** herausholen (starke Lippenkerbe: Mitte Unterlippe).

Liebe zur Tätigkeit

Hobbys werden **immer** nur mit Liebe ausgeführt, was man vom *Schulbesuch* (und dem Lernen an sich) *leider häufig* **nicht** behaupten kann. **Diese Liebe** *sind* NUR die Eltern, Erzieher, Trainer, Lehrer, Direktoren, Schulräte … in der Lage **zu wecken** und/oder **zu retten**, mit ihrer Umgangsart Kindern & Jugendlichen gegenüber sowie einem **Lehrplan, der Spaß macht** und Sinn hat! **Viel Erfolg!**

Beweishaft zur Thematik Fotos und Aufnahmen **mit** Emotionen: Marte und ich beglückwünschen **AAINJAA** – alle ihr schönen Krieger & Amazonen, die ihr **getrommelt** habt, mit eurer ganzen Kraft & Liebe **zu** eurem **Hobby** – zum *Durchhalten* in der „Zeit der totalen Verbote"!
Auf diesem Video haben euch viele Menschen nicht mehr verstanden: Ihr tanzt und trommelt, während andere sterben – beweishaft zeigen es die farbigen *Lichtschwerter*, welche die Bilder und eure Körper durchstreifen sowie schlecht sichtbare, teils in Nebel gehüllte Gesichter und stumpfer Ton. Auch die immer schlechter werdende Bildqualität zeigt die Energien beweisthaft, dass euch der Spaß zu diesem Zeitpunkt leider *nicht* vergönnt gewesen ist.
Und **dennoch** habt ihr es **RICHTIG** gemacht:
Nichts aufzugeben, was das Leben lebenswert macht! ❤
https://www.youtube.com/watch?v=2ejSniQzHYk

Liebe zum Essen

Dieses Thema klingt etwas seltsam, aber es gibt Menschen, die *lieben* essen und alles was dazu gehört, sehr. Hier gibt es als Ursache erfreuliche Erlebnisse in der Kindheit, wobei Mahlzeiten auf fröhliche Weise gemeinsam zubereitet und danach gegessen wurden.
Das Naschen kann mit genau den Dingen zusammenhängen, die Du **in den Ferien** oder **Wochenenden** bei Deinen Großeltern bekommen und genossen hast. Du lutschtst wieder solch ein Bonbon, isst

so einen Riegel, eine Schokolade, ein Konfekt oder knabberst Salzstangen, Erdnussflips, Chips, weil es die Erinnerungen an längst vergangene, für Dich besonders schöne und ggf. für die Entwicklung wichtige Zeiten erhält. Das musst Du nicht einmal bewusst merken, es ist eher so ein unterschwelliges Gefühl.

Das Unterdrücken von Gelüsten ist aus meiner Sicht ein Fehler. Die URSACHE dafür ist oben benannt, so dass es hier einen Rückgang zur *Normalität* geben wird, falls Du es übertrieben hast, z. B. mit der Nascherei. Du hältst damit auch an alten Dingen fest und es passt zum Liebesersatz, den Du jetzt vielleicht von Deinen Großeltern *vermisst*, da diese bereits *nicht mehr* am Leben sind.

Genieße Deine Kindheitsgenüsse, so wie es Dir **Freude** macht und natürlich in Zukunft OHNE ein schlechtes Gewissen. Dick werden kannst Du ja davon **nicht** (mehr) … ;)

Bist Du richtig, da wo Du bist?

Sagte jemand zu Dir: „In spätestens 15 Jahren ist alles vorbei, da wird Dein Mann nicht mehr alles tun, wie er es heute für Dich macht"? Hat das einen innerlichen **Trotz** hervorgerufen, dass bei DIR alles ganz **anders** kommen wird? Dann hast Du alles richtig gemacht. „Eine Beziehung ist eine *dauernde* Aufgabe!"

Verliebst Du Dich in jede Frau, die Dir in die Quere kommt, dann sitzt Du in der Tinte.

Du willst endlich glücklich sein und kommst nie an. Wenn Du es schaffst, Dich zu entscheiden, <u>durch</u> Konfliktlösungen, wirst <u>auch Du</u> am Ziel angelangen. Du bist meist ein sehr charismatischer Mann mit *vielen* Versuchungen von außen und bei jeder, die Dir unterkommt, hast Du das Gefühl, Du *verbesserst* Dich. Wann soll das ein Ende haben? Nur eine **Göttin** ist Dir gut genug.

Fühlst Du Dich **zu** sicher?

Denkst Du, Deine *Jugendliebe* ist Dir **sicher**, Du brauchst Dir *keine Mühe* mehr zu geben? Deine Zuwendung in ihre Richtung ist in einen *erbarmungswürdigen* Zustand geraten, aus welchen Gründen auch immer? Dann rennt **auch** (D)eine Jugendliebe in **wärmere, liebende** Arme! Das kann ich Dir versichern!

Denkst Du, Dein Partner verlässt Dich sowieso **nie**? Du bist das „Non-plusultra"!? Treibst Du es auf die Spitze, verschwindet jeder Partner auch vom noch so schönen, starken Mann und der noch so zauberhaft aussehenden Frau. Ruhst Du Dich auf Oberflächlichkeiten **aus**, wie Schönheit, Reichtum/Besitz, und hast im Charakter auf die Dauer nicht viel Gutes vorzuweisen, mit Fähigkeiten nichts zu bieten, bist (gähnend) langweilig, wirst Du **allein** sein! *Dann wird es kalt.*

Partnersuche – unterscheide den Glas- vom EDELSTEIN!

Gibt sich Dir jemand stark *verführerisch* hin, nach allen Regeln der Kunst, wirst Du als Mann sicher gefangen sein und auch, *falls* Du Dich *gesträubt* haben *solltest*, würde fast jeder (andere Mann) *verstehen*, dass Du eines Tages *oder Nachts* erlegen warst. „Meine Güte, **DAS** macht sie für MICH, wie verrückt!"

Nun frage ich Dich: Hält sie der *Wiederholung* stand (kann sie das LEVEL halten)? Was folgt als Nächstes? Gesellt sich Angst zur Neugier, was sie noch so alles mit Dir anstellen wird *oder* spürst Du bald, dass die Luft rausgeht? Wird es langweilig(er)? Bekommst Du mitunter *sorgenvolle* Gedanken, obwohl Du Dich so gut wie entschieden hast, ZU dieser Frau zu gehen?

Hast Du nämlich **Familie**, kann es sein, dass es Dich nach geraumer Zeit – nachdem Du eben alles, was möglich war, mit dieser Frau ausprobiert hast – wieder nach Hause zurückzieht, zu Frau & Kindern.

Mann, das war dann doch leichter und gemütlicher: „Hilfe, was hat mich nur geritten?"

Es sind Frauen mit Kampfgeist, die wollen, was andere Frauen nicht (ganz für sich) bekommen konnten: **nämlich DIESEN Mann!** Es trifft Männer, die **bekannt** sind, **viele Frauen** *gehabt zu haben,* und die vermutlich <u>auf der **Suche**</u> nach der **großen, einzigartigen** <u>Liebe</u> sind. Leider haben sie diese in *ihrer eigenen Jugendliebe* <u>verpatzt</u>. Es sind Männer, die ungern 50 Jahre alt werden und wenn sie dann wirklich sterben, könnte das Grab mit den Rosen aller Verflossenen zugedeckt werden. Man bräuchte keine Erde mehr.
<u>Fazit:</u> Er fand nur noch **Glassteine**, auch wenn einige sehr schöne darunter waren. Kennst Du so jemanden? Warst **Du** seine Jugendliebe?

Diejenige **Frau** (nicht Kind oder Mädchen!), die einen **Edelstein** darstellt, ist so *unbeschmutzt* wie möglich und *benimmt* sich auch so. Vermutlich eher wie ein 13-jähriges Mädchen. Es ist die **reine Freude**, mit ihr intim zu sein. Gut, wenn sie sich <u>für genau Dich</u> aufgespart hat, gell?

Hilft Dir eine „Freundin" *beim Schminken,* bevor ihr gemeinsam ausgeht und Du siehst danach *furchtbar* aus (es steht Dir nicht), dann ist das <u>gewollt</u>! Gehst Du so los, damit Du Deine „Freundin" nicht kränkst (sie „wollte" Dich ja schließlich **schön** machen!), dann wirst Du Dich den ganzen Abend <u>unwohl</u> fühlen und auch merken, dass die anderen denken, Du hast einen Knall, so herumzulaufen! Deine „Freundin" weiß, dass Du *natürlich geschminkt* sehr viel besser aussiehst (vielleicht sogar *als sie*), was es zu verhindern gilt. Sie ist der Glas- und **DU der Edelstein!**

Woran erkennst Du eine echte Lady?

Es sind die Körperhaltung, der Gang und der Umgang mit Menschen, wenn *vermeintlich niemand* zuschaut. Arroganz, Oberflächlichkeiten und Lieblosigkeit sind **nicht** ihr Ding.

Ihre Augen sind gütig, der Blick hat etwas Edles. Böse Worte kämen ihr nur über die Lippen, wenn es überhaupt nicht mehr anders geht … Fluchen, brüllen und Türen schmeißen kann sie dennoch, vor allem, wenn es um **Ungerechtigkeiten** geht. Sie lässt sich <u>nichts</u> gefallen. Auch Zickigkeit haftet ihr gelegentlich an. Sie kann *megacool* sein, hat *feste* Werte und kaum bis *keine* Laster (außer vielleicht *Männer* bis zu einem gewissen Grad, heißt **OHNE** intim zu werden). Wer so eine Lady zur Frau hat, muss sich anstrengen: Mit Dir (Mann) sollte es besser **nicht langweilig** werden!

Leben mit einem suchtbehafteten Partner

Hast Du einen Partner, der raucht, trinkt, Drogen konsumiert oder sonstige Suchtverhalten an den Tag legt, lebst Du in einem **Effekt** der **Ursache-Wirkung**, welchen **<u>Du selbst</u>** <u>verursacht</u> hast.
Es ist (D)eine Strafe. Mit Konfliktlösungen aus beiden Büchern solltet ihr zwei aus eurer Misere herausfinden und könnt, *vielleicht sogar gemeinsam*, ein **neues** Leben <u>beginnen</u>!
D. h., ihr braucht (wie bei allem, was im Argen liegt) die **<u>Ursache</u>**, <u>die Wurzel</u> eures Übels. Liegt dies in der Zeit unter 7 Jahren, empfehle ich, Buch 1 komplett durchzulesen (nicht nur partiell).

<u>Enttäuschungen</u> <u>(vermeiden)</u>
Es ist nicht drin, was draufsteht? Ja, das kommt vor.
Das Thema Unterwäsche hatten wir schon ;), aber hier geht es um die **inneren** Werte, um *unterdrückte* Charaktereigenschaften und ein *Zusammenreißen* im alltäglichen Leben … und zwar **so lange, bis** die <u>EHE</u> (endlich) geschlossen **wurde**. Puh, geschafft! JETZT kann ich so sein, wie ich <u>wirklich</u> bin, und habe sie/ihn mir **sichergestellt**.

Lerne einen Menschen, so gut es geht, <u>kennen</u>, **bevor** Du Dich *fest bindest* und insbesondere, bevor Du Dich *fortpflanzt*. Achte auf Reaktionen Deiner Umwelt (Mimik/Gestik), höre Deinen Eltern zu, wenn sie etwas wittern (Seelenkommunikation) und sei achtsam.

Bist Du ein **wahrer Freund**, wirst auch DU Deinem Kumpel oder Deiner Freundin ein paar *offene Worte* zukommen lassen … Oder willst Du ihn/sie auflaufen lassen?

Entscheide Dich **nur dann** zu einer **Heirat**, wenn Du ganz sicher bist und alle Anzeichen, die Du in Buch 1 + 2 gelernt hast, Dir sagen: Bei diesem Partner BIN ich RICHTIG!
Sonst setzt Du Dich in die Nesseln.

DEFA-Märchentipp: „**Der Prinz hinter den sieben Meeren**" (1982) Unsere **Renate Blume** zeigt musterhaft & wunderschön, worauf ein Mann achten muss: Eine Frau, die ihn begehrt wie teure Kleidung und glitzernden Schmuck, kann leider **nicht** die Richtige sein.

Findest Du Dich für Deinen jetzigen Partner *überhaupt nicht mehr* ansprechend, kann Deine Seele Dir eindeutige Zeichen über eine Herpes Zoster-Erkrankung geben. Es beginnt am linken Knie (Herzseite), wo die Haut zu schmerzen beginnt, zieht sich brennend hinauf über den Po bis hin zur Hüfte. Die Schmerzen fühlen sich vorerst an wie bei einem blauen Fleck und optisch wird das Signal der Seele durch einen *streifenartigen* Ausschlag (Art Gürtelrose) am oberen Po vollendet. Dass nach solchen Erkrankungen ein erhöhtes Risiko für Schlaganfall oder Herzinfarkt besteht, ist nur logisch, da die **Ursache** ein starker Liebeskonflikt ist!
In diesem Zusammenhang kommt es manchmal zum Ausfluss von sehr dunklem bis *schwarzem* Blut (unabhängig von der Menstruation, als Zwischenblutung), in **Trauer** um eine *weit vergangene* Jugendliebe, von der Du konfliktaktiv getrennt wurdest.
Die Sachverhalte aus der Vergangenheit müssen *gelöst* werden. Oft bestehen alte, unverarbeitete Kränkungen, herbe Enttäuschungen und auch Hass …

Bist Du dabei, Dich einer **großen** Liebe deutlich *zuzuwenden* (egal wie alt Du bist), und bekommst diesen schwarz-blutigen Ausfluss, dann ist das ein Zeichen Deiner Seele, dass *derjenige* Mensch, für den Du fühlst, **keine** Bindung mit Dir eingehen **kann**, *auch wenn* er **wöllte**. Es ist die Trauer Deines Unterleibes, dass diese *tief empfundene* **Liebe** (zumindest momentan noch) nicht ausgelebt werden kann.

<u>Grund:</u> Es gibt knifflige Familienkonstellationen, Angst vor neuer Bindung, *zu große* optische oder vermeintlich nicht zu überwindende Altersunterschiede. Kämpfst Du um **sie**?

Schwarzes Blut heißt: „**Ohne** <u>diese</u> Liebe kann ich mich *gleich begraben* lassen."

<u>Zudem dient es **der unterbewussten Prüfung** von einer Seele zur anderen:</u>
WIE ernst ist es Dir mit der *neuen* Liebe?
Schwärzliches Blut + Durchfall, auch leichter Drehschwindel sind **BEWEISE** für *absolut* aufrichtige Gefühle, so dass es sich in der Tat LOHNT, auch unter widrigen Umständen zusammenzugehen. Hier kommt es nachts oder morgens vor dem Erwachen zum Einschlafen des rechten Ellenbogens.

Wenn aus Liebe Hass wird

Woran merkt man, dass eine Liebe endgültig erloschen ist (falls es jemals Liebe von *beiden* Seiten gewesen ist)**?** Alle Verhaltensweisen, die den Partner dazu bringen könnten, <u>zu verschwinden</u>, zählen hierzu. Das sind unterdrückendes, erniedrigendes, respektloses, ungebührliches Verhalten, sich über Dich lustig machen, Bloßstellungen und Demütigungen <u>vor</u> anderen Menschen (Familie, Freunde, Nachbarn …) und den eigenen Kindern sowie lächerliches, unmännliches/unfrauliches Benehmen, albernes Gehabe.
Hier solltest Du im Buch 1 das Thema „Zähne" (nochmals) anschauen und Deine *Zahnstellungen* im Bereich der oberen Schneidezähne, welche mit den Sexualorganen verbunden sind, überprüfen.

Werden die Bitten an Deinen Partner von ihm <u>nicht erhört</u> oder die Erledigung dessen hinausgezögert (nach dem Motto: „Es gibt Wichtigeres" oder „Darauf habe ich keinen Bock"), wird provoziert und viel gestritten, liefert ihr euch auf die Dauer nur einen einzigen Hinweis: *„Hau endlich ab!"*

Augen auf im Verkehr zwischen den Geschlechtern und noch mehr bei der Partnerwahl! Wolltest Du bis zu einem bestimmten Zeitpunkt in Deinem Leben ein Kind? Letztlich egal, von wem? Hast Du einen Partner gewählt, der vollkommen Deinem eigentlichen Typ widersprach? Wie sicher warst Du von Anfang an, dass Du vielleicht mit einem „Kumpel" als Ehemann glücklich werden kannst? Wie erfüllt ist euer Intimleben? Wie gerne siehst Du ihn an, wenn er dem Typ Mann, auf den Du stehst, kaum bis gar nicht ähnelt? Hattest Du „Torschlusspanik"?

Ändert Dein Mann seinen Stil, seine Hobbys/Interessen, den Musikgeschmack, das Rasierwasser/Parfüm u. Ä., ist Vorsicht geboten. Pflegt er sich mehr als sonst? Lässt er Dich trotzdem nicht öfter an sich heran, als vorher, eher weniger? **Fordere ihn zur Wahrheit heraus!** ... Oder lebe feige weiter in einem Netz voller Lügen!

Lügner sind Loser und werden schöne, lange Nasen bekommen. So einfach ist das.

Falls etwas von diesen Zeilen auf Dich **zutrifft**, wirst Du gleich auf die Toilette müssen.
Zudem kann es passieren, dass Dein Herz stolpert. Alles in Dir **rät** nun zur tatsächlichen (Auf-)Klärung.
Immer wieder sind die Körperreaktionen **unbestritten** als BEWEIS der Wahrheit zu sehen.
Es gibt keinen anderen Grund, wenn Dich ein Abschnitt nicht kalt oder nicht in Ruhe lässt: Es trifft **auf Dich** zu!
Denke auch immer wieder an das **Thema Fotos** zu Deiner *perfekten* Hilfestellung.
Umso gesünder Du in allen Bereichen bist, desto besser siehst Du, was Phase ist!
Dir macht keiner mehr etwas vor!

Wenn Du denkst, Du kannst Dich von Deinem Mann/Deiner Frau einfach nicht trennen, egal, was passiert und wie schrecklich eure Partnerschaft/Ehe inzwischen geworden ist, hast Du diesen **Konflikt des Einfangens**, der sich **jetzt** löst: Du hast als **Erster** geküsst! Das ist es.

Alle neuen Möglichkeiten stehen Dir ab sofort wieder offen!

Willst Du einen Mann für Dich „einfangen" oder möchtest Du mit ihm auf Augenhöhe und in ewiger Begierde (nur zu Dir) leben? Der **Schlüssel** ist der **1.** KUSS! Es wurde schon erklärt: Küsst der Mann die Frau zuerst oder die Frau den Mann, was bedeutet, dass der andere jeweils **STILL hält** und sich *nicht mit in Richtung des Partners bewegt*, wird *einer vom anderen* über das Seelentor, den Mund, *bloß* eingefangen! **NUR dann**, wenn sich beide beim 1. Küssen *aufeinander zubewegen*, kann sich eine Liebe auf Augenhöhe entfalten. Wie Du das aus Martes Buch bereits kennst: DIESE Vorgehensweise kann NICHT gespielt oder bewusst provoziert werden, sie PASSIERT *nicht* oder sie PASSIERT.

Das Gute ist heute, dass DU nun **weißt**: Wenn genau das geschieht, dann IST es Deine andere Hälfte → Derjenige, der am allerallerbesten zu Dir passt.
Nicht *einer muss den anderen* küssen, sondern **zwei** Menschen müssen **sich** küssen.

Halten Frauen immer zusammen, wenn es darauf ankommt?

Ja, meine Herren, so ist es! Finden mehrere Frauen heraus, dass sie *von ein und demselben* Mann <u>benutzt</u> wurden (auch wenn er sie tatsächlich **alle** ungesagt <u>liebt</u>), *dann tun sie sich zusammen.*

Gnade Dir Gott! → Du wirst nichts mehr zu lachen haben, denn <u>sie machen Dich fertig</u>. An die Cleverness der Frauen (die *denken können* wie eine <u>Achterbahn</u>, was heißt: um alle erdenklichen Ecken), kommt ein Mann nicht heran. Er kann sich Frauenpläne nicht im Geringsten ausmalen, es sei denn, er hat bereits Erfahrungen damit gesammelt …

Stirbt ein Mann und es kommt nach dem Ableben heraus, dass er **zwei** Familien hatte (z. B., weil er Fernfahrer war), dann *kann es* passieren, dass sich diese beiden Frauen zusammentun und sich unterstützen, aus dem einen Grunde: Sie haben eine tiefe seelische Verbindung! Sie liebten beide **denselben** Mann. So eine Konstellation ist nur dann möglich, wenn auch dieser Mann **BEIDE** Frauen *so ziemlich in der gleichen Weise* **aufrecht** GELIEBT hat.

Spürt *eine* Frau, dass sich der **Mann** einer **anderen** Frau (die sie kennt und vielleicht sogar mag) in *sie* verliebt oder verguckt hat, dann sollte hier **folgender Weg** zur Schnellstraße oder Autobahn werden: Der Ehemann, der auf einer fremden Fährte „schnuppert", muss *schnellstens* ausgebremst werden, nämlich mit **Ernüchterung**! Schöne Frau, sage so einem Mann, wenn er deutlich werden sollte, dass Du vergeben bist und er keine Chance hat, bevor sich der Zustand verschlimmert. Du hilfst ihm damit auch und erst recht seiner Frau, die ihn behalten möchte. Sage klar, dass Du keine Ehen oder Familien zerstörst! Setze dabei unmissverständlich Deine kälteste Miene auf – es sei denn, Du fühlst selbst LIEBE für diesen Menschen.
Alles, was in **beiderseitigem** Einvernehmen erfolgt, steht auf einem **anderen** Blatt.

Kennst Du die dazugehörige Frau, dann spreche **mit ihr**, schnellstmöglich + deutlichst: „Ich spüre, dass sich Dein Mann mir annähern möchte. Bitte achte auf ihn und hole ihn Dir zurück! Reize ihn neu, mache Dich richtig hübsch – ihr seid ein tolles, schönes Paar! Es ist nur ein **Trugschluss**, dass er mich „will", weil Du *etwas nachgelassen* hast ... ER braucht wieder MEHR von DIR als FRAU! Deinen Mann hat *nur* der Übermut gepackt, vermutlich aus einem Mangel! Bremse ihn aus, denn er gehört **zu DIR**!"
So einen Sachverhalt **spüren** die Seelen übrigens genau – er ist nicht an den Haaren herbeigezogen!
Es kann zwar *etwas* peinlich + unangenehm für Dich, den Mann, werden, aber auch **zauberhaft**, wenn Du bei Deiner **eigenen** Frau wieder zu neuer Liebe entbrennst und AUFWACHST! Du bist genau DA richtig, wo Du bist!

Ja, die Frauen schaffen das – wenn es „ans Eingemachte" geht, sind sie dicke da!!
DEFA-Serientipp (7-teilig): **„Fridolin"** (1987)

Bei der *anderen* Frau, die Du <u>kaum kennst</u> und sie *vielleicht* letztlich GAR nicht haben willst (Reue), würde *nur einer* lauern: Du bist <u>vom Weg abgekommen</u> – **WER** begegnet Dir dann?
Der böse Wolf (**ihr** Ehemann)! Das wird **nicht** lustig. (Punkt!)

<u>Euch Männern sei gesagt:</u> Besonders *schöne Frauen mit Intellekt* sind in der Regel auch *besonders* schwierig, anspruchsvoll im Leben und der Umgangsweise. Um dem gerecht zu werden, müsste sich so manch einer *komplett umkrempeln*, vorbildhaft werden! Willst Du das wirklich? Es kann Dich anstrengen, mit all den Facetten solch einer Frau klarzukommen. Vielleicht *trügt* auch der **1.** Schein und es lohnt sich auf Dauer **nicht**, alles, was Du hast, *überstürzt* hinzuschmeißen!

Ja, ich rege Dich zum **Nachdenken** an, denn in so einer Situation kannst Du Dir nicht nur die Finger verbrennen, sondern Dein ganzes, bisher *eher angenehmes* Leben **zerstören**.
<u>NÄMLICH:</u> Wenn DU an SO einer Frau **scheiterst**, kann Dich das <u>**TÖTEN**</u>! Auch das ist **nicht** an den Haaren herbeigezogen!!
Willst Du leben oder sterben? Etwas Besseres als den Tod findest Du überall.

Diskretion

Bewahre sie und Du wirst geachtet. Sich zu verlieben, vor allem wenn man in diesen Themen noch konfliktaktiv ist und/oder im Mangel innerhalb der eigenen, momentanen Beziehung steht, ist sehr natürlich und verständlich. **Jedem** kann das passieren!
Deshalb ist **Verschwiegenheit** in diesem oben genannten Fall gegenüber **allen** Menschen, die das Paar kennen oder kennen könn-

ten, oberste Priorität. Ansonsten kannst Du Dir *gleich* jegliche Maßnahmen dazu *sparen*!

Genieße es einfach, wenn die beiden wieder zueinanderfinden und ihre **Schönheit** zurückerlangen. Ja, genau: Dieses Pärchen hatte sich innerhalb kurzer Zeit *optisch zum Nachteil* verändert, genau ab dem Moment, an dem die andere Frau ins Spiel kam. Nehmt ihr so etwas an euch wahr, kämpft um eure Liebe! Wenn euch „die Andere" hilft, indem sie signalisiert: „Ich bin **nicht** zu haben", freut euch!

Das Thema der taktvollen Rücksichtnahme gilt ebenfalls bei Liebesgeständnissen. Diese sind *bitte nicht* über Familienmitglieder (wie z. B. Kinder) desjenigen, der geliebt wird, auszuführen. Das verbietet jeder Anstand.

Verpetzt Du gern oder *verpfeifst* jemanden? Dann wundere Dich nicht über **Einbußen** in Deiner Schönheit! *... und natürlich:* Ursache-Wirkung auf *Dein eigenes weiteres* Leben.

Sonderthema: Schwiegermutter & Schwiegertochter

Ja, auch die beiden halten zusammen, wenn sie sich gefunden haben und sich unterstützen **müssen**! Auch *gegen* den eigenen Sohn, wenn *objektiv* dessen Fehler erkannt werden.
Helfe Deiner Schwiegertochter, wenn sie durch Deinen Sohn in Not gerät. Es sind schließlich die Fehler in seinem Elternhaus, die dazu führten, dass diese Frau Probleme mit ihm hat.
Nehme sie auf, wenn es drauf ankommt, sie nicht weiß, wo sie (sonst) hinsoll, und Dein Sohn eine **Lektion** benötigt! Alles wird am Ende gut gehen, auch wenn es mal richtig scheppert! Zusammenhalt, Klärung und Offenheit werden immer belohnt! Denn so zeigt sich **die Liebe** zur **ganzen** Familie!

Prüfe: Ist diese Tür wirklich **ZU?**

Was wärst Du ohne Deinen Partner? Eine Frau kann nur so stark sein wie der Mann, der hinter ihr steht. Ebenso gilt das im Umkehrschluss. Bist Du bei Deiner *Jugendliebe* angekommen und **fest** vergeben, wirst Du im Außen meistens sehr begehrlich erscheinen. Warum? *Weil Du glücklich bist!*

Ist die Tür zum Herzen solcher Menschen wirklich zu? Sind sie *gefeit* vor lieblichen Angriffen von außen? Willst Du Dir die Jugendliebe eines anderen *schnappen*??? Ob Du so eine Tür nun mit aller Macht (und wie ein Monster) einzurennen versuchst, weil Du Deine große Chance witterst, endlich den Richtigen gefunden zu haben: Es ist in den *meisten* Fällen **nutzlos.** Der Ist-Zustand ist zu respektieren, denn in aller Regel bist Du chancenlos, mit *so einem* Menschen Dein Glück zu finden. Auch wenn es *möglicherweise* für beide im 1. Moment *reizvoll* scheint: Eine „Wiederholungssendung" ist de facto **ausgeschlossen!** Diese Glücks-Wolke IST **schon besetzt!**
Das mit der Schönheit & dem Glück **klappt nur,** wenn *beide* Seelen es mitbringen. Alles andere ist ein Kampf auf Krampf. Auch kann Beglückung nie *so* stattfinden wie mit dem Original.

Not macht erfinderisch

Schnappt Deine Frau manchmal über, will raus aus dem alten Trott, etwas ausprobieren, reizt und provoziert Dich (ggf. Jugendliebe) mit Verhaltensweisen, die Du von ihr nicht kennst? Sagt sie z. B. plötzlich erotische Worte, zieht sich anders an, will Dich herausfordern, etwas zu verändern/aufzupeppen?
Achtung, Achtung: Hier ist **tatsächlich** Gefahr von außen im Anmarsch (Seelenkommunikation)! Gebe Dir besser MEHR Mühe und nehme diese Signale **sehr ernst,** sonst fängt **ein anderer** Deinen herrlichen „Fisch" (Meerjungfrau)!!

Es ist praktisch sehr wichtig, aufmerksam durchs Leben zu gehen und auf kleine Details zu achten.

Gibt es ein gesundes Maß?

An Langeweile gibt es mit Sicherheit ein gesundes Maß (normale Routine), doch sie sollte *nie übertrieben* werden! ;) Sie **tötet** die Lust. Sei achtsam, wie sich Dein Partner mit bestimmten Dingen, welche ihr *miteinander* tut, arrangiert. Machen sie ihm genauso viel Spaß? Macht er es nur Dir zuliebe oder lauft ihr auf derselben Welle? Sei großzügig, wenn Dein Partner *eigene* Freizeitgestaltungen unternimmt. Bleibt er zu oft weg, sollte es Dir zu denken geben, ob Du bei ihm richtig bist. Auch wenn Du sagst: „Wenn **ich** nicht (dorthin) gehe, gehst DU **auch** nicht!" ist solch ein Ausspruch relatives Unrecht und Bestimmung über den Anderen.

Sitzt Du viel zu lange und zu Unzeiten am Handy/vor dem Fernseher/Internet (oder legst andere Zwangsverhalten an den Tag), anstatt sich dem Familiengeschehen zu widmen? Davon wird Dein Partner nicht schöner und Dein Kind nicht klüger! Lässt Du Deinen Partner mit vielen Dingen im Haushalt und der Kindererziehung alleine? Warst Du schon reif für Familie? Löse Deine Konflikte in Bezug auf Deine Lebensziele und schau, wie weit ihr damit in einer **gemeinsamen** Zukunft kommt. Ein Kind hat es **immer** verdient, Beachtung von **beiden** Elternteilen zu finden! Nun ist es einmal DA!

Im **Buch 1** haben tatsächlich Menschen das Thema „**LEPRA**" vermisst.

Hier ist es:
Diese grausame Symptomatik (Haut/Schleimhäute werden zerstört sowie die Nervenzellen befallen, was zum Ablösen von Gliedmaßen und auch der Nase führt) stellt sich ein, wenn es einen **Hass**-Konflikt mit dem Nachwuchs gibt. **Alle** Erscheinungen auf der Haut stehen, wie ihr wisst, mit **Ablehnung** in Verbindung. HASS ist die stärkste aller Ablehnungserscheinungen.
Die Seele der MUTTER wünscht sich die Zerstörung des Kindes, was einen Unterschied zum Tod darstellt. Dieses Kind hat faktisch ihr gesamtes Leben ZERSTÖRT. Das ist die Ursache.

Liebe zum KIND

Wer Kinder **nicht** liebt, ist ein Sadist! So einfach ist das!
Alles, was in Liebe zum Kind bezüglich der Erziehung geschieht – was nicht bedeutet, es in Liebe zu ersäufen (ersticken, von allem „Bösen" fernzuhalten) oder es zu verwöhnen [insbesondere materiell – siehe (über-)große Füße!] –, funktioniert sichtbar: in den Charaktereigenschaften dieses Kindes und selbstverständlich in einer **besonderen Ausstrahlungskraft & Schönheit**.
Ja, genau **das sind die Beweise** einer *wunderbaren* Erziehung und Elternschaft.

Im Anschluss (erwachsene Kinder) ist die Partnerwahl zu respektieren, Entscheidungen über Nachwuchs und Lebensweise. So verlierst Du **niemals** die Liebe Deines Kindes.
DEFA-Serientipp (14-teilig, für sehr **viele** Eventualitäten herrlich lehrreich!):
„Geschichten übern Gartenzaun" (1981/1984)

Wer mit seinem Kind zum Arzt geht, **obwohl** es sich gut fühlt, dort Untersuchungen anstellen lässt, die einen (ggf. schlimmen) Befund zur Folge haben (z. B. nach einer Blutabnahme), ist eigenverantwortlich, wenn dem Kind danach eine schulmedizinische Behandlung zukommt und es dadurch evtl. sogar verstirbt, da die *festgestellten* Viren und/oder Bakterien als (vermeintlich) gefährlich deklariert sind. Hier handelt es sich um einen Sachverhalt, welcher bereits durch Dr. Hamer Anfang der 1980er Jahre dargestellt wurde: dass manche „schlimmen" Viren und Bakterien von unseren Körpern innerhalb des Heilprozesses **nach Konfliktlösungen** hergestellt werden. Diese zu sabotieren, kann, insbesondere für Kleinkinder, tödlich sein! **Hierbei gilt:** JEDER, der über diverse Themen mit Kindern spricht, kann vollkommen unbewusst durch seine Worte in den Kleinen Konfliktlösungen in Gang bringen. Die Körperreaktionen beginnen sofort, unstoppbar. Dasselbe gilt, wenn Kinder Erwachsenengesprächen lauschen. Auch hier kann es zu Lösungen kommen (also nicht nur zu Konflikten an sich).

Hattest Du Angst um (D)ein geliebtes (Enkel-)Kind, kann der Schreck, DIESES vermeintlich verloren zu haben (z. B. durch eine Falschinformation nach einem Geschehnis), Dich töten, wenn dieser Sachverhalt nicht *schnellstmöglich* aufgelöst wird. Solche Fälle gibt es anhand von Seelenkommunikation, wobei das entsprechende Kind **tatsächlich** mit seiner Seelenenergie vermittelt, in **latenter Lebensgefahr** gewesen zu sein. Danke Gott, wenn alles gut ging …

Liebe zum Geschwisterkind

Bist Du ein Mädchen und hast Deine **Neurodermitis durch Buch 1** noch nicht in die Besserung gebracht oder besiegt, dann gibt es *folgenden* Grund:
Deine Mutter lehnt **Dich** ab, weil **ihr** Sohn DICH **mehr** liebt (seine Schwester) **ALS** seine Mutter. Das ist Logik!

Es gibt noch *einen anderen beeindruckenden* Beweis für die wunderbare, <u>brüderliche</u> Liebe, wenn Du Fotos hast. Auf einem Deiner Bilder, auf denen du älter bist als 10 Jahre, *kann es sichtbar* werden. Deine **rechte Hand** ist verschwommen! Das heißt: Der Junge, der Dich liebt, *kann nicht* Dein Lebenspartner werden, *denn* es ist <u>Dein Bruder</u>! Hat sich Deine Optik *seit der Pubertät* stark verschönt, ist Dein Bruder *maßgeblich* daran beteiligt. Schätze Dich glücklich. Er war und ist **stolz** auf Dich!

Im Übrigen: Wenn Marte einen schönen, großen Bruder gehabt hätte, wäre ihr das auch passiert.

Letztlich ist es egal, ob ihr aus einer *selben* Mutter gekommen seid.

Ihr beide *könnt* tun und lassen, *was ihr wollt* <u>und</u> **wenn** ihr das wollt: Ihr könntet fortgehen und zusammen glücklich sein, wenn ihr ursprünglich nie einen anderen Menschen lieben wolltet.

Eure Erfahrung liegt im <u>Seelenleben</u>, ihr gehört zusammen. Scham ist also unangemessen!

Hier kam es über kränkende Verhaltensweisen zu einem Wegtreiben des Geschwisterkindes durch die *immer stärker* werdende Verlockung mit dem Erwachsenwerden und dem Bewusstsein „Ich <u>darf</u> **NICHT!**", welche die Geschwister *zwangsläufig* voneinander *entfernt*.

Da das ein **starker, das ganze Leben** *beeinflussender* Konflikt ist, musste er in dieses Buch mit hinein. Ihr seid jedoch unschuldig, deshalb ist alles bestens!

Liebe zum TIER

Wer auf die **Jagd** geht, zum Spaß, wer **schlachtet**, ohne es zu müssen, wer Tiere liebt und dennoch schlachtet, weil er autark leben möchte, wird an *eigenem Verlust der Schönheit* mehr oder weniger stark leiden. Liebst Du Tiere, behandelst sie gut und schlachtest, weil es so vorgesehen ist, auch als Bauer zum Überleben (Unternehmer), kann es sein, dass Du davon einen guten *bis mächtigen* Bauchumfang erhältst. Das Leid Deiner **geliebten** Tiere sitzt, wenn sie *dann* sterben *müssen*, in Deinem Darm. Wenn Dich dieser Konflikt betrifft, wirst Du in den nächsten Tagen eine Menge Altkot verlieren.

Die **Wichtigkeit der Güte** zu allen Lebewesen, egal wie klein und in welchem Bereich der Erde sie zu finden sind, sowie zu Pflanzen, hat Marte im Buch 1 beschrieben.
Wir hängen alle zusammen.
Ebenso können wir bezeugen, dass Tiere gnadenvoll **helfen** (wie Wespen, unzugehörige Katzen und Hunde, die zu Besuch sind …), wenn Menschen in (überaus) brenzlige Situationen kommen. **Voraussetzung** dafür ist: DU hast Tiere im Vorfeld stetig *gut* behandelt oder sogar *gerettet*.

Die linke Hand weiß nicht, was die rechte macht

Das gibt es nicht nur im Berufsleben …

In Deiner Beziehung/Ehe mangelt es an aufrichtiger + interessenvoller Kommunikation. Hier macht jeder von euch, was er will, aber nicht, was er soll. Das ist vielleicht etwas grob gesagt, also entschuldigt, aber im Endeffekt weißt Du oft nicht, was Dein Partner macht, von wem er Dich grüßen soll(te), wie er denkt. Absprachen + Versprechen werden nicht eingehalten, vielleicht sogar *absichtlich*, um Dich **zu treffen**, und habt ihr Kinder, können diese sich frisch machen. Sie werden irgendwo vergessen/nicht abgeholt, Termine werden verpasst, vieles erfolgt stets auf den „letzten Drücker". Es ist einfach ein recht *chaotisches* Leben, denn bei euch herrschen kaum Organisation und Ordnung. Mit Konfliktlösungen wird euch ein Umbruch gelingen (Buch 1 + 2).

Vorwürfe

Ist immer nur Dein Partner an allem schuld? Selbst dann, wenn ihr eine Entscheidung gemeinsam getroffen habt und dann *etwas schiefgeht*? Bist Du unfehlbar? Du hast einen Ego-Konflikt.

Außerdem, aber das weißt Du vielleicht schon: Wer die Schuld immer nur *bei allen anderen* und nicht zuerst bei sich selber sucht, wird sich **kein Stück weiterentwickeln.**
Alle Aufgaben im Leben werden Dir *immer wieder* vor die Füße geworfen oder vor die Nase gehalten, und zwar **so lange**, bis Du *begriffen* hast, dass es **um DICH** geht und nicht um die anderen. Diese zeigen Dir nur *wie ein Spiegel* (und als „Lehrer"), was Du selbst vergeigst.
„Was ich selber denk und tu, trau ich gerne anderen zu" + „Fasse Dich zuerst an die eigene Nase"!

Zerreißproben

Es gibt Menschen, die stellen sich gegenseitig **hart auf die Probe** und legen sich *erst dann* fest, wenn überhaupt nicht mehr vorstellbar ist, dass dieser potentielle Partner jemals einem anderen „gehören" würde! Hier kommt es zur fast zerreißenden **Geduldsprobe.**
Wie lange hältst Du stand, wie bist Du in der Lage, Deine Persönlichkeit auszuweiten? Bist Du in der Tat so begehrenswert und unwiderstehlich, wie es der Gegenpart an Dir wahrgenommen hat?

Es sind Menschen, die nicht 100- sondern 1.000-%ig auf „Nummer SICHER" gehen wollen, den **richtigen** Partner gewählt zu haben. Manchmal **wartet** hier **ein Mann** auf eine Metamorphose (Umwandlung) vom Mädchen zur Frau, von der lieben Maus zum stolzen Schwan!
DEFA-Serientipp, wie vormals zu einem anderen Thema empfohlen:
„Zahn um Zahn" (1985–1988)
Es ist zum **Haareraufen** mit Alfred Struwe & Helga Piur! ;) Ein phantastisches Paar!

Liebe und Tod

Verunglückt Dein Partner vor der Zeit, verändert sich alles. Dies gilt auch für Partner, die sich ohne Vorwarnung das Leben nehmen. Wie Du aus Buch 1 weißt, ist alles *konfliktaktiv*. Ein Partner, der kein Vertrauen hatte, seine tiefsitzenden Probleme mit Dir zu besprechen und zu lösen, wurde in der Kindheit stark beschädigt. Gibt es einen Unfall, ist auch das ein Konflikt mit stärksten negativen, den Tod *anziehenden* Energien. Es war **unvermeidlich!**

Vielleicht fällt es Dir mit dieser Erkenntnis leichter, Dein Schicksal zu *respektieren*, denn Du konntest tun, was Du wolltest, und auch jetzt in Deinen Selbstvorwürfen baden, bis das Wasser alle ist: Gevatter Tod ist **nicht** zu betrügen – wenn er kommen SOLL, laut dem Seelenplan, dann **kommt** er. Selbst wenn die Rettung einmal klappen sollte: Aufgeschoben ist nicht aufgehoben. Es gibt reales Filmmaterial darüber. Zum Umgang mit dem Tod + Neuanfang habe ich einen wunderbaren DEFA-Serientipp (7-teilig): **„Bereitschaft Dr. Federau"** (1988)

Fühlst Du Dich nach dem Ableben Deines Partners, mit dem Du vielleicht 60 Jahre oder noch länger gelebt hast, wie **zerteilt**, ist das sehr logisch. Ihr wart faktisch eine Einheit. Dennoch bitte ich Dich, zu prüfen, wie oft ihr gestritten, euch Vorwürfe gemacht oder euch angeschwiegen habt. War alles richtig? War das Leben erfüllt?
Blicke darauf, so *realistisch* es nur geht, und versuche auch, nach seinem Tod wieder Luft zu holen und Dich frei zu machen (ggf. auch mit Schreien).
Gibt es noch etwas *Schönes*, was auf Dich zukommen könnte, was schon wartet? Insbesondere dann, wenn Du durch die Bücher wieder gesund wirst? …

Jede Seele hatte **nur bis zu ihrem Tod** das Ticket „gebucht". Das ist die Wahrheit.

Der Kuss der Nymphe (weiblicher Naturgeist)

Es gibt Frauen, die sind Zauberinnen, ohne es zu wissen. Ihr Kuss kann sogar Tote erwecken.

Davon abgesehen machen Küsse solcher Frauen SCHÖN, denn sie sind in der Lage, mehrere <u>Menschen</u> enorm stark zu lieben. Dabei ist es egal, ob es sich um einen Mann oder eine Frau handelt. Nymphen lieben **die Seele**, *nicht* das Geschlecht.

Kennst Du so jemanden? Mindestens im Sichtkontakt musst Du gewesen sein, um **davon** *etwas* gespürt zu haben.

Küsse von Nymphen ziehen den Mann **nicht** von der Frau ab, <u>die er hat</u>! Sie heilen nur.

Auch die Nymphe trägt keinen Schaden davon, wenn sie einen Mann *zuerst* küsst. Es tut ihr nichts.

Grund: Nymphen lieben die Natur **mehr** als die Menschen, respektieren und schützen sie, wo es nur geht. Beschädigungen der Natur tun ihnen körperlich *weh*.

Erkennung: Als Kinder decken Nymphen ihre Plüschtiere + Puppen zu, wenn *sie selbst* frieren.

Zudem lieben sie Küsse und können *das* **andauernd** gefühlvoll *und* sehr **ausdauernd** tun.

… wenn SIE das **wollen**! Zu erzwingen ist hier gar nichts.

Kommt eine Frau zu einer Frau und schreit: „Ich bin die Frau von … (Name des Mannes), den Sie verführt haben …!!" **Na und**? „Lassen Sie die Finger von ihm!!" **Warum**? „Weil er MIR gehört, ich bin mit ihm verheiratet!" **Na und**? „Wir haben Kinder!!" <u>Ja, das ist schön – und hätten</u> **Sie** <u>ihn</u> **glücklich** <u>gemacht, wäre er jetzt</u> **nicht** <u>bei mir</u> …

So ein Wortwechsel wird nicht lustig. Ein Mann orientiert sich **nur dann** <u>NEU</u>, wenn er – meistens sogar im *absoluten* – **Mangel** ist. Das bedeutet, die kreischende Frau blamiert sich auf vielerlei Art und Weise. Spare es Dir ein und gehe zur <u>Frauenliste</u> über, um Deinen

Mann **aufrecht + respektvoll** zurückzugewinnen. Das Gleiche gilt für Männer, die sich ihre Frau zurückwünschen!

<u>DEFA</u>-Serientipps: **„Barfuß ins Bett"** (14-teilig, 1988–1990) und **„Kiezgeschichten"** (1987)

Aus Buch 1 kennt ihr die Beschmutzungen auf eurem Hautbild, wenn der Partner an einen *anderen* <u>denkt</u> und **mit Dir** beisammen ist. Ein größerer Pickel auf Deiner *rechten* Wange zeigt an, dass Du Deinen Partner beschmutzt, indem Du auf einer anderen Fährte wandelst. Dies findet allerdings noch **ohne** jegliche Handlung, sondern nur in Gedanken statt. Wird so ein Pickel ausgedrückt, kann er stark nach<u>bluten</u>: Deinem Partner *blutet die Seele*.
Dasselbe gilt für Kleinkinder, die große Wangenpickel haben: Sie beschmutzen einen Elternteil mit Worten (rechts – Vater, links – Mutter), wenn es hart auf hart kommt. Diese Pickel sind hartnäckig und heilen schwer ab. Es sei denn, Du **löst** den Konflikt mit hilfreichen Worten an das Kind. **Prinzipiell** muss sich hier <u>der erwachsene Part</u> für etwas **entschuldigen**.

Hängst Du Deinem Mann ein (weiteres) Kind an, um ihn *stärker* an Dich zu fesseln und vielleicht auch noch in Form von Besitzanschaffung (z. B. Hausbau)? **Verstärkst** Du eure Verbindung <u>mit Hintergedanken</u>, weiß Deine Seele schon längst, dass Du **verloren** hast! Es ist sinnfrei.

Seltsame Anmutung

Geht eine Frau mit einem *fremden* Mann – heißt, es ist **nicht** *bekanntermaßen ihr eigener* – sehr vertraut um oder küsst ihn gar mitten auf der Straße, kann es sein, dass genau dieser Mensch <u>etwas sehr Besonderes</u> für diese Frau **getan hat**. Wer will das schon wissen?

Verwerflich sind *ganz andere* Dinge, als Zuneigungen & Liebe zu anderen Menschen offen zu zeigen. Oder wollen wir **wieder** (erneut) dahin kommen, alles Mögliche **zu unterdrücken** und unsere **eigenen** Körper damit **zu schwächen** und *erkranken* zu lassen??

Außerdem: Denke an Deine **Zähne** (Buch 1) – sie werden es Dir **danken**, wenn Du keinen sinnlosen Klatsch verursachst, der andere zu Unrecht **beschädigen** könnte!

Wasser predigen – Wein trinken

Gehörst Du zur Sorte „Nymphen", hast Du gar keine Wahl. Du wirst in Deinem Leben mehrere Menschen retten MÜSSEN, mit Deiner Zuwendung und Deinen Küssen. Sie sterben sonst in Deiner Nähe. *Du bist dafür vorgesehen und auserwählt.*

Das heißt, **so treu Du auch sein willst**, es ist ein **Kreuz!** Wer so einen Partner hat, muss dennoch *kaum* befürchten, verlassen zu werden, denn Nymphen kehren **immer** in den Heimathafen zurück. Du (Mann/Partner solch einer Frau) musst es „nur" aushalten, dass andere Menschen Dein Liebstes (Deine Frau) ebenso *brauchen* und ggf. darauf *angewiesen* sind, um zu überleben.

Das Lied der Sirene (weibliches Fabelwesen)

Der Gesang dringt **zutiefst** in Deine Seele (auch falls Du *es nicht* hörst), wenn ein Mädchen (was auch eine erwachsene Frau sein kann, in der das Mädchen aktiv ist) für Dich **singt**.

Sie kann mit dem Fahrrad unterwegs sein und in die Natur hineinsingen. Sie denkt dabei nur und ausschließlich an DICH! Sie zieht an Dir, *falls* sie diese Macht hat, wie eine Sirene zu sein.

Dies funktioniert nur bei aufrecht empfundener, **tiefer** Liebe, die sich vermutlich über viele Monate entwickelt hat – **ohne** Anbetracht auf Deine äußere Erscheinung.

Es gilt alleinig Deiner Seele, Deiner Art und wie Du mit ihr umgehst. Küsst Dich so eine Frau auf Deinen Mund, wirst Du, **egal**, wie Du *vorher* aussahst, zu einem **schönen** Mann werden!

Ja, Du sagst es – das ist der Wahnsinn!

Marktwert

Kennst Du Deinen noch? Schaust Du immer gleich **weg**, wenn Dich jemand schärfer ansieht? Meinst Du, auf diese Weise *jeder Versuchung* <u>gleich von Anfang an</u> aus dem Weg gehen zu können oder auszuweichen (weil Du ja *vergeben* bist …)? Wenn es *Dich erwischen* **soll**, dann klappt es **sowieso**!

Wenn Du nicht mehr weißt (oder nie richtig wusstest), ob Du für das andere Geschlecht überhaupt (noch) eine **Anziehungskraft** hast, wirst Du *auch oder gerade* in Deiner aktuellen Beziehung immer *langweiliger* wirken. An Dir ist einfach *nichts mehr* spannend … Umso älter, desto schlimmer. *Woraus* soll Deine <u>Attraktivität</u> denn gespeist werden – vor allem dann, wenn zu Hause vielleicht *auch noch* „**Tote Hose**" vorherrscht!?

Frauenlist

Will eine Frau etwas herausfinden, <u>auf Biegen + Brechen,</u> wird sie *unheimlich erfinderisch*, und zwar so **ausdauernd**, BIS sie hat, was sie sucht: **die WAHRHEIT**!!! Gratulation!

Hier gilt auch das Prinzip: **Vier** Augen sehen **mehr** <u>als zwei</u> und vier Ohren hören mehr als zwei. Eine Frau ist klug genug, wenn sie spürt, dass sie eine Verbündete braucht. Hier kannst Du *ebenso* als Verbündete gelten, *leider*, wenn **Du** <u>überhaupt NICHTS davon weißt</u>!

Auch wenn dies **zu Deinem Schutz** erfolgte, weil Du aus brenzligen Gründen *nicht eingeweiht* werden konntest, ist eine **Entschuldigung** an Dich fällig (falls noch nicht geschehen) …

Eure beiden Seelen haben die <u>Dringlichkeit</u> der Bitte dieser Frau eingesehen: **Genau aus diesem Grund** <u>hast Du</u> ihr geholfen! Die Wahrheit war für diese Frau *überlebenswichtig* und die Komplikationen, die im Nachgang *für Dich* auftreten könnten, <u>ahnte sie leider nicht</u>. Sie hat einfach ihre Chance genutzt, weil Du in Deinem *Mitgefühl* weich geworden bist.
Vielleicht *kannst* Du *Verständnis* für das Geschehene aufbringen …, denn die **Liebe zu einem Mann** ist das Nonplusultra.

<u>Nebeneffekt:</u> Eventuell hast Du über eine Person, die Dir nahe stand, mehr *von ihrem Charakter* erfahren und konntest *selbst klüger* werden? <u>Und noch etwas:</u> Sie wird <u>niemals</u> vergessen, was **Du** für sie getan hast, indem Du ihr *unwissentlich* <u>halfst</u>, die **ganze Wahrheit** zu erfahren. ❤

Wenn eine Frau einen Mann unbedingt für sich **gewinnen möchte**, weil sie sich so sehr **verliebt** hat, wird sie mit *allen ihr zur Verfügung stehenden Mitteln* **kämpfen** (jedoch **nicht** zuvorderst mit dem Intimsein)! Ein herrlich-überragender **DEFA**-Film dazu ist: „**Rotfuchs**" mit einer wunderbar <u>natürlichen und schönen</u> **Angelika Waller! Jürgen Zartmann** bekommt sein Fett ordentlich weg. ;) Ich hoffe, das hat er gut verkraftet!? Ihr Spiel war so dermaßen **intensiv**, dass ich annehmen könnte, Jürgen war *tatsächlich* betroffen!

Will Dich Dein Mann nicht mehr, weil Du gewichtsmäßig zugelegt hast? Setzt Du Deine Frau figurmäßig unter Druck, gibt es den Effekt, dass sie schon *vor lauter Angst davor* **zulegt** (Schutzaufbau). Hinzu kommt, wenn Du Buch 1 gelesen hast: Die *optimale* Figur hat etwas mit dem *optimalen* Partner zu tun! Mehr oder weniger essen, hat etwas mit dem Partner zu tun! Aha?
Frau: Lasse Dich nicht erpressen und *wenn* Du diesen Mann (überhaupt) behalten willst, dann kämpfe <u>mit den Waffen einer Frau</u>. Brezel Dich auf und setze alle Reize ein, die Du hast.

Mal sehen, ob seine Stimmung kippt!? Man(n) kann sich das Leben auch schwermachen …
Zumindest *dann*, wenn bei euch *sonst* die **LIEBE** wohnt!

Meinungswechsel

Hast Du früher getönt: „Ich will dieses nicht (Bindung), ich will jenes nicht (Kind)" und es kommt **wahre Liebe** ins Spiel, wirst Du aller Voraussicht nach Deine Meinung <u>ändern</u>. ;)
Dann willst Du **nicht** (mehr) nur „haben"!

Wer nur „haben **will**", gibt *zu schnell* auf, wenn genau „**das Bett**" <u>viel zu lange</u> auf sich warten lässt. Derjenige sucht sich lieber ein neues „Opfer", wo er leichter *zum Zuge* kommt. Also will er **nicht** mehr. Sei froh! So weißt Du gleich, woran Du bist.

Schwätzer oder Macher?

Als Frau solltest Du eines wissen: Die Schwätzer (Achtung: dicke Oberlippen/die nur „<u>eine</u> Lippe" riskieren!) sind selten die Macher. Die Theoretiker sind selten die Praktiker.
Es verhält sich in der Partnerschaft genauso wie in der Schule und im Beruf: Wer die **Theorie** mit Bravour meistert, kann sich in der **Praxis** die Hände verknoten und als unfähig darstellen/dastehen. Also spüre nach, was Du wirklich willst und was Du brauchst.

Ein Mann, der was hat und was kann –
Gibt es diese Kombination?

Das ist nicht nur auf Intimitäten bezogen. ;)
Ich muss Dich enttäuschen: Diese Sorte Mann gibt es **nicht** mehr, ist ausgestorben oder hat es noch nie gegeben. Es **wird** sie aber geben!

Alle Männer, die **Buch 1 + Buch 2 gründlichst** lesen, haben beste Chancen, genau das aus sich herauszuholen (innerhalb von ca. 3 Monaten)! Konfliktfreie Seele + klarer Geist + unbeschädigter, stimmiger Körper im **besten** Zustand: OHNE Diäten und Training *sowie* ein wunderschönes Gesicht. So einfach ist das! Für Frauen gilt das selbstredend identisch!
(Alle anderen werden „sitzen bleiben": Note 6, bitte setzen!)

Bist Du fanatisch?

Manchmal hilft das, um sich unter keinen Umständen von seinem (gefühlt richtigen) WEG abbringen zu lassen, aber *Fanatismus* kann auch die Folge eines Durchdrehkonfliktes, am Rande des Wahnsinns sein, durch schlimme Erlebnisse, z. B. in einem Krieg.

… oder durch irre Erfahrungen, die einen am Tod haben vorbeikratzen lassen.

Tom – endlich passiert das, was Du in Deinen Filmen *immer erreicht* hast!
Es ist für Dich! Du warst *ihr* Startblock: Aus **„Mission Impossible"** wurde „Mission **Possible".**
Liedtipp: **Limp Bizkit/Mission Impossible 2:** „Take a look around"
Auch **DU** gehörst dem **Blauen Fürstentum** an, was in Blautönen, oft schwertartig, in Deinen Filmen beweishaft sichtbar ist.

Ausflug in die Jugend

„Die Jugend wäre eine schönere Zeit, *wenn* sie *erst* später im Leben käme." (Charlie Chaplin)

Das schenke ich Dir in der Erfüllung:

Genau *nach diesem Buch* **beginnt** Deine **Jugend**, optisch + im Leben, vollkommen **EGAL**, wie alt Du bist!

Hast Du vormals als älterer Mensch die Jugend gesucht, in Deiner Sehnsucht, indem Du Dir einen wesentlich jüngeren Partner nahmst, bist Du aller Wahrscheinlichkeit irgendwann damit gescheitert, da der Altersunterschied nicht mehr auszugleichen war.

Mit **diesem** Buch (**NACH** Buch 1!) kannst Du nun **voll** durchstarten. Schau Dir in der nächsten Zeit an, was all die Konfliktlösungen der Bücher 1 + 2 **in + an Dir** bewirken.

Habe Spaß am Leben, für immer!

ADAM sagt:

„JA, ich liebe **nur eine Frau: EVA** und das ist hart, fast erbittert erkämpft, <u>DURCH **SIE**</u> – mit dem Tod im Angesicht aller."

Da Eva **aus** Adam stammte und er **nach dem Angesicht** Gottes geschaffen wurde, konnte die Liebe der **härtesten** Prüfung *nicht* standhalten, denn: **LUZIFER**, der Erzengel, welcher Gott am nächsten stand, liebte Eva unsterblich und so kamen alle Wirren zustande, wie ihr in Buch 3 mit **allen Auflösungen** bald lernen werdet … Erscheinungsplan: 2025.

Ich gönne euch **ALLEN** ein wunderbares Liebes-Leben! ♥

Von Herzen,
euer Jan

P. S.: Ich schätze **Monika Grandits** vom novum Verlag für ihren **Mut** + Respekt!

Herzlich danken möchte ich meinem Lektor **Tobias Keil** für seinen überaus geistreichen Input (das war *unser* Mann für's Lektorat!) und dass er geschafft hat, auch dieses Buch bis zum Ende durchzuarbeiten!

Nachwort

Ist es logisch, dass Menschen sterben **müssen**?

Wer bis *hierhin* gelesen hat, dem sei gesagt, dass die <u>fehlende</u> LIE-BE die einzige Todesursache auf der Welt ist! Schaffst Du es, DEINE wahre LIEBE zu finden und zu halten, bist Du in der Lage, ewig zu leben, weil die Quelle für Dich ewig geöffnet bleibt.
<u>Ich wiederhole mich gern, zum Mitschreiben:</u> Die Liebe ist der Sinn des Lebens. :D

Du weißt es bereits aus Buch 1:
<u>Für alles MUSS es zwangsläufig eine LOGIK geben:</u>
Ich hörte von Experimenten mit Säuglingen und Kindern, was prinzipiell schon unfassbar ist. Dabei sollen diese kleinen Menschen nur mit dem Nötigsten „zum Überleben" versorgt worden sein, blieben jedoch ohne Zuwendung & Liebe. Was geschah mit diesen Kindern? Sie starben! Alle! Egal wie jung sie waren und wie groß ihr Potential gewesen wäre!
Im Umkehrschluss:
Hast Du IMMER Liebe um Dich, *wie wahrscheinlich* ist es dann, dass Du stirbst?
Reicht es dafür, Dich selbst am meisten zu lieben (die sogenannte „Selbstliebe")?
Vergiss es!
Selbstliebe ist *anerzogener* KAPITALISMUS – nichts weiter! Wer hätte *das* gedacht?
<u>Eigennutz</u> geht <u>vor allem anderen</u>, das ist im Endstadium: *Ausrottung* der Menschheit!

Unser Körper ist ein Jungbrunnen

Zudem ist Folgendes bekannt:
https://www.bild.de/ratgeber/gesundheit/cytologie/unser-koerper-in-zahlen-56188836.bild.html

Der Körper erneuert sich in einem Zeitrahmen von ca. sieben Jahren. Dabei verändert der Mensch seine Figur, seine optischen Merkmale (z. B. die Haare) und ebenso die Persönlichkeit. Das bedeutet, *innerhalb* von sieben Jahren regeneriert sich ein Körper beständig, so dass nach diesem Zeitraum krasse Veränderungen sichtbar sein *können*, vor allem, wenn ein Mensch sich tatsächlich geistig weiterentwickelt. Zellen der Blutgefäße und des Darms tauschen sich nach wenigen Tagen komplett aus. An der Haut und allen Organen lassen sich die Erneuerungen innerhalb von wenigen Wochen bis einigen Monaten nachvollziehen. Über die Knochen gibt es eine Theorie von ca. zehn Jahren für die Regeneration des gesamten Skelettes, welches ich revidieren möchte. Mit bewussten Konfliktlösungen tut es dies bis in ca. 18 Monaten.

Das Blut benötigt 30–120 Tage, die Thrombozyten bis 10 Tage zur Nachbildung. Ein erwachsener Mensch produziert, wie erforscht wurde, täglich Milliarden reife Blutzellen. Das Hautbild erfährt jeden Monat eine komplette Erneuerung.

Die Aussage, dass sich die Zellteilung im Laufe des Lebens verlangsamt, stimmt <u>nur dann</u>, wenn Dir Konfliktlösung FREMD ist. Die Muskulatur wird ebenso stetig erneuert. Lebst Du authentisch, benötigst Du kein hartes Training, um Deinen Status, welcher zu DIR gehört, zu behalten!

Fazit: Ein konfliktfreier, mit Liebe versorgter Körper ist in der Lage, durch die stetig stattfindende Regeneration EWIG zu LEBEN!

In der Bibel ist von *utopischen* erreichten Lebensaltern (ca. 400 Jahre) zu lesen, die sich genau damit begründen lassen.

Von Luft & Liebe leben?

Es gibt einen Beweis, WENN (viel) LIEBE um Dich ist:
Du musst immer weniger essen, nur noch ein bisschen aus Genuss
und Geselligkeit, und bist dennoch VOLLER Kraft & Lebensenergie!
FOLGE DEINEM HERZEN, wenn es Dich zu anderen Menschen zieht,
und LASSE Dich aufrichtig lieben/lieb haben!!!

Deine nun *nach beiden Büchern* gesunde Seele erkennt JEDE Lüge
und zeigt sie Dir unverzüglich auf! Durch alle erlernten (nachzu-
schlagenden) Konfliktlösungen bleibst Du gesund, attraktiv und
bist faktisch dauerhaft überlebensfähig. Woran sollte es also scheitern? Testen wir?

Jesus

Hat jemals jemand die Menschen mehr geliebt, als Jesus?
Vielleicht ist Marte seine „Schwester im Geiste"?
JEDER, der mit Buch 1 gesund geworden ist und nach Buch 2 in Bezug auf die Liebe KLAR sieht, hat Jesus alle ihm verdiente EHRE erwiesen, für uns Menschen an diesem *verdammten* KREUZ angena-
gelt gehangen zu haben und gestorben zu sein. Es ist unbegreiflich
grausam, aber wahr.

Des Menschen Wille ist sein Himmelreich.
Was ist, wenn nicht Eva es war, sondern Adam, der das Paradies zer-
störte?
Was ist, wenn Eva nur SEINE Schuld auf sich genommen hat, aus Lie-
be? (diese Interpretation ist NEU)
Kann es sein, dass Gott *im Bündnis mit dem Teufel* zwei Frauen (EVA &
Lillith) mit Adam gemeinsam auf die Welt setzte, was allem Ärger
den Anfang schaffte?
Wie logisch ist es, dass Eva, die aus Adams *eigener Rippe* entstand, ihn
mehr liebte als sich selbst und Lillith die Schlange war?

Was ist, wenn es wirklich zwei Bäume gab, wie es in der Bibel steht: Den „Baum des Lebens" in der Mitte des Gartens (1. Mose 2,9) und den „Baum der Erkenntnis des Guten und Bösen", von dem Eva dachte, dass er in der Mitte des Gartens stünde (1. Mose 3,3).
Fing alles mit einer Intrige an, um das „Spiel des Lebens" zu eröffnen?

Auch *mein* Autorenname ist ein Pseudonym, weil ich weiß, dass ich eine Mischung aus „Jan Oppen" (DEFA mit einem herrlichen *Großvater* Martin Trettau) und „Flammenfuß" (Peter Aust im DEFA-Märchen: „Hans Röckle und der Teufel") bin.

Jan Oppen jedoch nur *bis zu dem Zeitpunkt*, als er sein Mädchen kennenlernt. Ein Maurer-Mädchen käme für mich nicht in Frage! …und: Sie war eine …, na rate mal! Schau Dir den Film an und Du wirst *spüren*, dass zu einem Jan Oppen eine ganz andere Sorte Mädchen gehört!

Zum Flammenfuß: Wer mir mein Mädchen wegnimmt, der wird den Teufel in mir kennenlernen.
Liedtipp: Manfred Krug: „Niemand liebt Dich so wie ich"

An viele Dinge muss man vielleicht in der Tat glauben, aber die Erkenntnisse in diesem Buch funktionieren unabhängig von jedem Glauben einwandfrei. Die **Wahrheit** erkannten Marte & ich jeweils an schlimmen **Körperreaktionen** (Herz, Magen/Darm, Nieren, Blinddarm, eisige Hände & **BLUT**!) und der nachfolgenden absoluten Gesundheit inklusive Verjüngung.

Es gibt nur ein ZIEL für alle, die noch leben:
Wer kommt nun mit ins **PARADIES**, welches durch beide Bücher **neu entstanden** ist?

Dazu gibt es einen unglaublich passenden Spruch:
„Nur die Harten kommen in den Garten!"

Was ist denn jetzt das Paradies?
Macht es Dich glücklich, nichts zu tun (faul zu sein)?

Reicht es Dir auf Dauer, dass die „gebratenen Hühnerkeulen" in Deinen Mund fliegen? Weißt Du durch eigene Erfahrungen, was Langeweile, Überdruss und Überfluss anrichten? Willst Du, dass es jemals wieder Krieg gibt?

Liedtipps: OK „Okay" (1988) und *Purple Schulz „Verliebte Jungs"* (1985) Best of: John Travolta!

Aus all den alten Fehlern GELERNT zu haben, errichtet uns allen das neue Paradies, welches wir bisher noch nicht kannten (Elsa & Anna). Nun starte ganz und gar NEU ... und ENDLOS!?

Märssi, Pascal, für Dein Buch: „Zünde Dein inneres Licht an: Wie Du der Schöpfer deines Lebens wirst." Es war eine große Hilfe im Besonderen.

Diese Zeilen schrieb mir **Melanie** über die Phasen des Malens am Cover „Seelenbild Adam":
Der Beginn war in der Mitte im kräftigen Rot. Es entstand eine riesige Feuerkugel – die Geburt eines Sterns, der umschlossen wurde von einem dunklen Blau. Danach war lange nichts.
Dann entstand der nackte Mann in der Hocke. Scham und eine immense Schuld spürte ich, als ich ihn gemalt hatte. Danach ging es mir nicht gut.
Es war als würde alles zusammenbrechen, als würde die Ego-Fassade bröckeln und all diese schweren Gefühle schwemmten nach oben.
Was hatte Adam getan, was hat er nicht getan, wo hat er weggeschaut? Die vielen Kriege, der Hass, Neid, Verrat, tiefe Schuld über all das Blut und den Missbrauch, der einst geschehen ist und noch immer hier auf der Erde geschieht.
Und am schlimmsten den Verrat an uns selbst, die Gewalt die wir uns selbst antun, wenn wir Angst haben, wir selbst zu SEIN.
Er war allein, verloren in diesen Verstrickungen, die ihn seine wahre männliche Kraft nicht mehr erkennen und erfahren lassen. Verzweiflung und pure Erschöpfung wurden spürbar.

Bald danach malte ich das Kind. Dieses Kind blickte nach oben, hilfesuchend und zugleich strahlte es eine Reinheit aus, sogar eine Gewissheit. Es war aber noch blass und die Haut wirkte grau und unlebendig. Die Augen schauten jedoch nicht genau zu dem nackten Mann, sondern noch weiter nach oben. Ich war erleichtert, dass es da war, aber *auch* dieses Kind wirkte *verloren und allein* und blickte aus der Dunkelheit.

Aus dieser Bewegung formte sich die Spirale, aus dem Mittelpunkt des Bildes nach außen. Es verwandelte etwas, was ich nicht genau benennen kann.

Dann malte ich das Gesicht von Adam in der Mitte. Er entstand aus dem Zentrum der Spirale. Traurigkeit, Verletzlichkeit und eine *neue* Berührbarkeit nahm ich in ihm wahr. Ich fühlte, dass es gut ist, dass das Männliche sich mit seinen Gefühlen und Emotionen zeigt. Es überkam mich, welch' Schönheit aus seinen Augen strahlt, als wäre hier die wahre männliche Kraft verborgen.

Jetzt sah ich auch, wo das innere Kind hinblickte und dass es auf Höhe des Herzens von Adam war. Ich fühlte schon, dass sich etwas verbindet, aber ich konnte noch nicht weiter malen. So ließ ich wieder alles los und wartete. Stille ...

Und dann sah ich immer wieder einen Baum, der alle miteinander verbindet.

Als ich ihn malte, fühlte ich, dass sie ein und derselbe Geist sind, sie sind eins im Baum des Lebens und mit allem im Universum verbunden. Die Sterne kamen hinzu. Die Wurzeln des Baumes umschlossen und hielten das Kind, was für mich *wie ein Schoß* wirkt.

Es machte viel aus, dass der Baum und die Sterne da waren, erst dann entstand die heilige Geometrie um das Kind. Es formierte sich das Christusbewusstsein mit den 9 Kreisen, die für die Einheit stehen. Dann kam das Leuchten in das Kind zurück, auch die Gesichtsfarbe änderte sich und wurde *lebendiger*. Der Stern auf der Stirnmitte leuchtete auf und ich fühlte das Besondere, das Einzigartige im Kindlichen, dass alles immer schon in ihm da war. Wieder kam eine Stille ...

Dann fühlte ich, Adam ist vollkommen. Vollkommen!

Wir wissen nicht, wie sich das alles entwickelt und befreit, aber im Bild konnte ich fühlen, dass das Männliche in uns allen über die weiten Ahnenlinien verbunden ist und wir nur das wirklich Große, Schöne daraus schöpfen, wenn wir das nicht beachteten, der Scham und Schuld usw. einen Platz geben sowie ebenso dem kindlichen Aspekt in einem JEDEN von uns.

Danke auch für diesen wunderbaren Auftrag, liebe Marte.

ENDE

HERZ FÜR AUTOREN A HEART FOR AUTHORS À L'ÉCOUTE DES AUTEURS MIA KAPΔIA ΓΙΑ ΣΥΓΓΡΑΦ
FÖR FÖRFATTARE UN CORAZÓN POR LOS AUTORES YAZARLARIMIZA GÖNÜL VERELIM SZÍVÜN
PER AUTORI ET HJERTE FOR FORFATTERE EEN HART VOOR SCHRIJVERS TEMOS OS AUTORE
ZÖINKÉRT SERCE DLA AUTORÓW EIN HERZ FÜR AUTOREN A HEART FOR AUTHORS À L'ÉCOUTE
MIA KAPΔIÁ ΓΙΑ ΣΥΓΓΡΑΦΕΙΣ UN CUORE PER AUTORI ET HJERTE FOR FORFATTERE EEN HAR
ΑΚΛΑΡΙΜΙ SERCE DLA AUTORÓW EIN HERZ FÜR AU
CAÇÃO ВСЕЙ ДУШОЙ К АВТОРАМ ETT HJÄRTA FÖR FÖRFATTARE À LA ESCUCHA DE LOS AUTORES
ZERZŐINKÉRT SERCE DLA AUTORÓW EIN HERZ FUR AL
ORACÃO ВСЕЙ ДУШОЙ К АВТОРАМ ETT HJÄRTA FÖR FÖ

Der Autor

Jan Aust wurde 1970 in Cottbus geboren. Nachdem er zunächst als Zimmermann arbeitete, wechselte er 1992 in den sozialen Bereich – als Berufsfeuerwehrmann und Rettungsassistent. Hier eignete er sich seine profunden Kenntnisse über medizinische Zusammenhänge an, welche großen Einfluss auf das Buch „Die Rettung der Menschheit" (Buch 1) von Marte Lautenschläger hatten.

Mit ihr als Ghostwriterin folgte er dem festen Willen, anhand Buch 2 (als wichtigste FOLGE) mit der gesamten Erfahrung während aller Konfliktlösungen innerhalb der Familie, im Freundes- und Bekanntenkreis, Menschenleben retten zu können. Die Familie geht ihm über alles, das soziale Leben scheut er und hat kein soziales Netz. In seiner Freizeit fährt er gern Moped oder seinen metallic-blauen Sport-Trabant. Familie und Hobbys pflegt er gleichermaßen. Handwerklich ist er ein „Macher". Jan ist mit Marte verheiratet und hat einen erwachsenen Sohn, der ihn bereits zum Opa gemacht hat.

novum 📖 VERLAG FÜR NEUAUTOREN

Der Verlag

*Wer aufhört
besser zu werden,
hat aufgehört
gut zu sein!*

Basierend auf diesem Motto ist es dem novum Verlag
ein Anliegen neue Manuskripte aufzuspüren, zu ver-
öffentlichen und deren Autoren langfristig zu fördern.
Mittlerweile gilt der 1997 gegründete und mehrfach
prämierte Verlag als Spezialist für Neuautoren in
Deutschland, Österreich und der Schweiz.

**Für jedes neue Manuskript wird innerhalb
weniger Wochen eine kostenfreie, unverbind-
liche Lektorats-Prüfung erstellt.**

Weitere Informationen zum Verlag und
seinen Büchern finden Sie im Internet unter:

www.novumverlag.com